KATJA SUDING

# REISSLEINE

KATJA SUDING

# REISSLEINE

Wie ich mich selbst verlor – und wiederfand

HERDER

FREIBURG · BASEL · WIEN

MIX
Papier aus verantwortungsvollen Quellen
FSC® C014496

Verlag Herder GmbH, Freiburg im Breisgau 2022

www.herder.de

Satz: Daniel Förster, Belgern
Herstellung: GGP Media GmbH, Pößneck
Printed in Germany

ISBN Print: 978-3-451-39283-2
ISBN E-Book (EPUB): 978-3-451-82727-3
ISBN E-Book (PDF): 978-3-451-82734-1

*Für meine Eltern* ❤

# INHALT

## KAPITEL 1

# INTRO

*Mai 2020*

Ich setze mich mit einer Tasse Tee aufs Sofa. Ich bin an einem Tiefpunkt meines Lebens angekommen und muss mir eingestehen, dass dies nicht einfach nur eine schlechte Phase ist, die vorbeigehen wird. Es funktioniert nicht mehr, den Widerspruch auszuhalten zwischen dem, was ich, getrieben durch Muster und Konditionierungen, als vermeintliche Ziele verfolge, und dem, was ich im Grunde meines Wesens bin. Dadurch ist ein riesiges Loch in mir entstanden, ich bin innerlich ausgehöhlt. Ich fühle mich, als wenn ich das Leben führe, das vielleicht richtig ist für eine andere Person, aber nicht für mich. Ich muss aber mein Leben führen. Es muss etwas passieren, etwas Grundlegendes, so kann und darf es nicht weitergehen.

Die Leitplanken, die sonst mein Leben in den Bahnen gehalten haben, auch wenn ich auf der Fahrbahn oft ziemlich ins Schleudern kam, sind weg. Ich brauche sie, um Kurs zu halten. Alles gerät in Gefahr. Mein Job, den ich zwar nicht immer gern gemacht habe, der aber mein Leben dominiert und somit auch zusammengehalten hat. Das Verhältnis zu meinen Kindern, die gedanklich immer bei mir sind, um die ich mich gekümmert habe. Nicht in Vollzeit, sicher auch nicht perfekt. Aber sie geben meinem Leben einen Sinn. Eine Beziehung habe ich seit fast einem Jahr nicht mehr, auch sie fehlt mir. Und jetzt spielt noch mein Körper verrückt, ich kann mich nicht mehr auf ihn verlassen. Ich kann ihn nicht mehr zwingen, die Dinge zu tun, die ich von ihm verlange. Da sind so viele Warnsignale, so deutliche Fingerzeige. Die darf und will ich nicht überhören. Mir ist glasklar: Ich muss die Reißleine ziehen, jetzt.

## KAPITEL 2

# DIE RUHE VOR DEM STURM

*November 2010*

Die letzten Tage und Wochen waren anstrengend. Es ist viel los in der PR-Agentur, die mich als Freelancerin angeheuert hat. An freie Tage oder Urlaub war nicht zu denken.

Meine Kinder Johann und Jacob kommen 2002 und 2004 zur Welt. Noch als sie sehr klein sind, mache ich mich selbständig und arbeite seither als PR-Beraterin. Agenturen buchen mich, um Personalengpässe auszugleichen. Das kommt oft vor. Wenn neue Kunden dazukommen und ein neues Team aufgebaut wird. Oder wenn plötzlich jemand kündigt. Oder das Team die Arbeit nicht mehr allein schafft. Dann rufen sie mich an. Für mich ist es eigentlich der perfekte Job. Ich muss mich an keinen Arbeitgeber fest binden, keinen Urlaub einreichen, keine zermürbende Routine fürchten. Ich verdiene gutes Geld und bin flexibel, wenn meine Söhne mich brauchen. Trotzdem mag ich es, für ein Projekt auch mal länger, manchmal mehrere Monate, zu bleiben. Mich an die Kollegen und den Kunden zu gewöhnen, Teil des Teams zu werden und tief einzusteigen. So ist es auch im Sommer und Herbst 2010. Den Kunden, den ich für die Agentur betreue, kenne ich gut. Ich habe bereits in den Jahren zuvor ab und zu für ihn gearbeitet.

Im Hinterkopf habe ich dennoch immer den Gedanken daran, dass das nächste Projekt noch toller, noch spannender sein kann, mich noch mehr fordern wird. Aus meinem Umfeld höre ich oft von Menschen, dass die freiberufliche Tätigkeit, wie ich sie ausübe, nichts für sie wäre. Zu unsicher. Nicht zu wissen, ob und wer sie im nächsten oder übernächsten Monat bezahlen wird, das sei doch permanenter Stress. Für mich ist es genau das Gegenteil. Ich finde es herrlich, dass sich mir immer wieder neue Chancen bieten.

Doch Ende November 2010 fühle ich mich ausgelaugt. Der Hamburger Winter kündigt sich kalt und nass an. Ich hasse den November, schon immer. Es wird kaum hell, alles ist trist und dunkel, vom vorweihnachtlichen Glanz und der Vorfreude auf das Fest ist noch nichts zu spüren. Es ist an einem Donnerstagabend, ich sitze noch an meinem Schreibtisch im Großraumbüro und gehe die nächste Woche durch. Ich stutze. Keine großen Meetings, keine wichtigen Deadlines, kein Kundentermin. Ich schließe die Augen und träume mich unvermittelt an einen Strand, ganz allein, nur ich, ein Glas Weißwein und ein gutes Buch in der Hand.

»Warum eigentlich nicht? Wozu bin ich denn selbständig?«, denke ich bei mir. Ich beschließe, dass ich eine Auszeit verdient habe.

In die Suchmaschine tippe ich »Last Minute am Strand«. Ins Auge fällt mir sofort ein Angebot für eine Woche Ägypten. Schöne Hotelanlage mit Zugang zum Meer, guter Preis. Übermorgen, am Samstag, könnte es losgehen. Ich rufe meinen Mann Christian an und frage ihn, ob er eine Woche mit den Kindern allein klarkäme.

»Ja«, sagt er.

In Gedanken falle ich ihm um den Hals.

Ich buche online, und keine 36 Stunden später bin ich auf dem Weg in die Sonne Ägyptens. Ich liebe Spontanität. Das Gefühl, dass jederzeit im Leben eine Überraschung auf mich warten kann. Man muss sich nur darauf einlassen. Ich freue mich riesig auf ein paar Tage, in denen ich nichts weiter tun werde als schlafen, essen, lesen und ein bisschen Sport machen. Ich werde meine leeren Akkus auffüllen und Platz schaffen für neue und kreative Gedanken. Zumindest ist das mein Plan.

Die Anreise verläuft ohne Zwischenfälle. Das Hotel ist schön und sieht genauso aus wie auf den Bildern. Am zweiten Tag komme ich nach dem Schwimmen in der riesigen Poollandschaft zurück in mein Zimmer. Ich werfe einen Blick auf mein Telefon, das auf dem Bett liegt.

»Huch, da muss etwas passiert sein«, schießt es mir angesichts der vielen Nachrichten, die auf dem Display angezeigt werden, durch den Kopf. Neugierig beginne ich zu lesen. Das ist ja der Hammer!

Die Hamburger Grünen, damals heißen sie noch GAL (Grüne Alternative Liste), laden am Mittag zu einer Pressekonferenz ein, auf der sie das Ende der schwarz-grünen Koalition verkünden wollen. Es ist das bundesweit erste Regierungsbündnis dieser Art auf Landesebene und hat nur gut zweieinhalb Jahre überdauert. Seit dem Rückzug des Ersten Bürgermeisters Ole von Beust (CDU), der wenige Monate zuvor am Abend eines aus seiner Sicht nicht gut ausgegangenen Referendums zur Hamburger Schulpolitik das Handtuch geworfen hat, gibt es zwischen den Koalitionspartnern Schwierigkeiten. Immer wieder kommt es zu Streit. Erst wenige Tage zuvor hat der CDU-Finanzsenator während einer Bürgerschaftsdebatte seinen Rücktritt erklärt.

Nun also der Koalitionsbruch. Damit habe ich nicht gerechnet, vermutlich hat das kaum jemand. In ersten Medienberichten wird darüber spekuliert, dass sich die Bürgerschaft am 15. Dezember auflösen und es am 20. Februar des nächsten Jahres Neuwahlen geben soll, mehr als ein Jahr vor dem regulären Ende der Legislaturperiode.

Mir ist sofort klar, dass dieses Ereignis, auf das ich keinerlei Einfluss genommen habe, meine Leben gründlich auf den Kopf stellen könnte.

»Du musst es machen!«, ist der Tenor der meisten Nachrichten, die ich von Parteifreunden auf meinem Telefon lese. Und es kommen immer neue dazu. »Es machen«, damit meinen sie die Spitzenkandidatur für die jetzt plötzlich und kurzfristig anstehende Bürgerschaftswahl. Auf die unser FDP-Landesverband mitnichten vorbereitet ist, denke ich mit Unbehagen.

Ich müsste lügen, wenn ich behaupten würde, dass ich über eine Bürgerschaftskandidatur nicht bereits nachgedacht hatte. Ich hatte sogar über die Spitzenkandidatur nachgedacht. Es gibt nicht wenige in meinem Hamburger Landesverband, die mich dazu ermuntert haben. Ich habe meine Sache bei der Wahlkreiskandidatur in Hamburg-Altona für die Bundestagswahl 2009 ordentlich gemacht. Aber die Bürgerschaftswahl schien mir damals noch so weit weg. Sie sollte ja auch erst 2012 stattfinden. Und jetzt das.

Ich muss mich erst mal setzen und tief durchatmen. Will ich das wirklich? Will ich eine so radikale Veränderung in meinem Leben? Die würde das Abgeordnetenleben zweifellos mit sich bringen. Ich bin doch eigentlich ganz zufrieden. Angekommen in meinem Job. Ich habe einen festen Plan, habe eine neue Aufgabe zugesagt, die gleich im Januar starten soll.

Mein Job lässt mir genügend Zeit und Raum, um mich um meine Kinder zu kümmern. Mir bleibt sogar Zeit, mich politisch zu engagieren – ehrenamtlich. Warum um alles in der Welt soll ich an diesem Zustand etwas ändern? Ich kenne die Antwort bereits. Schon länger nagen Zweifel an mir, ob ich auf dem richtigen Weg bin. Immer häufiger lassen sich die Gedanken daran nicht mehr verdrängen, dass ich mich in meinem Job mit Dingen beschäftigen muss, die mich nicht wirklich berühren. Die mit mir und meinem Leben nichts zu tun hatten. Die ich mache, weil sie eben gemacht werden müssen. Aber es fehlt die Leidenschaft, die ich so gern in meinem Job spüren will.

Wie oft wünsche ich mir, dass ich noch viel mehr Politik machen kann. Das ist es, was mich wirklich fasziniert. Das ist es, worauf ich mich konzentrieren will. Ich möchte noch viel tiefer einsteigen, ich will herausfinden, was ich als Mitglied eines Landesparlamentes bewirken kann. Wie ich dazu beitragen kann, dass das, was wir bisher nur in Wahlprogrammen und Pressemitteilungen aufgeschrieben haben, Realität wird.

Ich verbringe den ersten Teil des Nachmittages damit, mich abzulenken. Räume mein Zimmer auf, lese ein Buch, gehe zu einem Yogakurs. Aber meine Gedanken schweifen immer wieder ab zu den Ereignissen im fernen Hamburg. Ich wünsche mir einerseits, vor Ort zu sein, die Stimmung zu erleben und dabei zu sein, wenn sich mein Landesvorstand morgen zu einer Sondersitzung trifft. Andererseits bin ich froh, weit weg zu sein und der Aufregung erst mal zu entkommen.

Schließlich gebe ich es auf und mache mich daran, ein paar Dinge für mich zu klären. Ich führe Dutzende von Telefonaten. Zuerst rufe ich meinen Mann an. Mir ist klar, dass ich die Kandidatur und später ein Bürgerschaftsmandat nicht ohne die Unterstützung meiner Familie packen werde. Ich werde noch mehr unterwegs sein, vor allem an den Abenden und den Wochenenden. Mein kleiner Sohn Jacob ist erst vor ein paar Monaten eingeschult worden, Johann ist acht und geht in die dritte Klasse. Sie sind keine Babys mehr, aber sie brauchen definitiv jemanden, der sich verlässlich um sie kümmert, wenn sie aus dem Hort nach Hause kommen.

»Diese Chance musst du nutzen. Wir schaffen das, ich helfe dir«, sagt mein Mann zu mir, nachdem wir die Lage besprochen haben. Wir kennen uns seit mehr als zehn Jahren, ich habe eigentlich keine andere Antwort von ihm erwartet. Trotzdem fällt mir ein Stein vom Herzen. Ohne die Unterstützung von Christian würde ich es nicht machen. Ich könnte es auch gar nicht schaffen. Es läuft längst nicht immer alles gut zwischen uns. Aber ich habe einen tollen Mann geheiratet, der obendrein ein wunderbarer Vater ist. Gleichzeitig wird mir klar, dass ich jetzt nur noch an mir selbst scheitern kann. Das »Go« von zu Hause habe ich.

Ich spreche mit Parteifreunden und lasse mich auf den neuesten Stand bringen. Wer bringt sich in Stellung für welche Position? Wer zögert und will sich bitten lassen? Wer hat abgewunken? Ich rufe Freunde an. Keiner von denen, die ich anrufe, rät mir dazu, die Finger von der Sache zu lassen, ganz im Gegenteil. Ich gebe zu, das liegt durchaus auch an der Auswahl meiner Gesprächspartner. Es gibt Parteifreunde, die mich unbedingt als Spitzenkandidatin verhindern wollen. Die rufe ich natürlich nicht an. Und sie mich auch nicht. Wir wissen auch so um unsere Gegnerschaft in der Partei.

Einige Wochen später muss ich mit Entsetzen feststellen, dass die Telefonrechnung für die Tage in Ägypten deutlich höher ausgefallen ist, als mich der Urlaub insgesamt gekostet hat.

Beim Abendessen auf der großen Terrasse neben dem Pool blicke ich mich um. Sieht man mir die Veränderung an, die in mir innerhalb der letzten Stunden stattgefunden hat?

»Wie albern, natürlich nicht«, sage ich mir. Es ist seltsam, inmitten all der fremden Menschen zu sein, die meist als Paare an den Tischen sitzen, und mit niemandem hier das Wissen zu teilen, dass ich möglicherweise bald für ein öffentliches Amt, einen Sitz in der Hamburgischen Bürgerschaft kandidieren werde. Vielleicht, nein sogar wahrscheinlich, als Spitzenkandidatin. Mein Name wird ganz oben auf einem Wahlzettel stehen. Bei einer echten Wahl. Gelebte Demokratie. Irgendwie bleibt das Gefühl, dass man mir etwas so unglaublich Bedeutendes einfach ansehen muss. Das ist natürlich Quatsch. Wie schon am Abend zuvor nimmt niemand auch nur die geringste Notiz von mir.

Nach dem Essen gehe ich an den Strand, der zur Anlage gehört. Es ist bereits stockdunkel, von der Terrasse wehen Fetzen von Gesprächen und Musik zu mir herüber. Außer mir ist niemand hier unten. Bis auf die beiden jungen Typen, die noch Dienst an der Strandbar haben. Bei ihnen hole ich mir ein Glas Weißwein und setze mich nah am Wasser in einen Liegestuhl.

Ich starre in den Sternenhimmel und auf das glitzernde Wasser. Ich habe eine Entscheidung gefällt. Ich werde es machen. Ich will für Platz 1 der FDP-Landesliste für die Wahl zur Hamburgischen Bürgerschaft kandidieren. Es gibt keinen Zweifel, es fühlt sich absolut richtig an.

Ich erlebe diesen besonderen Abend ganz bewusst. Nachdem ich meine Entscheidung getroffen habe, werde ich ganz ruhig. Mir ist klar, dass es mit der Ruhe vorbei sein wird, sobald ich wieder in Deutschland bin. Mein Leben wird für lange Zeit sehr turbulent sein. Es wird sich alles ändern. Vielleicht für immer. Ich versuche Kraft zu sammeln, und ich danke dem Himmel für die Intuition, genau jetzt weggefahren zu sein. Nicht eine Woche früher, nicht eine Woche später. Es ist der perfekte Zeitpunkt. Das politische Hamburg steht noch unter dem Eindruck der sich überschlagenden Ereignisse, Entscheidungen sind noch nicht getroffen worden. Ich verpasse nichts. Aber ich kann Kraft sammeln und mich wappnen für das, was kommt.

Die Abende nach dem Abendessen am Strand werden mein Ritual für den Rest der Urlaubswoche. Jedes Mal trinke ich ein Glas Weißwein. Der Wein ist nicht besonders gut. Er schmeckt sogar ziemlich scheußlich. Aber das ist in diesen Augenblicken Nebensache. Ich höre Musik und gucke aufs Wasser. Lasse die Gedanken fließen. Ich kann mich kaum erinnern, jemals bewusster die Entspannung genossen zu haben. Ich denke nicht an den bevorstehenden Wahlkampf. Nicht an Wahlprogramme, Bewerbungsreden, Fernsehauftritte und Interviews. Ich bin ganz im Hier und Jetzt an diesem weißen Sandstrand unter dem sternenklaren Himmel an der Küste Ägyptens und genieße die Ruhe. Die Ruhe vor dem Sturm.

Im Nachhinein erscheint es mir seltsam, dass ich in diesen Tagen völlig ausgeblendet hatte, dass die Hamburger FDP nicht in der Bürgerschaft vertreten ist. Sie hat es sowohl 2004 als auch 2008 nicht geschafft, die Fünfprozenthürde zu überspringen. In den Umfragen sind wir kaum messbar. Der Landesverband gilt als zerstritten, unberechenbar und kaum zu führen. Kurzum, die Ausgangslage ist alles andere als gut. Dennoch kommt es mir überhaupt nicht in den Sinn, dass wir erneut scheitern könnten. Ich sehe alles genau vor mir.

## KAPITEL 3

# DREIKÖNIGSTREFFEN

*4. Januar 2011*

Es ist fast Mittag und ich sitze im Büro, als mein Telefon klingelt. Eine unbekannte Nummer.

»Suding«, melde ich mich.

»Westerwelle«, antwortet eine mir wohlbekannte Stimme am anderen Ende der Leitung. »Haben Sie Lust, morgen mit mir als meine Begleitung zum Dreikönigsball in Stuttgart zu gehen? Und ich hätte sie am nächsten Morgen bei der Kundgebung gern bei mir auf der Bühne. Sind Sie dabei? Ich würde mich sehr freuen.«

Die Kundgebung, damit meint er das jährliche traditionelle FDP-Dreikönigstreffen am 6. Januar in Stuttgart. Am Vorabend findet der Dreikönigsball statt. Das liberale Treffen ist eine Veranstaltung des FDP-Landesverbandes Baden-Württemberg, wie die Parteifreunde von dort gern betonen. Es findet aber nicht nur im Südwesten Beachtung, sondern wird bundesweit aufmerksam verfolgt – was hauptsächlich daran liegt, dass der Vorsitzende der Bundespartei die Hauptrede hält.

Guido Westerwelle ist zu diesem Zeitpunkt seit zehn Jahren Chef der Bundes-FDP. In diesen Wochen läuft es nicht gerade gut für ihn. Dabei hat er bei der Bundestagswahl 2009 seinen großen Triumph gefeiert. Mit ihm als Vorsitzendem erreichte die FDP ein Rekordergebnis von 14,6 Prozent, mehr als je zuvor. Das ist nicht zuletzt deshalb gelungen, weil die FDP im Wahlkampf eine große Steuerreform versprochen hat. Viele rechneten damit, dass Westerwelle sich in der neuen schwarz-gelben Regierung für das Finanzressort entscheiden würde, um an zentraler Position für die Umsetzung dieses FDP-Wahlversprechens Verantwortung zu tragen. Doch er entschied sich anders und wurde Außenminister.

Als die groß angekündigte Steuerreform ausfiel, lastete ihm das die mediale Öffentlichkeit persönlich an. In einen regelrechten Shitstorm geriet Westerwelle für eine Äußerung in der Sozialstaatsdebatte über Hartz IV. »Wer dem Volk anstrengungslosen Wohlstand verspricht, lädt zu spätrömischer Dekadenz ein«, schrieb er im Februar 2010 in einem Gastbeitrag für *Die Welt*.

Eine ungeschickte und missverständliche Wortwahl, die er sehr bereut hat, wie er später zugab. Es sei ihm nicht darum gegangen, Menschen zu kritisieren, die es schwer im Leben haben. Vielmehr habe er ausdrücken wollen, dass in einem funktionierenden Sozialstaat nicht nur darauf geachtet werden dürfe, wie hoch die staatlichen Zahlungen sind und wie sie verteilt werden, sondern dass Anreize geschaffen werden müssten, damit Menschen für sich und die Gesellschaft etwas leisten können und wollen. Die Umfragewerte für die FDP fallen auf magere vier bis fünf Prozent. Im Dezember 2010 fordern hochrangige Parteimitglieder Westerwelle öffentlich zum Rücktritt auf. Er selbst lässt offen, ob er auf dem Parteitag im nächsten Mai wieder als Parteivorsitzender kandidieren will.

Das Dreikönigstreffen ist der Start der Liberalen in ihr politisches Jahr. Und damit ein wichtiger Stimmungstest. 2011 soll ein sogenanntes Superwahljahr werden. Neben Hamburg im Februar stehen im März auch in Baden-Württemberg, in Rheinland-Pfalz und in Sachsen-Anhalt Landtagswahlen an. Bremen, Mecklenburg-Vorpommern und Berlin folgen später im Jahr. Nun ist Westerwelle nicht nur FDP-Parteichef, sondern gleichzeitig Außenminister und Vizekanzler der viertgrößten Industrienation der Welt. Das Interesse an der Personaldiskussion um ihn ist also riesig. Und so wird auch das bevorstehende Dreikönigstreffen mit besonders großer Spannung und umfangreicher Medienberichterstattung erwartet.

Aus der Kundgebung in der Stuttgarter Staatsoper lässt sich vermeintlich oder tatsächlich jede Menge herauslesen. Wie fest sitzt der Vorsitzende im Sattel? Kann er seine Anhänger mitreißen? Wer steht zu ihm, wer stellt sich gegen ihn? Welche Schwerpunkte und Themen setzt er? Natürlich will ich dabei sein. Meine Dreikönigs-Premiere als Tischdame von Guido Westerwelle. Ich sage zu. Und erst danach fange ich, an darüber nachzudenken, dass die Reise logistisch durchaus eine Herausforderung für mich bedeuten könnte.

Erst mal aber verdränge ich den Gedanken daran, denn es wartet eine andere, noch viel größerer Aufgabe auf mich. In wenigen Stunden soll ich auf der Vertreterversammlung meines Landesverbandes zur Spitzenkandidatin gewählt werden. Die Vertreterversammlung ist ein Gremium aus 121 Wahlmännern und -frauen, die eigens zum Zweck der Kandidatenaufstellung zur Bürgerschaftswahl 2011 von ihren Kreisverbänden gewählt wurden. Und die werden es mir an dem Abend nicht einfach machen. Einige Parteifreunde trauen mir die Spitzenkandidatur schlicht nicht zu.

»Die hat doch noch Zeit«, »sie ist noch nicht lange genug in der Partei«, das sind ihre Argumente. Und dann bin ich auch noch eine Frau. Darüber wird zwar nicht ganz so offen gesprochen, doch auch dieser Aspekt schwingt erstaunlich stark mit.

Nach der Arbeit feile ich noch ein wenig an meiner hastig zusammengeschriebenen Bewerbungsrede und mache mich dann auf den Weg zur Vertreterversammlung, die im Bürgerhaus Wilhelmsburg im Süden Hamburgs stattfindet. Bei der Abstimmung erhalte ich magere 67,6 Prozent der Stimmen. Ohne Gegenkandidaten. Das ist noch viel schlechter, als ich erwartet hatte. Trotzdem lächle ich tapfer in die Kameras und beteuere, wie sehr ich mich über die Unterstützung der Parteifreunde freue, die mich gewählt haben. Und dass ich es als Ansporn sehe, die anderen durch gute Arbeit von mir zu überzeugen. Es kostet mich viel Kraft. Auch wenn ich krampfhaft versuche, es nicht so aussehen zu lassen, das ist alles andere als ein gelungener Start in den Wahlkampf. Ich brauche jetzt jede Form der Unterstützung. Und die hat Guido Westerwelle mir versprochen.

Erst am späten Abend komme ich ausgelaugt zu Hause an. Es ist ein langer Tag gewesen. Trotz heißer Wahlkampfphase muss ich am nächsten Morgen wieder ins Büro. Ich habe ja einen ganz normalen Job und muss Geld verdienen. Allerdings habe ich wegen des Wahlkampfes meine Arbeitszeit auf halbe Tage verkürzt und will ab Anfang Februar ganz aussetzen. Wie gern möchte ich jetzt einfach nur ins Bett kriechen, mir die Bettdecke über den Kopf ziehen und an etwas anderes denken als an das schlechte Ergebnis, das ich gerade eingefahren habe. Es ist mir peinlich und unangenehm, dass alle Welt nun weiß, wie wenig mir meine eigenen Parteifreunde offenbar zutrauen. Und ich bin wütend und enttäuscht, auch von mir selbst, dass dieser Abend keine guten Schlagzeilen liefern wird. Ich bin gerade zum ersten Mal zur Spitzenkandidatin bei einer Bürgerschaftswahl gewählt worden. Aber irgendwie empfinde ich es als Niederlage.

Doch ans Schlafen darf ich jetzt nicht denken. Morgen früh muss ich mit einem fertig gepackten Koffer zur Arbeit gehen, um von dort direkt zum Flughafen zu fahren. Unter normalen Umständen, mit etwas mehr Vorlauf, hätte ich mir ausgiebig Gedanken gemacht, was ich anziehen will. Ein Dreikönigsball mit Guido Westerwelle, das ist ja nicht irgendwas. Vielleicht wäre ich sogar shoppen gegangen. Dafür ist jetzt keine Zeit. Ich durchwühle meinen Kleiderschrank und stoße auf das schwarze Kleid, das ich zu meinem Abiball getragen habe. Es passt noch. Und der Stoff ist absolut knitterfrei. Problem gelöst.

Ich bin nervös. Gleich soll ich Guido Westerwelle in der Lobby des Hotels treffen. Er will mit mir zusammen in seinem Dienstwagen in das wenige Kilometer entfernte Maritim Hotel fahren, in dem der Ball stattfindet. Ich gehe hinunter in die Lobby und setze mich auf ein Sofa mitten im Eingangsbereich. Ich will sicherstellen, dass er mich nicht übersieht.

Ich bin Guido Westerwelle bisher nur wenige Male persönlich begegnet. Das war meist in größeren Runden, bei denen wir nie wirklich miteinander gesprochen haben. Ich bin mir sicher, dass er sich daran nicht mehr erinnern kann. Ich gehe also davon aus, dass er annimmt, wir werden uns gleich zum ersten Mal treffen. Ich nehme mir vor, ihn in diesem Glauben zu lassen.

»Aber wird er mich überhaupt erkennen? Weiß er, wie ich aussehe?«, grübele ich.

»Natürlich«, denke ich. »Der Mann ist Profi, und als Profi informiert man sich über seine Gesprächspartner und lässt sich Fotos von ihnen zeigen. Erst recht, wenn man jemanden zu einem Ball einlädt.«

Und dann fällt mir ein, dass ich ja jetzt Hamburger Spitzenkandidatin bin, damit eine hochoffizielle Funktion habe und er und ich im Wahlkampf eng zusammenarbeiten werden. Diese Zusammenarbeit soll heute mit unserem ersten gemeinsamen Auftritt beginnen. Ein bisschen stolz auf mich selbst, setze ich mich ein wenig aufrechter hin und blicke mich um. Schon fast zehn Minuten über der Zeit. Wo bleibt er denn? Ist er etwa ohne mich losgefahren?

Und dann steht er auf einmal vor mir.

»Guten Abend, Frau Suding! Wie geht es Ihnen? Sie sehen bezaubernd aus!«, er strahlt mich über das ganze Gesicht an.

›Was für eine nette Begrüßung, der freut sich ja tatsächlich‹, denke ich erleichtert. Auch wenn sich das Kompliment über mein Äußeres irgendwie auswendig gelernt anhört. Egal, trotzdem nett.

»Zwei Dinge muss ich Ihnen gleich sagen: Ich tanze nicht. Und nach dem Abendessen muss ich los, ich habe noch Arbeit.«

»Kein Problem, das verstehe ich doch«, lüge ich.

»Was soll das denn? Er lässt mich extra aus Hamburg einfliegen, um mich dann einfach sitzen zu lassen?«, denke ich frustriert. Natürlich lasse ich mir nichts anmerken.

Zusammen mit seinem Mitarbeiter steigen wir in den Wagen und der Fahrer fährt los. Wir biegen in die Straße ein, die direkt zum Haupteingang des Hotels führt. Kurz bevor wir aussteigen, bittet er mich: »Geben Sie Ihren Mantel meinem Mitarbeiter. Ohne sieht es besser aus auf den Fotos.«

Das tue ich, steige aus und laufe um das Auto herum, um mit ihm an der Seite das Hotel zu betreten. Durch die Glastür kann ich sie bereits sehen. Fotografen, Kameras, Menschen. Unglaublich viele Menschen. Sie warten offenbar alle auf uns. Mir stockt der Atem.

Drinnen empfängt uns die wartende Traube aus Menschen. Sie rücken ganz nah an uns heran. Wir bahnen uns einen Weg durch die Massen in Richtung des Ballsaals. Ich selbst kann die Richtung nur erahnen. Eigentlich kann ich gar nichts sehen. Außer Menschen über Menschen, die uns den Weg versperren und nur widerwillig zur Seite treten. Es ist mir unangenehm. Ich bleibe eng an der Seite von Westerwelle, der, anders als ich, ganz offenbar nicht die Orientierung verloren hat und genau weiß, wo es langgeht. Die Fotokameras blitzen von allen Seiten. Reporter mit Mikrofonen, begleitet von Fernsehkameras, laufen neben uns her. »Wie geht es Ihnen heute?«, »Was erwarten Sie vom Dreikönigstreffen, Herr Westerwelle?«, »Werden Sie als Parteichef zurücktreten?«, wollen sie wissen.

Auf diesen Empfang bin ich nicht im Geringsten vorbereitet. Ich fühle mich völlig überfordert. Es ist purer Stress für mich. Ich bin froh, dass sich das Interesse auf meinen Begleiter konzentriert und die Mikros nicht mir unter die Nase gehalten werden. Dennoch spüre ich sehr deutlich die neugierigen und fragenden Blicke, die auch auf mir liegen.

»Bleiben Sie ganz dicht bei mir. Lassen Sie mich hier nicht allein!«, flüstere ich Westerwelle panisch zu und klammere mich fest an seinen Arm. Dabei kenne ich diesen Mann kaum, wir haben uns ja eigentlich gerade erst kennengelernt. Was muss er von mir denken?

Er lächelt mich nur freundlich an und beantwortet ganz ruhig einige Fragen der Reporter. Ihm ist offenbar überhaupt nicht klar, wie einschüchternd diese Situation für mich ist. Und dass es vielleicht besser gewesen wäre, mich wenigstens vorzuwarnen. Aber vermutlich ist das für ihn nach all den Jahren so sehr zur Routine geworden, dass es ihm gar nicht in den Sinn gekommen wäre. Im Nachhinein ist mir mein Auftritt vor ihm etwas peinlich. Als Spitzenkandidatin muss ich doch souverän mit dem Interesse der Medien umgehen. So fühlt es sich ganz und gar nicht an. Nach einer gefühlten Ewigkeit erreichen wir den Saal und schließlich auch unseren Tisch. Es wird ein schöner Abend.

Jahre später spreche ich mit einem Journalisten, der für ein deutschlandweit erscheinendes Wochenmagazin schreibt, über diesen Abend. Ich erzähle ihm, was ich damals empfunden habe. Er hat uns genau beobachtet und sagt mit, dass er mir überhaupt nicht angemerkt hätte, wie neu, fremd und verwirrend die Situation für mich war. Ich sei »cool rübergekommen« und hätte selbstsicher und freundlich in die Runde gelächelt. Das überrascht mich, denn ich bin sicher, dass jeder Beobachter genau gemerkt haben musste, was in mir vorging. Ich fühlte mich damals unsicher und unwohl in meiner Haut, war aber offenbar in der Lage, das gut zu verstecken. Das ist gut zu wissen. Denn diese Fähigkeit braucht jeder, der an einem schlechten Tag auf der Bühne steht und sich Angst, Befindlichkeiten und Launen nicht anmerken lassen will.

Der Journalist verrät mir auch ein lustiges Detail: Nach unserem Auftritt beginnt unter den anwesenden Journalisten das große Rätselraten, wer ich denn sei und ob ich möglicherweise sogar die neue Frau an der Seite von Guido Westerwelle sei. Die Neuigkeiten über die Kandidatenkür der Hamburger FDP haben zu dem Zeitpunkt wohl noch nicht die Runde gemacht.

»Einige von uns haben wirklich gedacht, Sie hätten ihn gedreht«, erzählt er mir grinsend.

Was natürlich Quatsch ist. Westerwelle hat sich bereits 2004 als homosexuell geoutet und zeigt sich oft und gern mit seinem Mann. Ich muss schmunzeln und bin eigentlich ganz froh, dass ich damals nichts von diesen Mutmaßungen mitbekommen habe. Offenbar hat sich die Sache im Laufe des Abends auch relativ schnell aufgeklärt, als bekannt wird, wer ich bin und warum ich da bin.

Dieses Erlebnis mit Guido Westerwelle auf dem Weg von seinem Wagen in den Ballsaal brennt sich tief in meine Erinnerung ein. Jedes Mal, wenn ich das Maritim Hotel in Stuttgart betrete, kommt mir diese Szene in den Sinn. Und immer muss ich dabei ein wenig über mich selbst lachen. Was hat das damals Eindruck auf mich gemacht! Es faszinierte und schockierte mich zugleich, zu erleben, wie stressig das Leben eines Spitzenpolitikers sein kann. Welchem Druck er ausgesetzt ist und welch große Aufmerksamkeit er auf sich zieht. Als nichts anderes empfand ich es damals: puren Stress. Kein Wunder, ich hatte so etwas noch nie erlebt und die Situation traf mich vollkommen unvorbereitet. Wohl gerade deswegen härtete sie mich ab. Danach hat mich keine noch so große Ansammlung von Journalisten, Fotografen und Kameraleuten wieder derartig nervös gemacht.

# KAPITEL 4

# »WESTERWELLES NEXT TOPMODEL«

*Januar 2011*

Der Bürgerschaftswahlkampf nimmt Fahrt auf. Unsere Kampagne findet Beachtung, weit über die Hamburger Landesgrenzen hinaus. Jeden Tag erreichen uns neue Interviewanfragen, aus ganz Deutschland. Für diesen Ansturm ist mein kleines Unterstützerteam nicht gemacht, ich komme kaum mit der Beantwortung hinterher.

Einen Vergleich habe ich noch nicht. Trotzdem dämmert mir, dass das Interesse an einer FDP-Spitzenkandidatin bei einer Hamburger Bürgerschaftswahl nicht zwingend und nicht immer so groß ist. Ich wünsche mir natürlich, dass es auch mit meiner Person zu tun hat. Ich sage mir, dass ich natürlich und nahbar wirke. Wie die Frau aus der Nachbarschaft, mit der man befreundet sein will. So sehe ich es, das ist mein Selbstverständnis, das ist mein Anspruch an mich.

Und dann das. *Spiegel Online* titelt in einer Geschichte über mich: »Westerwelles next Topmodel«. Die beiden Autoren, übrigens ein Mann und eine Frau, schreiben in ihrem Text, die Wochenzeitung *Die Zeit* hätte in dieser Wortwahl über meine Kampagne gelästert. Es klingt so, als griffen sie bloß auf, wie die Kollegen der journalistischen Konkurrenz bereits geurteilt haben. Sie distanzieren sich allerdings nicht davon. Stattdessen machen sie den Begriff zur Headline und reichern ihren Artikel mit einer elfteiligen Fotostrecke an.

Auf zehn von elf der Bilder bin ich im Großformat zu sehen. Ich auf dem Wahlplakat, ich bei der Vorstellung des Wahlplakates, ich bei meiner Wahl zur Spitzenkandidatin, ich in Begleitung von Westerwelle beim Dreikönigsball, nochmal ich in Begleitung von Guido Westerwelle beim Dreikönigsball. Und nochmal ich in Begleitung von Guido Westerwelle, diesmal allerdings beim Neujahrsempfang des *Hamburger Abendblatts*. Das einzige Foto, auf dem ich nicht zu sehen bin, zeigt meine Parteifreundin Silvana Koch-Mehrin. Der Zusammenhang aus Autorensicht: Auch sie ist eine FDP-Frau, eine sehr attraktive Frau obendrein, wie es im Text heißt, die überdies eine Wahl aus einer schwierigen Lage heraus gewonnen hat. Da werden sofort Parallelen gezogen.

Deshalb verzichten die Autoren auch fast vollständig darauf, über Inhalte zu sprechen. So als gäbe es da nichts, wofür ich stehe. Es gibt ein paar Sätze, in denen über eine mögliche Ampelkoalition spekuliert wird. Tatsächlich kann ich mir die in Hamburg gut vorstellen. Da weiß ich noch nicht, dass die SPD am Wahlsonntag die absolute Mehrheit erringen und keinen Partner zum Regieren brauchen wird. Mit einem Halbsatz wird mein haushalts- und familienpolitisches Programm angesprochen.

Die Autoren haben nicht ein Wort mit mir gewechselt, haben nicht einmal den Versuch gemacht, zu verstehen, wofür ich stehe. Sie unterlassen lieber alles, was ihr vorgefertigtes Bild von mir zum Wanken hätte bringen können. Und präsentieren mich der Republik als schöne, aber eigentlich leere Hülle, von Wahlstrategen gecastet, die den Wahlerfolg für ihre gebeutelte Partei bringen soll. Und sich dabei ihre äußeren Reize zunutze machen soll. Na super!

Natürlich weiß ich um die Mechanismen, wie das mit der öffentlichen Aufmerksamkeit funktioniert. Ein knappes Gut, um das man in der Regel kämpfen muss. Oder für das man sich zumindest geschickt anstellen muss. Ich mache das schon einige Jahre beruflich. Um zu den Wählern durchzudringen, kommt es darauf an, überhaupt erst mal bemerkt zu werden, ich weiß das. Stattfinden, darum geht es. Nur wer Sendezeit bekommt, Raum in Print, Fernsehen oder Onlinemedien, hat überhaupt eine Chance, mit dem wahrgenommen zu werden, was man für die Menschen verändern und erreichen will. Anders geht es nicht. Ohne Medien, die berichten, keine Wahrnehmung beim Wähler. Und damit keine Stimme am Wahltag. So einfach ist das.

Also beiße ich in den sauren Apfel und spiele das Spiel mit. Ein anderes gibt es nicht. Wer nicht mitspielt, hat schon verloren. Das begreife ich. Und sosehr ich mir zujuble, dass mir als Hamburger FDP-Spitzenkandidatin etwas gelingt, was mir niemand zugetraut hat und was auch keiner meiner Vorgänger geschafft hat, so sehr macht mich dieses Spiel, auf dessen Spielfeld ich mich so plötzlich wiederfinde, innerlich fertig.

Denn da ist mein Ego, riesengroß und lautstark, es will es allen zeigen. Zeigen, dass es was draufhat. Dieses Ego treibt mich an, noch eine ordentliche Schippe draufzulegen, noch mehr Leistung zu bringen. Es will gesehen werden, und zwar auf die richtige Weise. Als ernstzunehmende Politikerin, die für ihre Überzeugungen kämpft und weiß, wovon sie spricht. Die nicht nur meckern und kritisieren kann, sondern aufzeigt, wie es besser geht. Die der Regierung auf die Finger schaut und sie nicht mit faulen Kompromissen davonkommen lässt. Die es schafft, ihren eigenen Laden zusammenzuhalten und zu einer schlagkräftigen Truppe zu formen.

Irgendwo in einem hinteren Winkel meines Verstandes ist mir klar, dass die Menschen überwiegend etwas ganz anderes in mir sehen. Vielen ist es vollkommen egal, was ich politisch für sie erreichen will. Manche geben sogar unumwunden zu, dass sie mich nur deshalb wählen, weil ich »super aussehe« und so ganz anders bin als die langweiligen Politiker, die sie sonst von den Plakaten anlächeln. Ich spüre das, aber ich will es nicht wahrhaben.

Es passt so gar nicht in das Bild, das ich von mir habe. In meiner Selbstwahrnehmung kann und darf es nicht sein, dass *Spiegel Online* mich mit der Schlagzeile »Westerwelles next Topmodel« auf mein Äußeres reduziert. Ich empfinde das als Kränkung.

Und damit bin ich in einem tiefen Zwiespalt, den ich auch in den kommenden Jahren nie auflösen werde: Ich weiß, dass sich vermutlich niemand für mich interessieren würde, wäre ich unattraktiv. Dann könnte ich alles genauso machen, wie ich es jetzt tue. Ich hätte damit doch keinen Erfolg. Eine fiese, brutale Wahrheit. Für mich, aber auch für uns als Gesellschaft insgesamt. Ich habe zwei Möglichkeiten: Ich mache da nicht mit und steige aus dem dreckigen Spiel aus. Das wäre dann das Ende der politischen Karriere, bevor sie überhaupt begonnen hat. Oder ich nehme die Umstände an, wie sie sind, ich kann sie ja sowieso nicht ändern. Und mache das Beste für mich daraus. Freue mich über die Aufmerksamkeit, die sich eigentlich auf etwas anderes richtet, und nutze sie, um meine politischen Pläne zu verwirklichen.

Ich entscheide mich für Letzteres. Denn das Spiel läuft gut für mich. Sogar sehr gut. Also blende ich einfach alles aus, was mir ein schlechtes Gefühl gibt, was diesen faden Beigeschmack hat. Fokussiere mich auf einen erfolgreichen Wahlabend. Stelle mir vor, wie ich in endlosen Interviews unseren Wahlerfolg erkläre, den mir kaum einer zugetraut hat. Visualisiere mich als erfolgreiche Politikerin eines neuen Typs. Nehme in Gedanken schon mal die vielen Glückwünsche entgegen. Ich lasse keinen Gedanken an ein Scheitern zu.

Ich will den Erfolg. Und für meinen Erfolg brauche ich die Medien. Also mache ich sie mir zunutze. So wie die Medien mich ausnutzen. Ich kann das genauso, wie sie es können. Es ist ein Geben und Nehmen, eine gegenseitige Abhängigkeit. Die Medien müssen Geschichten erzählen, anders verkaufen sie sich nicht. Aber sie wollen sie in der Regel anders erzählen, als ich es will, ihr Interesse ist ein anderes als meines. Ihre Währung sind

Auflage, Reichweite und Klickzahlen, dazu brauchen sie Sensationen, Skandale, Skurriles, Exklusives. Meine Währung sind Zustimmung in der Bevölkerung und Wählerstimmen. Dafür brauche ich den Kommunikationskanal zum Wähler, der in einem 80-Millionen-Land nur über die Massenmedien hergestellt werden kann, der steigenden Reichweite von Social-Media-Kanälen zum Trotz. Ich muss transportieren, was ich zu sagen habe, ich muss sicherstellen, dass meine Positionen gehört werden, sonst bekomme ich die Wählerstimmen nicht. Und ohne Wählerstimmen kein Abgeordnetenmandat. Medien verschaffen mir, was ich als Politikerin wie die Luft zum Atmen brauche: Aufmerksamkeit. Es ist ein bisschen wie Prostitution. Nur weniger schlimm und gesellschaftlich anerkannt. Also Augen zu und durch.

Solange ich mir darüber im Klaren bin, was hier gespielt wird, ist alles gut, rede ich mir ein. Solange ich die Kontrolle behalte, Grenzen setze und jederzeit die Notbremse ziehen kann, wird schon nichts schiefgehen. Und eigentlich wird es mir leicht gemacht. Die Medien mögen mich, ganz überwiegend. Wirklich schlechte Erfahrungen habe ich in den elf Jahren, seitdem es dieses Medieninteresse an mir gibt, nicht machen müssen. Nicht alles, was ich über mich lesen konnte, ist schmeichelhaft, natürlich nicht. Und ich kann gut damit leben, wenn man sich politisch scharf mit mir auseinandersetzt. Das mag ich, und das gehört in einer Demokratie dazu. So richtig zerrissen worden bin ich fast nie. Meine mediale Präsenz war vielleicht nie überragend, aber doch gut. Es hat gereicht, um mich bundesweit bei vielen politikinteressierten Menschen bekannt zu machen und mir einige Wahlerfolge zu bescheren. Das Kalkül geht auf.

Der Preis jedoch ist bisweilen hoch. Dass sich die Presse so sehr für mein Privatleben interessiert, damit hadere ich. Und auch wenn es seit Jahren stattfindet und meine Realität geworden ist, es verwundert mich bis heute. Hätte man mir vor ein paar Monaten gesagt, dass sich bald die Boulevardpresse für die

Männer in meinem Leben interessieren würde, ich hätte laut gelacht und es nicht geglaubt. Warum auch? Ich bin keine Schauspielerin, kein Popstar, kein Model. Mein Leben ist nicht Glitzer und Glamour. Ich will Abgeordnete sein, mein Leben sind Gremiensitzungen und Parlamentsdebatten.

Ich selbst finde es nicht so rasend spannend, wer gerade mit wem zusammen ist, wo es nicht gut läuft in der Beziehung und wer sich warum von wem trennt. Im direkten persönlichen Umfeld interessiert es mich, dann nehme ich daran sehr wohl Anteil. Aber bei Menschen, die ich gar nicht kenne und denen ich nie begegnet bin? Nein, das nicht. So wie ich ticken in dieser Hinsicht nicht alle. Ich nehme zur Kenntnis, dass es sehr viele Menschen gibt, die sich für das Privatleben anderer Menschen interessieren, warum auch immer. Sonst könnten all die Klatschmagazine ja kaum überleben. Und aus irgendeinem Grund scheinen sich auch einige für mein Leben zu interessieren.

Fortan entwickle ich also Strategien, damit umzugehen. Ich spiele mit und versuche doch gleichzeitig, nicht mitzuspielen. Ich weiß beispielsweise, dass ich Berichte über meinen Beziehungsstatus kaum verhindern kann. Dafür interessiert man sich brennend, und Berichterstattung darüber kann ich kaum ganz unterbinden. Was für mich persönlich auch okay ist. Was nicht okay ist: Ich erinnere mich an Szenen, in denen ich regelrecht gejagt wurde, wenn Gerüchte über einen neuen Mann in meinem Leben kursierten. Einmal finde ich sogar einen Paparazzo vor meiner Haustür, der sich offenbar ein Foto erhoffte, wie ich mit einer mir angedichteten Affäre das Haus verlasse.

Natürlich könnte ich jeden öffentlichen Auftritt in Begleitung meiden, zu jedem Ball, zu jedem Dinner, zu jeder Veranstaltung als Single gehen, wo andere mit ihren Partnern auftauchen. Dann ließe sich das Thema Beziehung vielleicht aus den Medien fernhalten. Doch darunter gibt es schöne Momente, die ich mit meinem Partner teilen möchte. Manche Veranstaltungen sind für mich ohnehin schwer zu ertragen, und wenn ich allein hingehen muss, ist es noch viel schlimmer. Ich möchte mich hier nicht einschränken lassen, nur um Berichterstattung zu verhindern. Ich will mir keine Fesseln anlegen lassen, die Option kommt für mich nicht infrage.

Also versuche ich, die Berichterstattung über mein Privatleben zu steuern, indem ich in die Offensive gehe. Bevor die Medien von sich aus etwas herausfinden, wie zum Bespiel, dass ich einen neuen Freund habe bzw. mich getrennt habe, erzähle ich es selbst. Und behalte damit das Heft des Handelns in der Hand. Denn dann entscheide ich, wem ich wann welche Informationen gebe. Auf manche mag es so wirken, als wenn ich mein Privatleben freiwillig und gern in der Öffentlichkeit ausbreite. Es genieße, wenn darüber geschrieben wird. Doch für mich ist es Selbstschutz, das kleinere Übel. Für mich ist es eine unerwünschte Nebenwirkung der Öffentlichkeit, die ich als Politikerin brauche, um einen guten Job zu machen.

Umso wichtiger ist es, dass ich mich schütze. Deshalb kontrolliere ich streng, was über mich nach außen dringt. Es sind meist nur einzelne Sätze, wenige gezielte Details, die ich über mich verrate. Sie reichen aus, um beim Leser ein gewisses Gefühl von Nähe zu schaffen. Aber sie schaffen nur eine Pseudonähe, weil sie über mich selbst eigentlich nichts verraten. Ich brauche einen undurchdringlichen Schutzpanzer, um mich nicht angreifbar und verloren zu fühlen. Ich mache keine Homestorys, meine Kinder zu fotografieren ist bis zu ihrem Erwachsenenalter tabu. Es ist ein schmaler Grat, auf dem ich gehe, aber so versuche ich die Kontrolle zu behalten. Meistens gelingt das.

Die Trennung von meinem Mann Christian gebe ich per *Bild*-Interview bekannt. So schaffe ich es, dass die noch immer recht ungewöhnliche Konstellation, dass meine damals acht und zehn Jahre alten Jungs bei ihrem Vater wohnen bleiben, nicht skandalisiert wird. Das Interview erscheint. In den darauffolgenden Tagen gehe ich nicht ans Telefon und lasse durch mein Büro ausrichten, dass ich nichts hinzuzufügen habe und man gerne aus dem Interview abschreiben dürfe. So gehe ich auch vor, als ich Jahre später eine neue Beziehung beginne, und noch ein paar Jahre später, als ich mich erneut trenne.

Und ich reagiere heftig, wenn nicht sauber gespielt wird. Als ohne Rücksprache mit den Betroffenen in mehreren Medien eines größeren Verlages über ein angebliches Verhältnis zu einer bekannten Persönlichkeit spekuliert wird, garniert mit Fotos, die ohne unser Wissen beim Verlassen eines Restaurants geschossen wurden, schalte ich einen Anwalt ein und erwirke eine Unterlassungserklärung. Es gibt Grenzen, die nicht überschritten werden dürfen.

Ob ich dieses Buch schon während meiner aktiven Politikerzeit hätte schreiben können? Definitiv nicht. In der Zeit habe ich alles dafür getan, mich zu schützen. Nur gerade so viel herauslassen, um das öffentliche Interesse an der Person Katja zu stillen. Aber im privaten Kern verborgen und unverletzbar zu bleiben. Während ich diese Zeilen schreibe, reibe ich mir hin und wieder verwundert die Augen. Warum schreibe ich all diese sehr persönlichen, fast schon intimen Details auf? Ich kann es nicht genau sagen. Ich möchte meine Geschichte erzählen. Es begann als eine Art therapeutisches Schreiben, im Tagebuchstil. Und das ist es auch heute noch auf eine Weise. Denn ich will meinen Panzer nun ablegen, ich will wieder die Katja sein, die sich öffnen, sich den Menschen zeigen kann, wie sie ist. Es ist befreiend. Das Schreiben dieses Buches hilft mir dabei. Und wenn es meine Leser inspiriert, sie ermutigt oder auch unterhält, umso besser.

## KAPITEL 5

# DAS TRAUMA

*27. Januar 2011*

Einer der Gründe gegen eine Spitzenkandidatur bei einer Bürgerschaftswahl hieß für mich immer Guido Westerwelle. Die Vorstellung, jemals mit einem so begnadeten Redner wie Guido Westerwelle bei derselben Veranstaltung aufzutreten und so dem Publikum meine riesigen rhetorischen Defizite und das Gefälle zwischen uns beiden überdeutlich zu offenbaren, flößt mir ziemliche Angst ein. Als Spitzenkandidatin gehören diese gemeinsamen Auftritte mit Parteigranden dazu. Daran führt im Wahlkampf kein Weg vorbei, da muss auch ich durch.

Seit meinem Eintritt in die FDP im Jahr 2006 habe ich schon ein paar Landtagswahlkämpfe in anderen Bundesländern und den Bürgerschaftswahlkampf 2008 in Hamburg miterlebt. Es ist üblich, dass die heiße Wahlkampfphase, etwa vier bis fünf Wochen, mit einer großen öffentlichen Veranstaltung eröffnet wird. In der üblicherweise auch der Parteivorsitzende auftritt. Das Gleiche findet nochmal zum Endspurt wenige Tage vor dem Wahltermin statt. Die Prominenz des Vorsitzenden stellt sicher, dass die Presse berichtet und das Fernsehen kommt. Die dann idealerweise einen prall gefüllten Raum mit Hunderten von Zuschauern vorfinden, weshalb breit dafür geworben wird, mit Plakaten, per Post und Mail verschickten Einladungen und Flyern, die an den Infoständen unter die Leute gebracht werden. Ich bin diesen Einladungen selbst einige Male gefolgt.

Mir bleibt von solchen Veranstaltungen oft ein Bild in Erinnerung: ein großer, voller Saal und der großartige Auftritt von Guido Westerwelle, der das Publikum mit einer etwa einstündigen, ohne jeden Spickzettel frei gehaltenen Rede zu Begeisterungsstürmen mitreißt. Davor hat der jeweils örtliche Spitzenkandidat die Chance, dasselbe zu tun. Es gelingt selten. Natürlich werden er oder sie mit Applaus unterstützt und vom Publikum getragen, egal wie gut oder schlecht der Auftritt auch sein mag. Denn im Publikum sitzen ja in der Regel die eigenen Anhänger. Sehr viele von ihnen sind aber wegen des Auftritts des Bundesvorsitzenden gekommen. Er ist immer der Star des Abends. Seine Bedeutung und Bekanntheit überstrahlen die des Spitzenkandidaten. Zu groß sind die Unterschiede bei rhetorischem Talent, Auftrittserfahrung und Bühnenpräsenz zwischen ihm und fast allen anderen. Ein Horror, wie ich finde.

Nun passiert mir das vormals Unvorstellbare also doch, ich bin Spitzenkandidatin meiner Partei für die Bürgerschaftswahl geworden. Und unweigerlich rückt der erste gemeinsame Auftritt mit Guido Westerwelle heran. Er meint es sehr ernst mit seiner Zusage für die Unterstützung unseres Wahlkampfes und kündigt sich gleich mehrfach an. Als Veranstaltungsort für unseren ersten gemeinsamen Auftritt wählt irgendjemand aus der Bundesgeschäftsstelle in Berlin ein Restaurant aus. Es befindet sich ausgerechnet in den Kellergewölben des Hamburger Rathauses, über uns der Sitz der Bürgerschaft und des Senats. Eigentlich ein beeindruckender Ort. Ich mag ihn dennoch nicht. Ich empfinde ihn als bedrückend. Außerdem drängt sich nicht nur mir, sondern auch den anwesenden Journalisten eine ungute Assoziation auf: Wir sind die Kellerkinder. Die, die nicht bei dem mitspielen dürfen, was über uns geschieht.

Es ist Donnerstag, der 27. Januar 2011. Bis zum Wahltag sind es noch dreieinhalb Wochen. An diesem Tag wartet eine demütigende Erfahrung auf mich: Es ist bitterkalt, um minus 10 Grad. Die Veranstaltung beginnt am Abend. Am späteren Nachmittag bin ich mit einem Fernsehteam bei einem Infostand im Hamburger Stadtteil Ottensen verabredet. Bei Eiseskälte stehe ich mit ein paar versprengten Parteifreunden am Infotisch und versuche unser Wahlkampfmaterial unter die Leute zu bringen und dabei mit ihnen ins Gespräch zu kommen. Es läuft nicht gut, wir werden fast nichts los. Obendrein hält der Kameramann die zahlreichen Anfeindungen der vorübergehenden Passanten mir und meiner Partei gegenüber fest. Ich werde die Bilder in einem Fernsehbeitrag über unseren Wahlkampf wiedersehen, sie liefern das Futter für wenig schmeichelhafte Worte des Sprechers in dem Beitrag. Der Ort ist kein gutes Pflaster für uns und ich ärgere mich darüber, dass wir das Team nicht woandershin gebeten haben. Denn die gibt es auch, Orte in Hamburg, in denen uns die Sympathien zufliegen. Auch wenn ich vor Kälte die Mundwinkel kaum noch verziehen kann, ich lächle trotzdem tapfer und versuche, doch den einen oder anderen von mir zu überzeugen. Nur nicht aufgeben. Schon gar nicht vor laufender Kamera. Ein fast hoffnungsloses Unterfangen. Nach einer guten Stunde brechen wir die Aktion ab, das Kamerateam ist schon weg. Ich kann meine durchgefrorenen Füße und Hände kaum noch spüren.

Ab ins Auto. Die Rede, die ich am Abend halten soll, kann ich erst jetzt richtig lesen, so vollgepackt war der Tag mit Terminen. Sie wurde in der Berliner Wahlkampfzentrale verfasst, in guter Absicht. Jemand aus meinem Team hat sie ausgedruckt, zurechtgeschnitten und auf gelbe Karteikärtchen geklebt. Mich packt das Entsetzen. Diese Rede passt hinten und vorne nicht zu mir. Es werden nicht die Themen aufgegriffen, die mir wichtig sind und über die ich bislang im Wahlkampf gesprochen habe. Die Formulierungen sind mir fremd, ich würde so niemals sprechen. Jetzt ist keine Zeit mehr, sie umzuschreiben. Also frei sprechen? Dazu bin ich viel zu aufgeregt. Das habe ich noch nie gemacht. Ich würde nicht ein Wort herausbringen. Ich sitze in der Falle. Und kann nicht fassen, dass ich mich freiwillig in eine derart furchtbare Situation hineinmanövriert habe.

Immer noch völlig durchfroren treffe ich in der Location für den Abend ein. Meine Anspannung und meine Verzweiflung steigen mit jeder Minute. Mir wird klar, dass ich nichts mehr tun kann als in mein Verderben zu laufen. Hinter der Bühne schütte ich Unmengen heißen Tee in mich hinein. Vielleicht gelingt es mir wenigstens, mich aufzutauen, bevor ich auf die Bühne muss.

Es geht los. Ich sitze mit Guido Westerwelle in der ersten Reihe. Die Begrüßung übernimmt der Landesvorsitzende. Er hat sich die Namen der Menschen von der Gästeliste notiert, die er namentlich begrüßen will. Leider hat er versäumt, diejenigen zu streichen, die nicht erschienen sind. Die namentlich Begrüßten bekommen höflichen Applaus und erheben sich kurz, um sich dem Publikum zu zeigen. So ist es üblich. Bei etwa der Hälfte der Namen erhebt sich niemand. »Der ist noch nicht da«, fügt dann der Vorsitzende jeweils hinzu. Es wirkt seltsam.

Dann bin ich an der Reihe. Weil der Hauptredner frei und ohne Rednerpult spricht, hat man auch mir kein Pult besorgt, hinter dem ich mich verstecken und an dem ich mich wenigstens festhalten könnte. Den Blicken der Zuschauer schutzlos ausgeliefert, stehe ich mit meinen gelben Karteikarten vor all den Menschen und stammele eine Rede herunter, die wirklich niemanden mitreißt. Je länger sie dauert, desto unsicherer werde ich. Und umso schlimmer wird mein Auftritt. Nach einer gefühlten Ewigkeit darf ich mich wieder setzen. Der Applaus, den ich aus Höflichkeit bekomme, fühlt sich für mich wie Hohn an. Ich möchte am liebsten im Boden versinken. Doch ich muss bleiben, bis zum Schluss.

Nach mir geht Guido Westerwelle auf die Bühne. Er zieht ein mitreißendes Programm ab, das die Zuhörer begeistert. Der Kontrast zwischen seinem und meinem Auftritt könnte nicht größer sein. Für mich ist dieser Abend noch weitaus schlimmer, als ich es mir immer vorgestellt hatte. Ich möchte vor Scham über meinen Auftritt, der im direkten Vergleich mit ihm noch viel unbeholfener erscheint, im Boden versinken. Wie kann es sein, dass er so gut ist und ich so schlecht bin?, frage ich mich verzweifelt. Bei allem Frust bin ich aber gleichzeitig auch extrem dankbar, dass Guido Westerwelle den Abend für uns rettet nach meinem vermurksten Auftritt. Er hat sich nichts anmerken lassen, ganz im Gegenteil. Er lobt mich über den grünen Klee. Macht aus meinem unsicheren Auftritt etwas Positives, indem er vor allen Leuten sagt, dass es gut sei, dass hier eine unverbrauchte Politikerin von außen kommt. Die als Mutter und freiberufliche Unternehmerin mitten im Leben steht und weiß, wovon sie spricht.

Die Veranstaltung ist zu Ende. Ich schüttele Hände, spreche mit Journalisten, posiere für Fotos. Irgendwann leert sich der Saal. Ich habe es hinter mich gebracht. An der Bar etwas weiter hinten stehe ich mit Guido Westerwelle, wir trinken zusammen ein Bier. »Sie haben das ganz großartig gemacht, Frau Suding«, lügt er mich an. Wir wissen beide, dass es nicht stimmt. Aber noch nie war ich so dankbar für eine glatte Lüge direkt ins Gesicht. Die Wahrheit aus seinem Mund hätte ich in dieser Sekunde nicht ertragen. Ich könnte ihm um den Hals fallen, aber ich beherrsche mich und sage: »Danke. Danke, dass Sie uns unterstützen.«

Meine bescheidene Leistung als Rednerin steht in einem umgekehrt proportionalen Verhältnis zum Interesse, das die Veranstaltung bei den Medienvertretern hervorruft. Was daran liegt, dass die meisten nicht wegen mir gekommen sind. Sie sind gekommen, um sich unseren Auftakt mit dem Bundesvorsitzenden anzusehen. Einer der Journalisten arbeitet damals für ein Wochenmagazin aus München und ist unter anderem für die Berichterstattung über die FDP-Bundespartei zuständig. Auch er ist also nicht in erster Linie meinetwegen gekommen, sondern wegen Guido Westerwelle. Wir sind uns vor diesem Abend noch nicht begegnet, lernen uns dort im Keller kennen. Es ist die erste von vielen Begegnungen, die folgen werden. Irgendwann, Jahre später, sprechen wir über diesen Abend in Hamburg. Auch er hat meinen Auftritt als misslungen wahrgenommen.

»Sie haben mir echt leidgetan, wie Sie dort standen, mit nicht mal einem Tisch zum Festhalten, den Blicken der Zuschauer schutzlos ausgeliefert, ganz offenbar völlig überfordert. Dass man Ihnen das zugemutet hat, Wahnsinn. Ich konnte kaum ertragen zuzugucken.«

So viel ungeschminkte Ehrlichkeit höre ich selten. Ich mag das. Mittlerweile kann ich damit umgehen.

»Ja, so war es. Es war ein einziges Desaster. Und danke, dass Sie mir das nicht am selben Abend gesagt haben. Ich wäre gestorben«, entgegne ich.

In der Rückschau hat dieser Abend eine besondere Bedeutung für mich. An diesem Abend verfestigt sich meine große Abneigung gegen Reden vor vielen Menschen massiv. Ich erfahre sehr deutlich, dass es keine gute Idee ist, wenn ich mich vor viele Menschen stelle und zu ihnen spreche. Ich wäre damals auf viel mehr Unterstützung angewiesen gewesen, doch die war nicht da, auch wenn es sicher kein Vorsatz oder böse Absicht war. Das Team arbeitete für Guido Westerwelle, es war sein Team, nicht meines. Sie waren nicht darauf eingestellt, für eine blutige Anfängerin zu arbeiten. Und ich muss mir eingestehen, dass ich es aus eigener Kraft nicht schaffe, das zu kompensieren. Ich kann in einem extrem angespannten Setting, wie ich es an diesem Abend erlebe, das ungeeignete Manuskript nicht einfach beiseitelegen, um stattdessen frei über das zu sprechen, was mich bewegt. Daraus verstärkt sich bei mir die Angst vor öffentlichen Auftritten, ich entwickle ein regelrechtes Trauma, das mich während meiner politischen Laufbahn stets begleiten wird.

## KAPITEL 6

# EINSCHUB: WAS MICH ANTREIBT

Es ist ein Freitagabend im Mai 2021, gegen 22 Uhr. Ich nehme einen späten ICE von Berlin nach Hamburg, es ist das Ende einer langen und anstrengenden Sitzungswoche. Es wird noch fast zwei Stunden dauern, bis ich zu Hause bin, da kommt ein Anruf. Es ist Jacob, mein 17-jähriger Sohn.

»Mama?«

»Ja, mein Schatz?«

»Mama, wir haben hier Stress, sorry.«

Ich bin erschrocken. Ist was passiert? Ist jemandem was zugestoßen?

»Die Polizei ist hier, sie wurden von einem Nachbarn gerufen. Zu dritt haben sie gerade die Wohnung durchsucht, nach Menschen. Sie sagen, dass hier eine illegale Versammlung stattfindet.«

»Illegale Versammlung?«, rufe ich und hoffe, die Mobilfunkverbindung auf der so viel befahrenen Strecke bleibt wenigstens jetzt mal stabil. Deutschland ist Entwicklungsland, denke ich frustriert.

»Was meinst du damit?«

Wenn ich eines sicher weiß, dann dass meine Kinder keiner terroristischen Vereinigung angehören, sich nicht in Drogen- oder Schlägerkreisen herumtreiben und auch sonst noch nie Probleme mit dem Rechtsstaat hatten.

»Die sagen was von Verstoß gegen das Infektionsschutzgesetz.«

Wir dürfen uns nicht mit mehr als einer Person treffen, die nicht hier wohnt.«

Jacob erzählt mir, dass außer seinem Bruder Johann dessen Freundin, sein Stiefbruder und ein befreundetes Pärchen aus der Schulklasse zu Besuch sind. Sie sehen einander aus familiären oder schulischen Gründen sowieso ständig. Ich frage mich, was das Ganze soll.

»Die sagen also, ihr dürft euch am Frühstückstisch oder in der Schule treffen, aber am Abend nicht privat?«

»Das scheinen die genau so zu meinen, Mama ...!«

»Und was hat das jetzt für Konsequenzen? Sie werden ja wohl nicht sechs Jugendliche, die bei einer Cola zusammensitzen, mit aufs Revier nehmen.«

»Wir trinken Bier«, korrigiert mich Jacob. »Nein, mitnehmen wollen die uns nicht. Aber es gibt ein Bußgeld.«

150 Euro pro Kopf. Das ist das vorgesehene Bußgeld. Macht 900 Euro bei sechs Jugendlichen. 900 Euro, weil sie mal nicht allein zu Hause sitzen, sondern mit Freunden ein Bier trinken wollten. Und einmal mehr frage ich mich: In was für einem Staat leben wir eigentlich?

In einem Rechtsstaat, einer Demokratie, einem Staat, der sich um das Wohl seiner Bürger kümmert, das steht fest. Und doch liegt immer noch und immer wieder so vieles im Argen. Es erinnert mich daran, warum ich eigentlich in die Politik gegangen bin.

»Rede doch mal mit ihnen, Jacob«, probiere ich es.

»Da muss es doch in eurem Fall einen Ermessensspielraum geben ...«

Ich höre, wie Jacob mit den Polizisten zu diskutieren beginnt.

»Tut mir leid«, höre ich eine mir fremde männliche Stimme im Hintergrund sagen. »Die Gesetzeslage ist eindeutig. Und wenn wir lauter Ausnahmen machen, dann lassen sich die Regelungen schnell gar nicht mehr durchsetzen.«

»Du hast es gehört, Mama, da ist nichts zu machen.«

»Okay, dann ist das eben so.«

Ich lege auf und denke darüber nach, was gerade passiert ist und was es wohl mit meinen Kindern macht. Ihr Leben lang habe ich sie dazu erzogen, selbständig zu denken, sich verantwortungsbewusst und anständig zu verhalten. Sie sind dazu in der Lage. Deshalb reagiere ich entspannt auf den Vorfall. Viel weniger entspannt reagiere ich auf den Nachbarn, der nichts Besseres zu tun hat, als den Kids, die während der Coronapandemie auf so vieles verzichten mussten, die Polizei auf den Hals zu hetzen. Die Coronapandemie mag die Hilfsbereitschaft untereinander, wie zum Beispiel bei nachbarschaftlichen Einkaufshilfen, gefördert haben. Sie hat mit diesem Denunziantentum, das ich leider an so vielen Stellen beobachtet habe, aber auch die schlimmsten Seiten bei einigen unserer Mitbürger ans Licht gebracht.

Ich denke zurück an meine eigene Jugend. Damals fing ich an, mich für Politik zu interessieren. Weniger für das, was im Bundestag und in den Landtagen stattfand, auch war mein Interesse nicht parteipolitisch geprägt. Über die Tagespolitik wusste ich grob Bescheid, hatte aber nicht zu allem und jedem eine dezidierte Meinung. Mich beschäftigten damals eher Fragen der politischen Philosophie. Ich las Werke von Karl Marx, Niccolò Machiavelli, Carl von Clausewitz, Immanuel Kant und Jürgen Habermas. Ich muss zugeben, das klingt intellektueller, als es war. Ich fand es einfach spannend, die Gedanken dieser Menschen zu lesen und über sie nachzudenken. Ich brauchte dieses Futter für mein Gehirn. Die Werke kamen eher zufällig zu mir, entweder weil sie in der Schulbibliothek standen, wir sie im Unterricht lasen oder sie mir empfohlen worden waren. Es war alles andere als ein systematisches Studium. Aber ich liebte es.

In dieser Zeit entwickelte ich auch ein eigenes, für mich schlüssiges Welt- und Menschenbild: Für mich ist der Mensch, bei aller Individualität und Unterschiedlichkeit, ein Wesen mit sehr außergewöhnlichen Fähigkeiten. Er ist prinzipiell dafür gemacht und ausgestattet, um in dieser Welt, im Zusammenspiel mit seinen Mitmenschen, anderen Lebewesen und der Natur, gut zurechtzukommen. Er ist schlau, reflektiert und anpassungsfähig. Außerdem einfallsreich, unternehmenslustig und lernfähig. Er hat alle Eigenschaften, die er braucht, um ein Leben in Selbständigkeit und Verantwortung zu führen. Er weiß über sich, seine Wünsche und Träume und seine individuelle Lage besser Bescheid als jeder andere.

Deshalb braucht es einen Staat, ein politisches System, das ihn diese Fähigkeiten leben lässt, sie fördert und fordert. Das ist oberste staatliche Aufgabe. Denn eine Gesellschaft ist dann stark, wenn ihre Teile stark sind. Und diese Gesellschaft besteht aus Menschen, nicht aus politischen Institutionen. Das Geld, mit dem Schulen und Kindergärten ausgestattet, Straßen und Brücken gebaut, Polizei und Feuerwehr finanziert werden, steht nicht zur Verfügung, weil der Staat die Notenpresse angeschmissen hat. Dieses Geld erwirtschaften die Menschen in unserem Land, die über Steuern ihren Beitrag leisten, entsprechend ihrer wirtschaftlichen Leistungsfähigkeit. Die Innovationen, die uns wirtschaftlich erfolgreich machen, unser Leben schöner machen und mit denen wir unsere Umwelt schützen können, werden nicht in den Parlamenten und Ministerien erdacht, sondern von klugen Köpfen außerhalb. Die unverzichtbaren Dienstleistungen in der Pflege, in den Krankenhäusern, in Schulen, Universitäten und Kindergärten werden nicht vom Staat erbracht, sondern von Menschen, die sich dazu berufen fühlen und sich dafür oft aufopfern. Das Gleiche gilt für Supermarktkassierer, Frisöre, Reinigungskräfte, LKW-Fahrerinnen und viele, viele andere. Sie machen die Gesellschaft aus, und sie entscheiden maßgeblich darüber, wie gut es uns allen geht.

Für das Parlament als Gesetzgeber ergibt sich daraus die Aufgabe, die Grenzen des Bereiches, in dem es Einfluss auf das Leben der Menschen nehmen sollte, richtig einzuschätzen. Eine gute Infrastruktur aufbauen, für Sicherheit sorgen, die soziale

Marktwirtschaft durch geeignete Regeln wie das Kartellrecht ermöglichen, einen funktionierenden Sozialstaat unterhalten, all das gehört zu den Kernaufgaben des Staates. Und natürlich ein weltbestes Bildungssystem bereithalten. Nicht dazu gehört, den Menschen in unserem Land bis ins Kleinste vorzuschreiben, was sie zu tun und zu lassen haben. Weil man ihnen nicht zutraut, sich aus eigenem Antrieb verantwortungsvoll zu verhalten. Weil man allen kollektiv misstraut, weil es einzelne schwarze Schafe gibt. Weil Gesetze und Verordnungen von Menschen gemacht werden, die keine Ahnung oder kein Interesse daran haben, wie es in den Familien, den Betrieben und Unternehmen aussieht und welche Folgen ihre Regelungswut hat.

Ich freue mich über jeden, der sein Leben gut meistert. Der Erfolg hat mit dem, was er oder sie wirklich machen will. Der damit sich und seine Familie versorgen kann. Ich glaube fest daran, dass die allermeisten von uns so leben wollen. Und dass sie es können. Ich glaube an die Kraft, Kreativität, Eigeninitiative und Verantwortung, die in jedem Einzelnen von uns steckt, auf ganz individuelle Weise. Wenn man die Menschen nur lässt. Und ich glaube an das Gute im Menschen. Der Mensch ist gut, er ist nicht böse und hinterlistig, er ist auch nicht per se wehr- und hilflos, so dass man ihn unter die Aufsicht eines über ihn wachenden und ihn gängelnden Staates stellen müsste.

Ich fühle aber auch mit jedem, dem das Schicksal im Leben übel mitspielt. Menschen, die ohne eigenes Verschulden in eine Situation geraten sind, die sie nicht allein bewältigen können. Sie brauchen unsere Solidarität und Unterstützung und müssen sich auf einen funktionierenden Sozialstaat verlassen können. Dieser Sozialstaat muss auch und besonders zum Ziel haben, die Menschen dabei zu unterstützen und zu befähigen, auf eigenen Füßen zu stehen, den eigenen Lebensunterhalt zu sichern. Empowerment heißt das auf Neudeutsch. Das ist nachhaltig, weil es den Einzelnen und damit die Gesellschaft stark macht.

Ich halte es für falsch, wenn politische Debatten sich darum drehen, wie man den »Reichen« möglichst viel wegnehmen kann, um es den »Armen« zu geben. Ich halte es für falsch, wenn politische Programme die große Umverteilungsmaschine anschmeißen wollen. Dazwischengeschaltet ein teurer bürokratischer Staatsapparat, der über die Verwendung des Geldes entscheidet. Dem einen zu nehmen, um dem anderen zu geben – wer so argumentiert, der begreift das Leben als Nullsummenspiel. Der geht davon aus, dass immer da, wo jemand gewinnt, ein anderer zwangsläufig verliert. Ich halte das für grundfalsch. Gute Politik muss das Ziel haben, so viele Menschen wie möglich zu Gewinnern zu machen. Bildlich gesprochen, darf es nicht darum gehen, darüber zu streiten, wer ein wie großes Stück des Kuchens bekommt. Es muss darum gehen, den Kuchen so groß wie möglich zu machen, damit alle mehr und genug haben. Konkret heißt das, die sinnlosen Neiddebatten über eine immer höhere Besteuerung von Gutverdienenden einzustellen. Es bedeutet, endlich die leistungsfeindlichen Hinzuverdienstgrenzen für Menschen im Transferbezug abzuschaffen, der es schwierig bis unmöglich macht, aus diesem herauszukommen. Menschen, die gut verdienen, sollen sich überproportional an der Finanzierung unseres Gemeinwesens beteiligen. Diesem Gedanken folgt unser progressives Steuersystem. Genauso richtig und wichtig ist es aber, so viele Menschen wie möglich dabei zu unterstützen, zu guten Verdienern zu werden, die damit nicht nur sich selbst und ihre Familien, sondern auch unsere Bildung, Infrastruktur und innere Sicherheit finanzieren. Alle Hürden auf dem Weg dahin müssen abgebaut werden.

Die Verteilungskampfdebatten, die vorwiegend im politisch linken Lager geführt werden, offenbaren ein Menschenbild, das für mich inakzeptabel ist. Wer ein Aufblähen des Sozialstaates in den Mittelpunkt seiner Politik stellt, der hat den Glauben in die Menschen verloren oder ihn nie besessen. Der hat vor der Aufgabe kapituliert, die Menschen durch Bildung stark zu machen.

Mir hat sich nie erschlossen, was es mit einer »sozialen« Politik zu tun haben soll, Menschen abzusprechen, dass sie mit ihren Talenten und Fähigkeiten einen wertvollen Beitrag für uns alle leisten können. Sich stillschweigend damit abzufinden, dass Menschen auf Dauer auf staatliche Transferleistungen angewiesen sind, statt alles dafür zu tun, dass Menschen im Idealfall erst gar nicht auf sie angewiesen sind.

Ich verstehe unter guter Sozialpolitik, den Menschen und ihren Fähigkeiten etwas zuzutrauen. Natürlich gibt es Menschen, die dauerhaft auf Hilfe der Gesellschaft angewiesen sind, und die müssen sie erhalten. Wenn sich Menschen aber in einer schwierigen Phase ihres Lebens befinden und in dieser Zeit Hilfe benötigen, dann muss die Gesellschaft sie motivieren, unterstützen und bilden, damit sie schnell wieder auf eigenen Beinen stehen können. Auch wenn es sicher viele Gegenbeispiele gibt, so bin ich überzeugt: Wenn man die Menschen vor die Wahl stellt: Abhängigkeit oder Selbständigkeit, werden die meisten ein selbstbestimmtes Leben in eigener Verantwortung führen wollen. Sie wollen nicht vom Staat wie unmündige Kinder an die Hand genommen und durchs Leben geführt werden. Nichts demotiviert einen Menschen mehr, als ihm wenig oder nichts zuzutrauen.

Gute Schulen und Hochschulen sind deshalb die beste Sozialpolitik für unser Land. Am Beginn eines Lebens, da muss jeder und jede vergleichbare Chancen haben. Ich spreche nicht von gleichen Chancen, die wird es allein aufgrund der ganz unterschiedlichen Familienverhältnisse nie geben. Doch eine so große Abhängigkeit des späteren Bildungserfolgs von der Herkunft wie in Deutschland darf es nicht geben.

Bei der Lese- und Schreibkompetenz von 15-Jährigen liegt die Abhängigkeit des Bildungserfolges von der sozialen Herkunft in Deutschland zwar im OECD-Durchschnitt, Länder wie Estland, Kanada oder Finnland machen es aber deutlich besser als wir. Die OECD untersucht dafür regelmäßig, wie viel schlechter 15-Jährige aus Familien mit einem niedrigen sozioökonomischen Status lesen und schreiben als Gleichaltrige, deren Eltern einen hohen sozioökonomischen Status haben. Das Ergebnis: Der Anteil von Kindern in Deutschland aus dem unteren sozioökonomischen Quartil (Viertel), die mindestens Stufe 2 der PISA-Lesekompetenz erreichen, ist 30 Prozent niedriger als der Anteil von Kindern aus dem oberen Quartil, die diese Lesekompetenzstufe erreichen.[1] Der Hochschulbildungsreport 2020 hat Zahlen erhoben, wonach von 100 Akademikerkindern 74 den Sprung an die Hochschulen schaffen, 63 schließen das Studium mit Bachelorabschluss ab. Bei den Nichtakademikerkindern schaffen nur 21 den Zugang zur einer Hochschule, gerade mal 15 schließen ihr Studium mit dem Bachelor ab. Bis zur Promotion verengt sich der Korridor noch weiter: Während zehn von 100 Akademikerkindern ihre wissenschaftliche Karriere mit dem Doktortitel abschließen, schafft das von den Nichtakademikerkindern gerade mal eines.[2] Um es klarzustellen: Es geht hier um die Zugangschancen zur Bildung, die leider ungleich verteilt sind.

Der Bildungserfolg selbst bemisst sich selbstverständlich nicht an einem solchen Doktortitel. Das Lebensglück tut es schon mal gar nicht. Es geht darum, dass jedes Kind sein Talent entfaltet, seinen eigenen Weg findet. Und ihn frei von gesellschaftlichen Erwartungen und familiären Voraussetzungen gehen kann. Jedes Kind eines Akademikerpaares sollte für sich genauso selbstverständlich einen handwerklichen Beruf ergreifen, wie es für ein Kind aus einer Familie von ungelernten Arbeitern möglich sein

---

1 In Estland dagegen ist der Anteil nur zehn Prozent niedriger, in Kanada und Finnland ist er rund 20 Prozent niedriger; www.oecd-ilibrary.org/docserver/e4292276-en.pdf?expires=1632299723&id=id&accname=guest&checksum=-DE562822F614EAD7D7C45C715A9C8262, S. 4 f.

2 www.hochschulbildungsreport2020.de/chancen-fuer-nichtakademikerkinder

muss, eine akademische Forscherkarriere zu machen. Es zählt, was das einzelne Kind an Begabungen, Neigungen und Wünschen mitbringt. Die müssen von der Gesellschaft vorbehaltlos unterstützt und vom Bildungssystem gefördert werden. Es darf dabei keinen Unterschied machen, aus welchem Elternhaus ein Kind kommt. Ob seine Eltern einen Migrationshintergrund haben oder nicht, ob sie Arbeit haben oder nicht. Ob die Eltern gebildet oder ungebildet sind. Leider sind wir davon noch weit entfernt. Das in einem Land wie Deutschland einfach achselzuckend hinzunehmen, ist beschämend.

Und dann kam Corona. Über die ersten Fälle in China wurde Ende 2019 berichtet. In Deutschland konnte das Virus erstmalig Ende Januar 2020 nachgewiesen werden. Ab da breitete es sich über ganz Deutschland aus. Der erste Lockdown mit geschlossenen Schulen, Restaurants und Geschäften folgte im März. Im Sommer 2020 normalisierte sich das Leben etwas. Im Herbst folgte ein zweiter, noch deutlich längerer Lockdown. Ab Oktober 2020 gab es sukzessive immer stärkere Einschränkungen für die Menschen in unserem Land, für Schulen, Kultureinrichtungen, Geschäfte, Unternehmen. Ich sehe die Risiken des Virus, aber ich verschließe auch nicht die Augen vor den katastrophalen Nebenwirkungen des Lockdowns: geraubte Bildungschancen, psychische Probleme, wirtschaftliche Existenznöte, Menschen, die ohne Kontakt zu Angehörigen in den Altenheimen vereinsamen, häusliche Gewalt, hohe Staatsverschuldung. Auch fast zwei Jahre nach Pandemiebeginn sind die Einschränkungen nicht weggefallen, trotz der Möglichkeit, sich impfen zu lassen. Obwohl unser Gesundheitssystem entgegen manch falscher Behauptung zwar zeitweise extrem angespannt, aber zu keinem Zeitpunkt überlastet war. Obwohl sich schnell herausstellte, dass unsere Kinder und Jugendlichen zu den großen Verlierern der Pandemie gehören. Für sie ist es die Hölle. Nicht deshalb, weil sie besonders anfällig für das Virus seien, das Gegenteil ist der Fall. Sie leiden unter den katastrophalen Folgen des Krisenmanagements.

Die medizinische COPSY-Studie des Universitätsklinikums Hamburg-Eppendorf, die Anfang 2021 veröffentlicht wird, untersucht die Auswirkungen und Folgen der Coronapandemie auf die psychische Gesundheit von Kindern und Jugendlichen in Deutschland. Sie findet heraus, dass fast jedes dritte Kind in Deutschland unter psychischen Auffälligkeiten leidet. Das sind 50 Prozent mehr als vor der Krise. Andere Studien kommen zu ähnlich dramatischen Ergebnissen.

Die Kinder leiden unter Angststörungen, depressiven Symptomen wie Schlaf- und Essstörungen, unter Kopf- und Bauchschmerzen. Die Gründe dafür sind offenkundig. Kitas und Schulen sind Anfang 2021 geschlossen oder laufen im Notbetrieb, Kontakte zu Freunden sind stark eingeschränkt, Freizeitaktivitäten fallen fast komplett weg. Pandemiebedingt kommt es zu deutlich mehr Gewalt in den Familien, der Zugang zu Hilfs- und Beratungsangeboten ist schwierig bis unmöglich geworden. Ganz besonders leiden diejenigen Kinder, denen es auch vorher schon nicht gut ging und die ohnehin besondere Herausforderungen zu meistern haben, wie zum Beispiel Kinder mit Behinderungen oder aus schwierigen sozialen Umfeldern.

Im Schuljahr 2020/21 ist coronabedingt circa ein Drittel des Unterrichts ausgefallen. Bildungsforscher sagen, unsere Kinder bezahlen das im Durchschnitt mit rund drei bis vier Prozent geringerem Erwerbseinkommen, über das gesamte Berufsleben gerechnet. Diejenigen Kinder, die es schon vorher schwer hatten, die aus Familien kommen, in denen sie wenig oder keine Unterstützung bekommen, trifft es besonders hart. Es macht mich fertig, wie sehr unsere Kinder unter diesem Lockdown leiden. Ihre Schicksale gehen mir nahe wie kaum etwas, das mir zuvor bei meiner Arbeit als Abgeordnete begegnet ist.

Während der Pandemie, als Cafés und Restaurants geschlossen sind, wird es zu einer Routine, andere Menschen auf einen

Alsterspaziergang zu treffen, statt beim Kaffee oder Wein in geschlossen Räumen. Ob Job-Meeting oder privates Treffen, draußen an der frischen Luft haben auch die Ängstlicheren unter ihnen keine Bedenken. An einem kalten, aber sonnigen Nachmittag im Februar 2021 treffe ich meine Freundin Anne. Sie ist Lehrerin an einem Hamburger Gymnasium. Ich befrage sie zu ihren Erfahrungen und Erlebnissen mit dem Schulunterricht unter Coronabedingungen, der zu diesem Zeitpunkt schon seit Monaten nicht mehr in Präsenz, sondern als Fernunterricht stattfindet. Ihre Miene verdüstert sich augenblicklich.

»Ich sage nicht, dass Corona harmlos ist. Aber wer Schulen deshalb seit Wochen geschlossen hält, der hat keinen blassen Schimmer, was das für die Kinder bedeutet«, erzählt sie mir.

»Ja, es ist ein Desaster«, stimme ich ihr zu.

Sie berichtet von einem autistischen Jungen aus ihrer sechsten Klasse, der hochintelligent ist und vor Corona gut im Unterricht zurechtkam. Die festen Abläufe des Schulalltags gaben ihm den Halt, den er brauchte. Er war in der Klassengemeinschaft integriert, schrieb super Noten und war glücklich. Jetzt sind die Strukturen, die er so dringend braucht, allesamt weggebrochen.

»Er wurde vollkommen aus der Bahn geworfen. Sitzt zu Hause, weint viel, hat sich vollkommen zurückgezogen. Seine Eltern sind total verzweifelt«, erzählt Anne.

»Wird er zurückkommen können, wenn irgendwann wieder richtiger Unterricht stattfindet?«, frage ich.

»Vermutlich nicht. Das sagen jedenfalls die Ärzte.«

Ich höre durch meine Arbeit als Bildungspolitikerin immer wieder über schlimme, pandemiebedingte Schicksale von Kindern. Sie erschüttern mich immer wieder auf Neue.

»Mir bricht es das Herz, weil ich tatenlos zusehen muss, wie dieses kleine Wesen unter die Räder kommt. Er kann sich überhaupt nicht wehren. Das ist alles totaler Wahnsinn. Warum hat das niemand im Blick?«, sagt Anne, während ihr die Tränen in die Augen steigen.

»Ich weiß es nicht. Ich verstehe es auch nicht«, antworte ich tonlos.

Ich denke an die Anträge, die wir dazu in den Bundestag einbringen, und die Reden, die ich halte, um auf das Thema aufmerksam zu machen. In denen ich fordere, dass wir dem Infektionsschutz nicht alles bedingungslos unterordnen dürfen, sondern auch die verheerenden Nebenwirkungen der Coronaeinschränkungen im Blick behalten müssen. Ich denke an die unzähligen Pressestatements, Interviews und Social-Media-Posts, in denen ich für einen anderen Blickwinkel werbe. Sie haben offenbar nichts bewirkt. Ich bin verzweifelt, dass ich nicht mehr ausrichten kann. Und habe das Gefühl, versagt, die Kinder im Stich gelassen zu haben.

Aber auch die Einschränkungen der Freiheits- und Bürgerrechte, die neben den Kindern auch Erwachsene treffen, machen mir schwer zu schaffen. Ich bin besorgt über den laxen Umgang mit unseren Grundrechten, die oftmals ohne stichhaltige Begründung, nur aufgrund vager Vermutungen, massiv eingeschränkt werden. Ich halte es für falsch, der Bundesregierung durch die Verlängerung der »epidemischen Lage von nationaler Tragweite« eine Pauschalvollmacht auch über den Sommer 2020 hinaus zu geben – zu Lasten des Parlaments. Die Entscheidungen über Maßnahmen zur Pandemiebekämpfung dürfen nicht im Hinterzimmer gefällt werden, sie gehören auf der offenen Bühne des Parlaments debattiert. Nächtliche Ausgangssperren, wie es sie über Monate in Hamburg und anderen Bundesländern gibt, halte ich für vollkommen unverhältnismäßig. Denn der Spaziergang unter freiem Himmel ist kein Infektionsrisiko und darf daher nicht einfach verboten werden.

Mich stört, dass so viele Politiker in Verantwortung ständig über neue Einschränkungen beraten, aber zu wenig darüber nachgedacht wird, wie wir zu einer neuen Normalität, einem Leben mit dem Virus, zurückkehren können. Dabei liegen die entsprechenden Konzepte, wie das gelingen könnte, längst auf dem Tisch, sie müssen nur zügig und konsequent angewendet werden: Impfen, Testen, Luftfilter, Hygienekonzepte. Mir hat die Coronapandemie noch einmal ganz klargemacht, wie wichtig deutlich vernehmbare Stimmen in Politik und Gesellschaft sind, die darauf hinweisen, dass unser Grundgesetz nicht nur gilt, wenn die Sonne scheint und alles nach Plan läuft, sondern wir es auch und gerade in Krisenzeiten achten, schützen und verteidigen müssen. Natürlich gibt es Situationen, in denen es notwendig und zulässig ist, in Grundrechte einzugreifen. Gerade zu Beginn der Pandemie, als wir noch wenig über das Virus wussten und weder Schutzkonzepte noch Impfstoffe zur Verfügung standen, war das der Fall. Aber Regierungen haben im Falle von Grundrechtseinschränkungen auch immer die Aufgabe, nachzuweisen und sich zu erklären, warum und wie lange sie erforderlich sind. Es ist ja nicht so, dass Regierende den Menschen ihre im Grundgesetz garantierten Rechte gnädigerweise gewähren. Die Menschen sind ganz automatisch die Träger von Grundrechten, von Geburt an. Menschen müssen auch nicht begründen, warum sie ihre Rechte zurückerlangen wollen. Es ist genau umgekehrt. Begründungspflichtig ist die Einschränkung von Rechten. Zu einer Umkehr der Beweislast darf es niemals kommen.

Ich kehre in Gedanken zu meinen Kindern und zu ihrer »illegalen Versammlung« zurück: Ich versuche meine Kinder dazu zu erziehen, Verantwortung zu tragen. Sie haben heute gegen Regeln verstoßen, die Konsequenzen müssen sie nun tragen. Dennoch ist mir viel wichtiger, dass sie selbst erkennen, welchen Beitrag sie zur Bekämpfung der Pandemie leisten können und müssen. Welche Risiken sie eingehen dürfen und wo sie eine echte Gefahr für sich und andere darstellen. Die starren und oft undurchsichtigen Pandemieregeln lassen das kaum zu.

KAPITEL 7

# WAS, WENN ES NICHT REICHT?

*Februar 2011*

Die Wochen meines ersten Wahlkampfes als Spitzenkandidatin ziehen sich endlos lang dahin. Jeder einzelne Tag erscheint mir am Morgen wie ein hoher, nur mit großer Mühe zu erklimmender Berg. Jeden Abend sinke ich erschöpft, aber glücklich und erleichtert, diesen Teil der Wegstrecke bewältigt zu haben, in mein Bett. Zunächst zähle ich die Wochen bis zum Wahltag, in den letzten zwei Wochen zähle ich sogar die Tage. Ich hangele mich von Umfrage zu Umfrage. Zum Glück zeigt die Tendenz in die richtige Richtung. Es fühlt sich an wie eine Mischung aus Warten auf das Christkind als kleines Mädchen und der Anspannung vor den Abiturprüfungen. Ich bin megagespannt und voller Vorfreude, aber auf dem Weg zur hoffentlich erlösenden Nachricht, es ins Parlament geschafft zu haben, liegt noch ein Riesenberg harter Arbeit vor mir.

An einem klaren, aber kalten Tag Anfang Februar habe ich gerade einen der sehr wenigen Parkplätze in der Hamburger Innenstadt ergattert und eile zu einem italienischen Restaurant, wo mich die beiden Chefredakteure eines großen deutschen Wochenmagazins zum Lunch erwarten. Ich weiß nicht genau, warum die beiden mich eingeladen haben und sich Zeit nehmen für die Spitzenkandidatin einer Partei, die sich in der außerparlamentarischen Opposition befindet, dazu noch in einem kleinen Bundesland. Aber ihr Interesse hat mich neugierig gemacht. Ich will soeben durch die Tür gehen, als mein Telefon summt. Ich werfe einen kurzen Blick darauf. Mein Wahlkampfleiter schreibt. Was er mir mitzuteilen hat, ist in diesen Wochen wichtig. Und meistens dringlich. Also öffne ich die Nachricht. Was ich da lese, ist nicht nur wichtig für den Wahlkampf, es ist eine Erlösung. Er teilt mir mit, dass ein renommiertes Umfrageinstitut morgen eine Umfrage zur Hamburger Bürgerschaftswahl veröffentlichen wird, die uns bei fünf Prozent sieht. Die erste Fünf-Prozent-Umfrage für uns, knapp drei Wochen vor der Wahl. Ich lese seine Nachricht mehrfach. Ich habe mich nicht verlesen. Innerlich mache ich einen Luftsprung nach dem anderen. Obwohl ich schon spät dran bin, rufe ich ihn an.

»Bist du sicher?«, frage ich aufgeregt.

»Katja, ja. Das ist eine Fünf. Eine echte und ehrliche Fünf. Ohne Hängen und Würgen.«

»Wir haben es geschafft, Christian!« rufe ich in den Hörer.

»Ja, haben wir«, bestätigt er.

Ich habe von Anfang an unseren Erfolg geglaubt. Aber bei aller Zuversicht und allem Selbstvertrauen bleibt eine Restunsicherheit, ob ich einfach nur ein bisschen übergeschnappt bin oder ob wir tatsächlich eine Chance haben. Jetzt sprechen die Tatsachen dafür, dass Letzteres der Fall ist. Die Fünfprozenthürde ist nicht nur am Wahltag, wenn die Stimmen ausgezählt sind, ausschlaggebend, ob eine Partei ins Parlament einzieht oder nicht. Sie hat auch bei den Umfragen eine besondere Bedeutung. Eine Partei, die in den Umfragen nahe am Wahltag bei oder unter fünf Prozent liegt, wird in der Regel am Wahltag selbst eine Dynamik nach unten erfahren. Denn einige derjenigen, die zwar vorgehabt haben, diese Partei zu wählen, werden sich am Wahltag doch für eine andere entscheiden. Sie möchten ihre Stimme nicht »verschenken«, indem sie sie einer Partei geben, die gar nicht zum Zug kommt, weil sie den Parlamentseinzug verpasst.

Ist die Partei dagegen im Schlussspurt stabil bei fünf und mehr Prozent, dann werden sich am Wahltag noch weitere Wähler für diese Partei entscheiden, nämlich diejenigen, die nun nicht mehr fürchten müssen, ihre Stimme auf diese Weise zu verschenken. Das ergibt dann eine Dynamik nach oben. Und genau auf diese Dynamik nach oben haben wir jetzt eine Chance, eine richtig gute sogar. Beim Lunch bin ich bester Laune. Wir drei unterhalten uns prima. Die beiden Chefredakteure wollen mich tatsächlich einfach nur kennenlernen, nachdem sie durch den bisherigen Verlauf des Wahlkampfes auf mich aufmerksam geworden sind.

In den folgenden Wochen erscheinen noch ein paar weitere Umfragen. Sie sehen uns alle bei fünf Prozent. Wir rutschen nicht mehr drunter, aber es wird auch nicht mehr. Es bleibt spannend, es könnte noch sehr knapp werden. In den letzten drei Tagen vor der Wahl werden zwar weiter Umfragen durchgeführt und ausgewertet, sie werden aber aus Gründen der Wählerbeeinflussung, die dadurch eben nicht stattfinden soll, nicht mehr veröffentlicht. Als wahlkampfführende Partei erfahren wir durch unsere Drähte zu den Umfrageinstituten natürlich trotzdem davon. Und sie sehen eine Dynamik nach oben. Man geht dort davon aus, dass wir sicher in der Bürgerschaft vertreten sein werden.

Am Freitagabend, zwei Tage vor der Wahl, starte ich mit den Jungen Liberalen, der Jugendorganisation der FDP, in ihren 36-Stunden-Wahlkampfendspurt. Er wird sich vorwiegend in Hamburgs Partymeilen abspielen und bis zum Morgengrauen des Wahltags dauern. Ich selbst bin so früh zu Hause, dass ich nicht wie so oft in den letzten Wochen direkt ins Bett falle. Ich habe einen der seltenen Momente, in denen ich das Geschehene verarbeiten kann. Ich bin in einem Gefühlschaos, das ich selten erlebt habe. Ich bin überglücklich, dass wir es allem Anschein nach geschafft haben. Und es nicht noch auf den letzten Metern versemmelt haben. Ich bin aber durch den lange andauernden und für mich wegen der fehlenden Routine besonders anstrengenden Wahlkampf auch erschöpft. Am liebsten möchte ich jetzt ein paar Wochen Urlaub machen, nichts mehr sehen und hören. Meine tiefe Erschöpfung wird übertüncht von einer wachsenden Anspannung und Aufregung, die sich auf Sonntagabend 18 Uhr richtet. Was wird dann tatsächlich in unserem Balken stehen? Und was kommt danach? Mein Leben wird ein komplett anderes sein, so viel ist sicher. Ich werde nach dem Wahltag nicht zurück in mein altes Leben gehen. Der Wahlkampf als Spitzenkandidatin war herausfordernd, die Arbeit als Abgeordnete, voraussichtlich sogar als Fraktionsvorsitzende, wird es noch mehr sein. Meine Gedanken kreisen und kreisen, sie fahren Achterbahn.

Irgendwann sinke ich in einen unruhigen Schlaf. Bis der Wecker mich am nächsten Morgen für den letzten Wahlkampftag weckt, mehrere Infostände stehen an.

Dann ist der Wahltag da. Begleitet von Journalisten und Kamerateams gebe ich im Wahllokal in meinem Stadtteil Rissen meine Stimme ab. Ich habe die Bilder von Spitzenkandidaten, die gemeinsam mit ihren Ehemännern oder -frauen zur Wahl gehen, Hunderte Male gesehen. Nun bin ich selbst eine solche Spitzenkandidatin, für deren Wahlhandlung sich die Öffentlichkeit interessiert. Wie seltsam. Bereits am Nachmittag trifft sich das Wahlkampfteam an dem Ort, an dem am Abend die Wahlparty stattfinden wird. Gegen 16 Uhr trudeln die Ergebnisse der Nachwahlbefragungen in den Parteizentralen ein. Sie werden von den Umfrageinstituten durchgeführt und sind in Kombination mit vorausgegangenen Umfragen Grundlage für die Prognosen, die um Punkt 18 Uhr veröffentlicht werden. Zu diesem Zeitpunkt ist noch keine einzige Stimme ausgezählt, die Prognosen kommen den amtlichen Endergebnissen oft aber ziemlich nahe. Es sieht gut aus für uns. Zwischen sechs und sieben Prozent dürften wir landen. Noch eine Stunde. Meine Nerven sind zum Zerreißen angespannt. Die Minuten schleichen quälend langsam dahin. Dann ist es so weit. Zusammen zählen wir laut die letzten zehn Sekunden herunter. Gespannte Stille. Als die FDP endlich an der Reihe ist, bricht Jubel aus. Der Balken weist 6,5 Prozent für uns aus. Wir sind drin!

Ich sage ein paar Worte auf der Bühne zu den anwesenden und bereits feiernden Parteifreunden, muss dann aber schnell weiter. Bevor ich mit ihnen und dem Team feiern darf, geht es ins CCH, das Hamburger Messe- und Kongresszentrum. Dort haben sich sämtliche Fernseh- und Radiosender mit provisorischen Studios versammelt. Sie produzieren einen wesentlichen Teil der Wahlberichterstattung. Spitzenkandidaten, Landesvorsitzende, Pressesprecher, sie alle werden die nächsten Stunden vor Ort sein und von Studio zu Studio eilen, an Runden mit Vertretern anderer Parteien teilnehmen, O-Töne in die Mikrofone und Kameras sagen, Interviews machen.

Die drei Stunden, die ich dort verbringe, fühle ich mich komplett ferngesteuert. Mein Pressesprecher hat vorab schon einige Zeitslots für mich zugesagt. Er führt mich von Studio zu Studio, schirmt mich ein Stückchen von weiteren Journalisten ab, die mit ihren Fragen und auch Glückwünschen auf mich losstürmen, und vereinbart Gespräche mit ihnen etwas später am Abend. Ich bewege mich mechanisch und fast teilnahmslos in der Menge. Das hier ist ganz anders, als ich es mir vorgestellt hatte. Als ich mir diesen Wahlabend in den letzten Tagen und Wochen ausmalte, sah ich mich, sollten die Prognosen und später die Hochrechnungen deutlich über fünf Prozent liegen, begeistert jubeln und vor Freude auf und ab springen. Nichts davon passiert jetzt, als der Tag endlich da ist. Meine Stimmung ist seltsam gedämpft, ich bin noch immer unfassbar angespannt. Inzwischen gibt es die ersten Hochrechnungen. Sie alle sehen uns über sechs Prozent und haben damit einigen Abstand zur magischen Fünfprozenthürde.

Dennoch geht mir ein anderer Wahlabend nicht aus dem Kopf. 2008, bei der vorherigen Bürgerschaftswahl, sahen uns die Prognosen und die ersten Hochrechnungen bei exakt fünf Prozent. Am Ende des Abends lagen wir bei 4,8 Prozent, wir hatten nach 2004 erneut den Einzug ins Parlament verpasst. Ich werde einen quälenden Gedanken nicht los. Was, wenn uns das auch heute passiert? Was, wenn es doch nicht reicht? Die Furcht vor dieser Enttäuschung lässt bei mir keine wirkliche Freude aufkommen. Im Gespräch mit einem Hamburger Politikjournalisten bricht es aus mir heraus. Er gratuliert mir und gesteht, dass er das nicht für möglich gehalten hätte.

»Aber sind wir denn sicher drin?« frage ich mit Panik in der Stimme.

»Sind Sie!« sagt er lachend.

»Woher wissen Sie das? Noch ist nicht alles ausgezählt. Und wissen Sie noch? 2008?«

»Damals stand es von an Anfang auf der Kippe. Heute nicht. Glauben Sie mir. Ich mache den Job seit 25 Jahren, Sie haben es geschafft. Sie können anfangen, sich zu freuen.«

»Ich hoffe so sehr, dass Sie Recht haben.«

Diese kurze Unterhaltung beruhigt mich ein wenig. Aber echte Freude kommt immer noch nicht auf, und auch die Anspannung bleibt. Weiter geht es mit der Tour durch die Studios. Den ganzen Tag über konnte ich vor Aufregung nichts essen. Jetzt kommt der Hunger. So sehr, dass mir fast schwindlig wird. Irgendjemand besorgt mir eine Brötchenhälfte mit einer kleinen Scheibe eingetrocknetem Käse. Es ist das Letzte, was noch da ist. Ich verschlinge es gierig. Und ich habe großen Durst, habe vergessen, zu trinken den Tag über. Meine Kehle ist trocken und wie zugeschnürt. Die hellen Scheinwerfer und die vielen Menschen haben die Luft zudem ausgetrocknet. Wenn ich an einen Interviewtisch komme, nehme ich als Erstes das kleine Glas Wasser, das man mir hingestellt hat, und trinke es in einem Zug aus. Es reicht kaum, um meinen Durst zu stillen.

Endlich, es ist schon weit nach 21 Uhr, sind die Interviews vor Ort geführt, O-Töne gegeben und Fotos gemacht. Wir fahren zur Wahlparty, wo ich zum ersten Mal an diesem besonderen

Abend so richtig zu meinen Parteifreunden stoßen werde. Zu den Kandidatinnen, den vielen Unterstützern. Auch die frisch gewählten Bürgerschaftsabgeordneten sind da. Die anderen acht Menschen, mit denen ich in den nächsten Jahren intensiv zusammenarbeiten werde. Ich lehne mich auf der kurzen Autofahrt erschöpft im Sitz zurück, freue mich darüber, den offiziellen Teil hinter mich gebracht zu haben, und hoffe, jetzt vielleicht realisieren zu können, was geschehen ist, und mich endlich doch richtig zu freuen.

Daraus wird nichts. Als ich den Raum betrete, gehe ich direkt auf die Bühne, danke allen Wahlkampfhelfern, gratuliere den neuen Abgeordneten und ordne das Geschehen kurz ein. Die SPD hat die absolute Mehrheit der Stimmen bekommen. Wir werden als Teil der Regierung also nicht gebraucht. Es wird auch keine Koalitionsverhandlungen geben, unsere parlamentarische Aufgabe, die Regierung zu kontrollieren, geht unmittelbar los. Auch auf der Wahlparty sind zahlreiche Journalisten anwesend. Sie haben auch jetzt noch viele Fragen. Ich bin noch immer hungrig. Irgendjemand reicht mir einen Teller Suppe. Ich suche mir eine Ecke, um einen Moment ungestört zu essen. Es scheitert. Auch mein voller Mund hält die Pressevertreter nicht davon ab, mir ein Statement zum Wahlabend entlocken zu wollen.

Ich gebe innerlich auf. Das Freuen muss vertagt werden. Ich bleibe noch eine Stunde, stehe Rede und Antwort. Dann verabschiede ich mich, froh, aber dennoch seltsam ernüchtert. Morgen früh um sechs werde ich im ICE nach Berlin sitzen, ich werde zur Sitzung des Bundespräsidiums um zehn Uhr erwartet, wo nach jeder Landtagswahl die jeweiligen Ergebnisse zusammen mit den Spitzenkandidaten erörtert und in diesem Fall auch gefeiert werden. Vielleicht schaffe ich es ja dann, in Feierlaune zu kommen.

# KAPITEL 8

# ICH WILL HIER RAUS!

*Februar 2013*

Es ist Donnerstagnachmittag, Tag zwei einer Doppelsitzung der Hamburgischen Bürgerschaft. Wie schon am Tag zuvor, bin ich auch heute für eine Parlamentsrede eingeplant. Mir geht es überhaupt nicht gut, es geht mir sogar richtig schlecht. Am Morgen hat mich der Wecker aus einem unruhigen Schlaf gerissen. Ich fühle mich wie gerädert und möchte nichts lieber, als einfach liegenzubleiben und weiterzuschlafen. Ich möchte mich verstecken, unsichtbar sein, niemanden sehen. Vor mich hinvegetieren und hoffen, dass der nächste Tag Besserung bringt.

Bei dem Gedanken daran, dass mich genau das Gegenteil erwartet, nämlich sichtbar auf der Parlamentsbühne zu stehen, kommt Verzweiflung auf. Ich durchdenke meine Alternativen. Krankmelden? Lieber nicht, denn wenn ich krank bin, bin ich das nicht privat für mich, sondern es fällt auf. Mein Kranksein findet dann in aller Öffentlichkeit statt, es wird vermutlich Thema von Medienberichterstattung. Außerdem möchte ich meine Kollegen, die an einem Plenartag auch bis zum Anschlag zu tun haben, nicht noch mit der Übernahme meiner Aufgaben belasten.

Also nehme ich meine gesamte Willenskraft zusammen, schlage die Bettdecke zurück, gehe unter die Dusche, mache mir Kaffee und setze mich zur Vorbereitung meiner Rede an den Schreibtisch. Und sehne schon jetzt den Augenblick herbei, wenn ich spät am Abend nach Hause zurückkehre, die Wohnungstür hinter mir schließe und ich wieder für mich bin. In einem geschützten Raum, wo mich niemand sehen kann, mich niemand angreifen kann, wo ich mit niemandem reden muss und ich meine Ruhe habe.

Ich bin nicht krank, jedenfalls fehlt mir körperlich nichts. Es läuft ja eigentlich auch alles gut. Meine Fraktion hat sich in den zwei Jahren ihrer Existenz gut etabliert, die Abgeordneten und Mitarbeiter wissen, was zu tun ist. Ich habe es zwar noch längst nicht geschafft, Reden und öffentliche Auftritte zu lieben, aber eine gewisse Routine hat sich eingestellt, manchmal jedenfalls.

Es gibt sie noch, diese Tage, da denke ich darüber nach, wie ich es anstellen kann, die Treppe von meinem Büro oben im dritten Stock des Rathauses hinunter in den Plenarsaal so geschickt herunterzufallen, dass ich mich schwer genug verletze, um meine Rede nicht halten zu können, aber überlebe und keine bleibenden Schäden davontrage. Wie ich es schaffe, dass es wie ein Unfall und nicht nach Vorsatz aussieht. Am Ende ist es wie immer: Ich beiße die Zähne zusammen, überwinde den übergroßen Widerwillen und gehe doch ans Rednerpult.

Und wie meistens läuft es auch ganz gut. Meine Gedanken sind gut strukturiert, ich treffe den Ton, verhasple mich nicht, die Abgeordnetenkollegen hören einigermaßen diszipliniert zu, meine Fraktion klatscht sowieso, aber auch von vereinzelten Abgeordneten anderer Fraktionen gibt es Beifall.

Wenn ich zurückblicke auf fast elf Jahre in den Parlamenten, dann fällt mir kaum ein Auftritt dort ein, der wirklich schiefgelaufen wäre. Es gab welche, die waren gelungener als andere, mehr auf den Punkt, argumentativ schärfer, rhetorisch besser als andere. Aber insgesamt waren sie alle zumindest ganz gut. Natürlich habe ich häufig Widerspruch provoziert, aber das gehört bei einer guten politischen Rede ja dazu. Ich hatte jedoch nie einen Blackout, wurde nie komplett in der Presse zerrissen und war immer gut vorbereitet.

An diesem Tag steht zu meinem großen Glück keine dieser Reden an, die bei mir Gedanken an einen konstruierten Unfall auslösen. Ich spreche zur Förderung der freien Tanz- und Theaterszene in Hamburg, ein Thema, mit dem ich mich einigermaßen gut auskenne und das nicht im Hauptfokus der Sitzung steht. Und auch wenn es zu diesem Thema naturgemäß unterschiedliche Ansichten gibt, die Förderung von Kultur kann ja nie gut genug sein, so ist doch keine übermäßig kontroverse Debatte zu erwarten, die emotional aufgeladen oder stark ideologisch geprägt wäre. Eine, bei der scharfe Angriffe des politischen Gegners zu erwarten sind und es deshalb darauf ankommt, als Gewinner hervorzugehen, zumindest in den Augen der eigenen Anhänger. Um die zu erreichen, reicht es natürlich nicht, nur eine gute Rede zu halten, angriffslustig zu sein und dem Gegner argumentativ den Wind aus den Segeln zu nehmen. Die eigenen Anhänger müssen ja erst mal davon erfahren, was ich für sie im Parlament leiste. Und trotz einer akzeptablen Reichweite in den sozialen Medien sind dafür noch immer die klassischen Medien mit ihrer Berichterstattung über die Debatten entscheidend, in denen es gilt, möglichst prominent stattzufinden.

Meine Aufgabe ist es also heute, unsere Kritik am Senat, dass er die Kultur nicht ausreichend würdigt und unterstützt, deutlich und nachvollziehbar zu formulieren. Das ist machbar, sage ich mir. Ich stehe nicht unter Beschuss mit einer unpopulären Forderung, ich muss mich nicht verteidigen. Und trotzdem fühle ich mich elend. Es wäre mir heute schon schwergefallen, nur das Haus verlassen. Mich an meinen Schreibtisch zu setzen, den üblichen Kontakt zu Kollegen zu haben, Telefonate zu führen, vielleicht Besucher zu empfangen. In dieser Verfassung allerdings an ein Rednerpult zu treten, vor den Abgeordnetenkollegen zu sprechen, vor anwesenden Bürgerinnen, laufenden Kameras und beobachtenden Journalisten, erscheint mir unvorstellbar. Der Gedanke an den Auftritt zieht sämtliche Energie aus mir heraus. Energie, die heute sowieso kaum vorhanden ist. Ich steigere mich in meine Verzweiflung hinein. Die Aufgabe, die vor mir liegt, erscheint wie ein nicht zu erklimmender Berg. Denn es reicht nicht, einfach nur körperlich anwesend zu sein und mein Programm abzuspulen, während ich in Gedanken schon unter einer Decke auf dem Sofa liege. Ich muss und will fokussiert sein, denn ich stehe ja unter Beobachtung. Das tue ich gefühlt immer. Heute ist sie für mich unerträglich.

Als Vorsitzende meiner Fraktion sitze ich in der ersten Reihe des Plenarsaals. Bevor meine Debatte aufgerufen wird, gehe ich zur Toilette. Raus durch die Schwingtüren des Plenarsaals sind es nur wenige Schritte dorthin. Im Kontrast zu den fast prunkvollen Räumen und Sälen des Rathauses sind die Toiletten schlicht und einfach. Drei Kabinen, eine dient dauerhaft als Lagerraum, vermutlich für die Reinigungsutensilien, sauber ist es hier jedenfalls immer. Dennoch ist es kein Ort, an dem man sich gern länger als nötig aufhält, kein Ort für Gespräche unter den Abgeordnetenkolleginnen. Meine Fraktionskollegin und Freundin Anna ist mir gefolgt. Auch wenn es allen anderen verborgen bleibt, sie sieht, dass etwas nicht stimmt. Ihr kann ich nichts vormachen, sie bemerkt den Unterschied zwischen echter und gespielter Fröhlichkeit. Sie kennt mich wie keine andere in der Fraktion und hat die Gabe, meine Stimmungen zu erspüren.

Auch heute liegt sie richtig.

»Katja, was ist los?«, fragt sie.

»Ich hasse mein Leben!«, stoße ich hervor, und schon nach den ersten Worten kann ich die Tränen nicht mehr zurückhalten. Solange ich nicht über meinen Zustand nachdenken oder sogar darüber reden musste, war ich gefasst. Meine Verzweiflung hatte ich gut verpackt und irgendwo in einer hinteren Ecke meines Körpers abgelegt, so dass sie mich nicht stören konnte. Jetzt bringt Anna dieses Konstrukt zum Einsturz, mit einer einfachen Frage. Sie zieht mich weg, auf einen winzigen Austritt, eine Art Minibalkon, der etwas verborgen und abgetrennt durch eine Schiebetür neben den Waschbecken nach draußen führt.

Hier sind wir vor den neugierigen Blicken und Ohren geschützt. Eine heulende Fraktionsvorsitzende im Rathaus während einer laufenden Bürgerschaftssitzung – das wirft Fragen auf, Fragen der anwesenden Kollegen, Mitarbeiter, Pressevertreter und Zuschauer, die ich nicht beantworten will und kann.

Ich habe mir inzwischen einen dicken Schutzpanzer zugelegt, der Situationen wie diese normalerweise gar nicht zulässt. In den letzten Jahren habe ich dafür gesorgt, dass dieser Panzer kontinuierlich gewachsen ist und mittlerweile einiges aushält. Dafür ist er ja da. Heute aber bin ich zu erschöpft, in Annas Gegenwart wird der Panzer durchlässig und versagt.

Es ist eine Kombination aus zu kurzen Nächten, zu langen Arbeitstagen, Parteifreunden, die mal wieder zum Schlag gegen mich ausgeholt haben. Aus Journalisten, die bohrende und nervige Fragen stellen, die nicht nur mein politisches Handeln betreffen, womit ich gut leben kann, sondern auch immer wieder tief in meine Privatsphäre eindringen.

Und dazu immer wieder das eigene Ego, das es allen zeigen will. Das beweisen will, dass ich wegen meiner Fähigkeiten und meiner politischen Konzepte gewählt worden bin und wir deshalb zurück in der Bürgerschaft sind. Und nicht etwa aufgrund eines attraktiven Äußeren, wie hinter meinem Rücken und manchmal auch ganz offen immer wieder behauptet wird.

Das alles und die Anspannung, die daraus erwächst, ist schon Alltag geworden. Heute kommt dazu, dass ich tieftraurig bin. Weil ich mein privates Leben als einzigen Trümmerhaufen empfinde. Gerade habe ich eine Beziehung beendet, von der sich herausstellte, dass sie keine Zukunft haben würde. Es fing wunderschön an. Und ging alles ganz schnell, zu schnell. Wir haben uns getroffen, kannten uns vorher nicht. Zwei Wochen später konnten wir es nicht mehr ohne den anderen aushalten, dachten wir jedenfalls. Es war wie im Rausch. Und wie beim Alkoholrausch sahen wir die Dinge nicht so klar, wie sie sind. Unsere Vergangenheit mit noch nicht verarbeiteten Beziehungen holte uns ein. In einem lichten Moment, in dem der gesunde Menschenverstand sich bei mir zurückgemeldet hatte, habe ich einen harten Schnitt gemacht. Jetzt bin ich voller Herzschmerz und Sehnsucht. Wie soll ich je wieder glücklich sein? Warum scheitere ich immer wieder? Und ich bin wütend. Ende 30 und so ein Gefühlschaos. Ich fühle mich wie ein durchgeknallter Teenager, und das kann ich jetzt wirklich nicht brauchen.

Ich bin direkt gewählte Abgeordnete. Ich habe eine neunköpfige Fraktion zu führen. Die Presse wartet auf ein Statement. Und ich muss gleich wieder rein, die nächste Rede halten. Muss wieder ins Rampenlicht, unter Beobachtung, unter Druck. Doch das ist das Letzte, was ich jetzt will. Ich will allein sein, in mein Bett, die Decke über den Kopf ziehen, mich ausheulen und dann zwölf Stunden schlafen. Ich will hier raus!

Aber das muss warten. Anna weiß das, und sie weiß, was ich jetzt in dieser Situation brauche. Kein Mitleid, kein langes Reden. Nicht jetzt, dafür ist der vollkommen falsche Zeitpunkt. Sie lässt mich ein paar Minuten weinen, bis der schlimmste Schmerz weg ist. Dann trocknet sie mir die Tränen, bleibt noch ein wenig mit mir an der frischen Luft, obwohl es kalt ist und ein frischer Wind bläst, denn das ist gut, damit die roten Augen verschwinden. Mein Widerstand schwindet und ich füge mich. Innerlich werde ich ganz leer. Als sie feststellt, dass ich mich wieder einigermaßen gefangen habe, geht sie mit mir zurück in den Plenarsaal, gleich beginnt die Debatte, in deren Verlauf ich sprechen soll.

Die vorbeigehenden Menschen grüße ich freundlich. Eine Kollegin aus einer anderen Fraktion spricht mich auf eine Podiumsdiskussion an, bei der wir vor ein paar Tagen miteinander debattiert haben, sie fand die Moderation unterirdisch. Ein Fernsehjournalist bittet mich, in der nächsten Stunde für einen O-Ton zum Haushalt ins Foyer zu kommen, ich sage zu. Ich bin dankbar für die Ablenkung und die Normalität, in die ich nach meinem kurzen Zusammenbruch zurückkehre. Ich stelle mich ans Rednerpult und rede. So wie immer, als wäre nichts geschehen.

Aber natürlich stimmt das nicht. Ich habe mich wieder einen Schritt weiter von mir selbst entfernt. Ich habe den Panzer um mich herum noch weiter angefüttert, habe noch ein Stück mehr verlernt, meine Bedürfnisse zu achten, habe gelernt, dass ich fast alles aushalten kann, wenn ich nur will. Dass ich eine professionelle Hülle geworden bin, die in jeder Lebenslage funktioniert. Niemand nimmt meinen wahren Zustand wahr, weil alles so unangestrengt aussieht und ich perfekt verberge, was hinter der Fassade los ist. Natürlich ahne ich, dass mir das auf lange Sicht nicht guttun wird.

Jetzt aber bin ich einfach nur froh darüber. Ich bin froh und fast ein wenig stolz darauf, dass ich den Tag überstehe. Ich will diesen Job machen, und ich will ihn gut machen. Und dafür muss (fast) alles andere zurückstehen. Es wird noch Jahre dauern, bis ich die Entscheidung treffe, diesen Weg zu verlassen. Noch länger wird es dauern, bis ich tatsächlich einen anderen einschlage, und noch einmal länger, bis der dicke Panzer um mich herum aufbricht und ich wieder zum Vorschein komme.

## KAPITEL 9

# FLASHBACK

Keine andere Erinnerung in meinem Leben hat sich mir so eingebrannt wie die an die heilige Messe. So heißt der Gottesdienst in der katholischen Kirche. Bis ich fast volljährig war, habe ich Woche für Woche, Sonntag für Sonntag am Gottesdienst teilgenommen. Als ich älter wurde und das Aufstehen am Sonntag wegen nächtlicher Ausgehaktivitäten vor Mittag nicht mehr infrage kam, wich ich auf die Vorabendmesse am Samstag um 18 Uhr aus. Damit konnte der insbesondere von meinem Vater strikt eingeforderten Pflicht zum Kirchgang Genüge getan werden.

Meine Eltern sind beide Katholiken, und meine Geburtsstadt Vechta ist eine tief katholisch geprägte Gegend. Als ich Kind war, war dort jeder katholisch, von wenigen Ausnahmen abgesehen. Und so landete ich später auch auf dem katholischen Mädchengymnasium der Stadt. Das mich allerdings ganz anders geprägt hat, als man es zunächst vermuten könnte. Ich hatte auf dem Mädchengymnasium, anders als meine Freundinnen auf den gemischten Schulen, kaum eine Chance, ein traditionelles Rollenbild auszuprägen. Die Lehrer konnten uns nicht mit bewusstem oder unbewusstem stereotypen Denken und Handeln in vorgefertigte Schablonen zwängen. Es gab einfach keine Jungs, die sie im Mathe- oder Physikunterricht hätten bevorzugen können. Denen sie da mehr zutrauen konnten als uns. Es war für uns selbstverständlich, dass wir diese Fächer als Leistungskurse wählten und das nicht weitgehend den Jungs überließen, während wir uns auf Sprachen und Sozialwissenschaften fokussierten. Auch für uns Schülerinnen war es sicher eine Erleichterung, gar nicht erst unter einen gefühlten Druck zu geraten und uns Dinge nicht zuzutrauen, zu denen wir sehr wohl in der Lage waren. Wir taten einfach das, was unseren Neigungen entsprach, völlig unbeeinflusst. Das hilft mir noch heute, gerade in einer immer noch eher männerdominierten Politikwelt, die ich insbesondere bei den Freien Demokraten vorfand. Ich bin bei all meinen Kandidaturen für Ämter und Mandate überhaupt nicht auf die Idee gekommen, dass ich dazu als Frau nicht geeignet sein könnte. Der Gedanke war mir vollkommen fremd.

Ich war sicher kein Kind, dem es immer leichtfiel, sich an Regeln und Vorgaben zu halten. Wenn ich den Sinn in ihnen nicht erkannte, gestattete ich mir meine eigenen. Ich fand, solange ich freundlich war und meinem Umfeld nicht zur Last fiel, solange ich zur Schule ging, dort lieferte, ja sogar einen Teil meines Lebensunterhaltes durch diverse Schülerjobs bestreiten konnte und auch sonst nicht komplett den Pfad des allgemein gesellschaftlich Akzeptierten verließ, sollte es meine Sache sein, wie ich mein Leben gestaltete und welchen gesellschaftlichen Normen ich mich unterwerfen wollte. Die Freie Demokratin schimmerte damals schon durch.

Eine Ausnahme bildete der sonntägliche Kirchgang. Bis zum Alter von etwa zwölf oder 13 Jahren leistete ich keinen echten Widerstand. Ich hatte zwar oft überhaupt keine Lust und wäre viel lieber gemütlich zu Hause geblieben. Doch die gesamte Familie, Mama, Papa, meine beiden Brüder und ich, musste gemeinsam antreten. Wenn ich als Kind am Sonntagmorgen aufwachte, fielen die Sonnenstrahlen durch die hellbeigen Vorhänge auf mein Gesicht. Während ich noch im Bett lag und mich in meine Decke kuschelte, schaute ich hin- und hergerissen zwischen Bangen und Hoffen auf die Uhr auf meinem Nachttisch und wünschte mir nichts sehnlicher, als dass meine Eltern verschlafen würden. Dass die Zeit verstreichen würde, die ausreichte, um mich anzuziehen und so rechtzeitig in der Kirche zu sein, dass wir in einer der vorderen Reihen Platz nehmen konnten, denn da wollten meine Eltern sitzen und die füllten sich meist zuerst. Ob es ihnen darum ging, einen besseren Blick auf das Geschehen vorn im Altarraum zu haben, oder eher darum, vom Priester oder anderen eifrigen Kirchgängern gesehen zu werden, das fragte ich mich damals oft.

Die Minuten vergingen, und meistens kam entweder mein Vater oder meine Mutter in mein Zimmer, um mir zu sagen, dass wir gleich losgingen. Manchmal aber wurde es tatsächlich zu spät, um die 9:15-Uhr-Messe zu erreichen. Dann keimten Hoffnung und eine noch größere Freude auf. Hatten sie dieses Mal tatsächlich verschlafen? Oder einfach keine Lust? Oder noch besser: Waren sie vom Glauben abgefallen? Ich stellte mir vor, wie schön das wäre, dann müsste ich ja nie wieder hin. Umso größer war die Enttäuschung, wenn ich wenig später aufgefordert wurde, mich für die darauffolgende Messe um 10:30 Uhr, das Hochamt, fertig zu machen. Das wurde auch an einem normalen Sonntag recht feierlich begangen und dauerte daher noch länger. Zwar nur einige Minuten, aber jede einzelne von ihnen zog sich sowieso schon wie Gummi.

Ein richtiges Frühstück gab es vor der 9:15-Uhr-Messe zu meinem Leidwesen nicht. Mein Jammern und Bitten half nichts. Ich erklärte meinen Eltern, dass mein kleiner und junger Körper Nahrung benötigte, um die gesamte Messe durchzustehen. Doch sie wünschten sich ein ausgiebiges Familienfrühstück am Sonntag. Mit viel Zeit und ohne Stress. Was auch tatsächlich immer schön war. Mir selbst etwas zu essen machen, dazu hatte ich meist keine Lust, und noch weniger hatte ich die Zeit dazu. Es passierte dann immer an derselben Stelle: Während der Gabenbereitung, ein fester Bestandteil der heiligen Messe, in dem Brot und Wein für das Abendmahl vorbereitet werden, wurde mir vor Hunger schwindelig und schwarz vor Augen. Oft musste ich mich an der Bank festhalten und mich hinsetzen. Und dann musste ich niesen. Ich vermute, es ist medizinisch nicht zu erklären, aber bei mir vertreibt dieses Niesen die Übelkeit. Das passiert mir heute noch gelegentlich. Bisher habe ich niemanden getroffen, bei dem ein ähnliches Phänomen zu beobachten ist. Richtig schlimm wurde es bei den besonders feierlichen Anlässen, zu denen Gottesdienst gefeiert wurde, zum Beispiel an Ostern. Da zog sich die Prozedur sehr in die Länge und es kam jede Menge Weihrauch zum Einsatz. Und davon wurde mir noch schneller und noch schlimmer schlecht.

Zu allem Überfluss mussten wir den Weg zur Kirche auch noch zu Fuß gehen. Ich hasste es. Und habe nie verstanden, warum es mir nicht erlaubt war, mit dem Fahrrad zu fahren. Das ging doch viel schneller. Und den Weg kannte ich in- und auswendig, die Kirche lag direkt neben der Grundschule, die ich damals besuchte. Aber mein Vater bestand darauf, dass die gesamte Familie sich zusammen auf den Weg machte, zu Fuß. Eine Ausnahme gab es nur, wenn eines von uns Kindern als Messdiener eingeteilt war. Da musste man früher vor Ort sein und sowieso vor den anderen losfahren. Das war gut. Gut war auch, dass man beschäftigt war während der Messe und die Zeit ein kleines bisschen schneller vorüberging.

In meinem Leben gibt es also diese eine Konstante. Von frühester Kindheit an, in der Kindergartenzeit, in der Grundschule und auf dem Gymnasium: der sonntägliche Messebesuch. Nichts hat mich mit so großer Regelmäßigkeit und über einen so langen und mich für mein Leben prägenden Zeitraum begleitet.

Das kennt jeder: Songs, die wir irgendwann an einem Punkt unseres Lebens oft gehört haben, katapultieren uns gedanklich und emotional in vergangene Zeiten. Wenn wir sie hören, auch nach Jahren, sind wir wieder an den Orten von damals, mit den Menschen von damals, erleben die Ereignisse noch einmal und fühlen wie einst. Alles ist so präsent, so intensiv, als geschehe es in diesem Augenblick. Musik hat diese magische Kraft. Im festen

Ablauf der Messe spielen Lieder eine wichtige Rolle. »Großer Gott, wir loben dich« beispielsweise wurde in meiner Gemeinde sehr oft als Schlusslied gesungen. Bei aller Distanz, die ich längst zur Kirche aufgebaut habe und die kaum größer sein könnte, dieses Lied finde ich auch heute noch wunderschön. Es ist so feierlich, mit ganz viel Pathos. Ich kann die meisten Strophen noch immer auswendig mitsingen. Welchen Anteil an meiner Neigung für dieses Lied die Tatsache hat, dass es in der Regel als Schlusslied am Ende der Messe gesungen wurde und damit den Beginn des freien Sonntags markierte, vermag ich nicht zweifelsfrei zu sagen. Wenn ich es höre, bin ich wieder das kleine Mädchen Katja, das in der Kirchenbank sitzt. Und in dessen Leben einiges los ist, was mit dem Gottesdienst so gar nichts zu tun hat.

»Großer Gott, wir loben dich« sang ich, als ich von der Grundschule aufs Gymnasium wechselte, als ich das erste Mal sehr verliebt war und Schmetterlinge in meinem Bauch tanzten. Dann wieder, als ich schrecklichen Liebeskummer hatte und das Leben mir leer und sinnlos erschien. Ich sang es, wenn ich heftigen Streit mit meinen Eltern hatte, zum Beispiel darüber, wie lange ich ausgehen durfte. Oder wenn zwischen meiner besten Freundin und mir die Fetzen flogen, das kam immer mal vor. Emotionen wie Wut, Trauer, Freude, Glückseligkeit, die ich auch mit ganz alltäglichen Begebenheiten verbinde, alles ist auf irgendeine Weise mit diesem Kirchenlied verbunden und für mich emotional abrufbar, sobald ich es höre.

Trotz Höhen und Tiefen, die wohl jeder kennt, hatte ich eine wirklich schöne Kindheit und Jugend. Und ich bin fasziniert und sogar dankbar, dass es bei mir etwas gibt, was mir die Erinnerungen daran auf Knopfdruck zurückbringt. Und so erfasst mich noch heute oft ein wahrer Gefühlscocktail, eigentlich ein Gefühlssturm, wenn ich mich in einen Gottesdienst verirre. Für mich gibt es keinen heftigeren Flashback. Diese Lieder, die ich unzählige Male gehört und gesungen habe, treiben mir schon beim Hören die Tränen in die Augen. Verstärkt wird das durch die immer gleichlautenden Texte und Gebete, die ich auch heute noch im Wortlaut mitsprechen kann, zudem die Gerüche von Kerzen und Weihrauch.

Dieser Gefühlssturm hat aber noch eine andere Funktion. Er legt den emotionalen Zustand offen, in dem ich mich befinde. Und zwar weit unter der Oberfläche. Nicht, ob ich gestresst, fröhlich, traurig, gut gelaunt oder ärgerlich bin. Das weiß ich auch so. Ich spüre anhand der aufkommenden Emotionen, wie sehr ich im Einklang mit mir selbst bin – oder auch nicht. Ob ich aufgewühlt bin oder im Frieden. Sie sind ein sensibler Gradmesser dafür, wie es mir wirklich geht. Die Emotionen, die zutage treten, können leicht und wolkig sein, dann geht es mir gut. Oder sie sind schwer und dumpf. Dann haben sie etwas Verzweifeltes. Dann weiß ich, dass etwas nicht in Ordnung ist, etwas in mir brodelt. In der Regel wird es sich sehr bald zeigen.

KAPITEL 10

# PERSÖNLICHKEITS-VERÄNDERUNGEN

Wenn ich gefragt werde, was die größte Veränderung in meinem Leben war, als ich Anfang 2011 in meinen ersten Wahlkampf als Spitzenkandidatin und wenige Wochen später als Abgeordnete und Fraktionsvorsitzende ins Hamburger Parlament ging, muss ich nicht lange nachdenken. Es ist die öffentliche Aufmerksamkeit, die mich seitdem begleitet. Nicht in dem Sinne, dass sich überall dort, wo ich auftauche, Menschentrauben um mich bilden und Handys gezückt werden, um mich zu fotografieren, so wie man es von Hollywoodstars kennt. So ist es zum Glück nicht. Aber vor dem Wahlkampf 2011 haben mich auf der Straße nur Freunde und Bekannte erkannt und gegrüßt, ich konnte mich weitgehend anonym bewegen. So wie es bei der großen Mehrheit der Menschen eben ist. Heute starren mich wildfremde Menschen auf der Straße, in Läden und Restaurants an. Manche sprechen mich an, meistens auf eine nette Art und Weise. Andere grüßen mich, weil sie mein Gesicht kennen, es in der Sekunde nicht einordnen können und davon ausgehen, dass wir uns irgendwo schon mal persönlich kennengelernt haben. Das ist aber in der Regel nicht der Fall. Ich grüße dann freundlich zurück und belasse es dabei. Manchmal ist es vermutlich tatsächlich so, dass wir uns schon mal getroffen haben. Ich kann mir Gesichter nicht mehr so gut merken wie früher, es sind zu viele geworden und die Begegnungen sind meist zu flüchtig.

Oft kommt es vor, dass ich irgendwo sitze und später von anderen höre, dass irgendein Bekannter von ihnen erzählt habe, mich mit dieser oder jener Person an diesem oder jenem Ort gesehen zu haben. Ich weiß also, auch wenn mich niemand anspricht, ich muss damit rechnen, dass wahrgenommen wird, was ich wo mit wem tue. Und zwar egal, ob es ein beruflicher oder ein privater Kontext ist, wie sollte das auch jemand unterscheiden können oder wollen?

Es ist ein verregneter Abend am Ende eines langen Sitzungsdienstages in Berlin, irgendwann Anfang 2018. Seit wenigen Monaten sitze ich im Bundestag. Die Stimmung in der Fraktionssitzung am Nachmittag ist gereizt, weil die Umfragewerte seit den geplatzten Jamaika-Sondierungen deutlich gesunken sind und manche Medien wieder einmal das Totenglöckchen für uns läuten. Ich selbst bin nicht in Sorge deswegen, dafür habe ich schon zu oft viel schlimmere Zeiten durchlebt. Aber mir gehen der Pessimismus und das mangelnde Selbstbewusstsein mancher Kollegen auf die Nerven.

Nach der Fraktionssitzung folgt ein Verbändegespräch, auch hier müssen wir uns im Fraktionsvorstand kritischen Fragen stellen. Um 21 Uhr ist Schluss, Zeit für ein gutes Abendessen, um den Kopf freizubekommen. Ich verabrede mich mit einem alten Freund in einem gut besuchten Berliner Restaurant, das wir sehr mögen. Wir kommen beide aus Hamburg, haben einen stets prall gefüllten Terminkalender und sehen uns daher viel zu selten. Heute hat er mir geschrieben: »Spätes Dinner heute Abend im Borchardt?«

»Auf jeden Fall«, schreibe ich ohne Zögern zurück.

Endlich mal kein politischer Termin, was selten genug vorkommt in einer Sitzungswoche. Und dann so spontan. Ich liebe spontane Treffen. Sie verstopfen nicht schon Tage und Wochen im Voraus den Kalender, was mir oft ein ungutes Gefühl der Enge und Gebundenheit gibt. Und was weiß ich denn schon, ob ich an genau dem Abend überhaupt noch mit diesem Menschen ausgehen und nicht einfach auf dem Sofa liegen will.

Meine Verabredung ist bereits da, als ich reinkomme, die Flasche Weißwein steht schon auf dem Tisch. Perfekt, genau das brauche ich jetzt. Ich lasse mich in den Stuhl fallen.

»Harten Tag gehabt?«, fragt er mich.

Ich nicke.

»Sieht man dir nicht an«, fährt er fort.

Ich weiß, dass es nicht stimmt, aber genau das will ich jetzt hören. Er weiß das. Ich bin dankbar dafür.

Wir bestellen, das Essen ist köstlich, unsere Unterhaltung ist in vollem Gange. Mein Telefon vibriert in meiner Tasche, es zeigt eine Nachricht an. Ich bin immer im Dienst, jedenfalls fühlt es sich so an. Also werfe ich einen Blick auf das Display. Ein Bekannter schreibt mir, und ich reibe mir verwundert sie Augen. Dieser Bekannte sitzt zu Hause auf dem Sofa in einer anderen Stadt. Aber es hat sich bereits zu ihm rumgesprochen, mit wem ich gerade wo beim Abendessen sitze. Meine Dinner-Verabredung ist Geschäftsführer eines großen Unternehmens. Aus genau der Branche, mit der dieser Bekannte ein neues Geschäft anbahnen will. Ob ich da nicht mal einen Vorstoß für ihn machen könne, einen Kontakt herstellen wolle, fragt er mich. Nein, das will ich nicht. Ich will in Ruhe essen, trinken, reden. Ich blicke mich verstohlen um. Wer von den Gästen an den Nachbartischen könnte unsere Anwesenheit verbreitet haben? Und auch wenn ich gar nichts Unrechtes getan habe, ich fühle mich beobachtet und auf frischer Tat ertappt.

In diesem Augenblick wünsche ich mir nichts sehnlicher als unsichtbar zu sein.

Die meisten Menschen sind sensibel und rücksichtsvoll, besonders im hanseatisch zurückhaltenden Hamburg. Sie halten Abstand und respektieren meine Privatsphäre. Allerdings gibt es auch Gegenbeispiele. Mitunter kommt es zu seltsamen Szenen. Einige Male habe ich erlebt, auf offener Straße, beim Essen im

Restaurant oder auch in der S-Bahn, dass Menschen mich erkennen, mit dem Finger ungeniert auf mich zeigen und laut rufen: »FDP«. Dann sind sie schon wieder verschwunden. Kein Gruß, kein weiteres Wort. Bis heute habe ich keine Erklärung, warum Menschen so merkwürdige Dinge tun. Auch im Urlaub, egal ob In- oder Ausland, die Deutschen sind ja überall, kommt es zu Szenen, die in meinem früheren Leben undenkbar waren. Mein Freund und ich kommen von einer wunderschönen Bergtour mit den Mountainbikes zurück in den Ort. Wir sind verschwitzt, die Sonne hat unsere Gesichter ein wenig verbrannt. Wir stellen uns in die Schlange an der Eisdiele und unterhalten uns angeregt über unsere Erlebnisse am Berg. Ein Mann, der hinter uns steht, erkennt mich und verwickelt mich in ein Gespräch. Besser gesagt, er beginnt zu reden wie ein Wasserfall. Er erzählt mir, dass er mich vor Jahren schon mal auf einer Veranstaltung hat sprechen hören, die er besucht hat. Das scheint ihm als gemeinsame Grundlage zu genügen. Dann redet er über den Urlaubsort, die massiv gestiegenen Immobilienpreise, das Wetter, seine schwierigen Familienverhältnisse. Ich komme kaum zu Wort, habe auch kein Interesse daran, das scheint er aber nicht zu bemerken. Auch nicht, dass er mich jäh aus meiner Unterhaltung gerissen hat, meinen Begleiter ignoriert er völlig. Genauso wie die Tatsache, dass ich inzwischen an der Reihe bin und bestellen möchte, er redet einfach weiter. Erst als ich mein Eis in der Hand halte, gelingt es mir, mich von ihm loszureißen, indem ich die Flucht ergreife.

Menschen, die ich vorher nie gesehen habe, fragen mich nach einem gemeinsamen Selfie oder nach einem Autogramm. Ich selbst gewöhne mich mit der Zeit daran, es passiert nicht ständig und tut daher nicht weh. Und ja, ich gebe es zu, es schmeichelt mir auch ein wenig. »Wie schön, dass Menschen mich mögen«, denke ich. Für diejenigen, die mich begleiten, das nicht ständig erleben und in solchen Situationen in der Regel wie Luft behandelt werden, ist es sehr gewöhnungsbedürftig, manchmal auch unangenehm. Und natürlich weiß man nie, was das für Menschen sind, die einen plötzlich in ein Gespräch verwickeln, mit denen man unvermittelt auf einem Foto ist und denen man Gehör schenkt. Was, wenn man am nächsten Tag auf einer fragwürdigen Website steht oder in der Presse als Sympathisantin von Extremisten auftaucht? Was, wenn einer ein Messer zieht?

Neu für mich ist auch, dass mein Arbeitsalltag von einem Tag auf den anderen davon geprägt ist, dass Journalisten, Fotografen und Kameraleute mich begleiten. Beinahe täglich habe ich damit zu tun. Ich telefoniere mit Journalisten, gebe Pressekonferenzen und Interviews, treffe sie auf Veranstaltungen oder in Hintergrundgesprächen. Immer wieder kommt es vor, meist sehr spontan, dass ein Kamerateam oder ein Radiojournalist vorbeikommt, um einen O-Ton aufzunehmen. Ein O-Ton wird in Fernseh- und Radiobeiträgen als wörtliches Zitat verwendet und kann fürs Radio auch telefonisch aufgezeichnet werden. Meistens aber kommt der Redakteur zu mir, beim Fernsehen wird er in der Regel von zwei Kollegen für Ton und Bild begleitet. Mein Team bekommt die Anfrage, die meist zu einem speziellen Thema oder einem aktuellen Ereignis gestellt wird, und koordiniert den Termin. Wir treffen uns im Bundestag, wenn ich vor Ort bin, in der Nähe meiner Wohnung, wenn ich im Wahlkreis bin, oder des Hotels, wenn ich unterwegs bin.

Nicht selten kommen diese Anfragen am Wochenende, und zwar ausgerechnet dann, wenn ich an dem Tag mal keine weiteren Termine habe. Wenn ich froh über die Chance bin, mich ungeschminkt, mit ungewaschenen Haaren und in Sportklamotten durch den Tag treiben zu lassen. Was selten genug vorkommt. Ich schaffe es aber trotzdem fast nie, abzusagen. Die Teams machen es mir einfach, sie bieten an, in die Nähe des Ortes zu kommen, an dem ich gerade bin. Und weil ich die Reichweite für meine Botschaften nicht verpassen will, raffe ich mich auf und mache mich zurecht, um ein paar wenige Sätze in eine Kamera zu sagen in der

Hoffnung, dass wenigstens ein oder zwei davon auch ausgestrahlt werden. Meistens ist das der Fall, immer aber nicht.

In dieser Zeit absolviere ich auch meine ersten Talkshow-Auftritte. In der ersten Zeit sind es hauptsächlich regionale Formate, meist im Hamburger Sendegebiet. Anfang 2013 sitze ich das erste Mal bei Markus Lanz, ausgehend vom »Dirndl-Gate« geht es um sexistische Bemerkungen und Übergriffe, denen Frauen im Berufs- und Privatleben ausgesetzt sind. Auftritte in den Shows von Günther Jauch, Anne Will, Maybrit Illner, Sandra Maischberger und vielen anderen folgen. Ich werde nie wirklich warm damit und fühle mich selten wohl dort. Ich mag politische Talkshows schon als Zuschauerin nicht besonders. Der Erkenntnisgewinn ist oft begrenzt, weil sich eine echte Debatte aufgrund der knappen Zeit, in der viel zu viele Aspekte angeschnitten werden, selten ergibt. Als Teilnehmerin einer solchen Runde ist es noch schlimmer für mich. Es geht um argumentative Geländegewinne, die mit knappen und zugespitzten Beiträgen zu erzielen sind. Auch wenn es sehr vom Thema und meiner Tagesform abhängig ist, ich habe den Eindruck, mir liegt das nicht so sehr wie den anderen, auf die ich dort als Kontrahentin treffe. Dafür fehlt mir oft eine gute Portion Lockerheit und Schlagfertigkeit, erst recht in der Drucksituation einer bundesweit ausgestrahlten Livesendung. Wobei hilfreich ist, dass ich zwar weiß, dass so viele Menschen zuschauen, ich sie aber nicht sehen kann. Und da ich sie nicht sehen kann, sind sie zum Glück nicht wirklich real für mich, ich kann sie gut ausblenden.

Schwierig bleiben für mich Redeauftritte vor Publikum, also vor vielen Menschen, die real anwesend sind und die ich sehen und hören kann. Ich weiß nicht, ob es auch Jahre später noch das unverarbeitete Trauma aus dem verpatzten ersten Auftritt mit Guido Westerwelle ist, das diese Situationen manchmal unerträglich für mich macht. Auf jeden Fall gehören sie zu den unangenehmsten Erfahrungen, die ich während meiner politischen Karriere mache. Ich kann mir manchmal nur schwer vorstellen, warum jemand mir freiwillig eine halbe Stunde oder länger dabei zuhören will, wie ich über meine bildungs- und wirtschaftspolitischen Positionen spreche. Oder über Bürgerrechte, Verkehrs-, Haushalts- und Flüchtlingspolitik. Und doch werde ich immer wieder gefragt, genau das zu tun. Ich folge den Einladungen quer durch die Republik, spreche auf Messen und Tagungen, in privaten Salons und unterstütze als prominenter Gast meine Parteifreunde bei ihren Wahlkämpfen. Sie führen mich in alle 16 Bundesländer, in große Städte und kleine Orte, von denen ich vorher noch nie etwas gehört habe.

Ich freue mich einerseits darüber, dass ich eingeladen werde. Es ist schön, dass ich mich bei den Parteifreunden, die mich bei meinen Hamburger Wahlkämpfen so großartig unterstützt haben, revanchieren kann. Dass ich nun etwas zu ihrem Erfolg beitragen kann, macht mich auch ein wenig stolz. Es zeigt mir, dass ich als Politikerin einen vernünftigen Job mache, wenn Menschen hören möchten, was ich zu sagen habe. Und ich bin dankbar für die Gelegenheit, ein Publikum für meine Ideen und Ansichten erreichen zu können. Andererseits empfinde ich diese Einladungen als große Last. Sie sind eine Last, wenn ich sie annehme und ich mich damit verpflichte. Sie sind aber auch eine Last, wenn ich absage und mir vorstelle, damit Enttäuschung oder Ärger beim Einladenden zu verursachen. Oft lasse ich die Einladungen tagelang liegen, unfähig zu einer Reaktion.

Am Ende sage ich fast alles zu, was irgendwie in meinen Kalender zu quetschen ist. Zu groß ist mein Pflichtbewusstsein, meine Rolle bestmöglich auszufüllen – als erfolgreiche Wahlkämpferin und Bundesvorstandsmitglied, später als Mitglied des Präsidiums und in den letzten sechs Jahren als stellvertretende Bundesvorsitzende. Ich weiß ja selbst zu gut, wie wichtig die Unterstützung im Wahlkampf vor Ort durch prominente Parteifreunde aus anderen Verbänden ist. Und fast genauso oft, wie ich zusage, ärgere ich mich über mich und meine Zusage, wenn der Termin näher rückt und ich nicht mehr absagen kann. Weil ich mich mal wieder an einem Sonntagmorgen aus dem Bett quäle, damit ich den frühen Flieger erwische, der mich zu einem Frühschoppen irgendwo in der Republik bringt, auf dem ich als Hauptrednerin eingeplant bin. Weil auch mein Samstagabend davor nicht schön und erholsam ist, weil die Rede noch nicht fertig ist, ich schon etwas nervös bin und, während meine Freunde feiern, früh ins Bett gehe, um am nächsten Tag fit und ausgeschlafen zu sein. Das kommt sehr oft vor. Oder weil ich mich nach einem langen und anstrengenden Arbeitstag, wenn ich nur noch aufs Sofa oder ins Bett möchte, nochmal aufraffe, um eine Rede bei einem Sommerfest oder einem Grünkohlessen zu halten oder auf einem Podium zu debattieren, oder weil ich Gast in einem Salon bin. Auch das ist Alltag.

In den ersten Jahren ist es besonders schlimm. Mir fehlt die Routine beim freien Sprechen, es kostet mich viel Überwindung, mich auf die Bühne zu stellen und loszulegen. Auch muss ich mich auf fast jeden Auftritt, auf jedes Thema neu und intensiv vorbereiten. Das kostet viel Zeit. Später wird es leichter. Ich habe feste Textbausteine, die ich auswendig kenne, die ich wiederverwenden kann, die erprobt sind und mit denen ich mich gut und sicher fühle. Ich ergänze sie laufend durch neue Passagen zu aktuellen Themen. Damit wird die Vorbereitungszeit geringer, die Sicherheit größer.

Der beste Moment an solchen Tagen und Abenden ist der, wenn ich von der Bühne steige. Geschafft. Eine riesengroße Erleichterung stellt sich ein, manchmal eine Hochstimmung, die sich anfühlt wie unmittelbar nach den Abitur- und Examensprüfungen. Die ganze Last fällt von mir ab. Die Anspannung vor dem Auftritt, die Angst vor einem Blackout und die Sorge, dass mein Auftritt den Zuschauern nicht gefällt. Manchmal werde ich so übermütig, dass ich mir sage: »Das war jetzt das letzte Mal, dass du dir so viel Stress vor einem Auftritt gemacht hast. Ist doch super gelaufen. Die Zuschauer waren happy, das Feedback war toll.«

In diesen flüchtigen Momenten liebe ich meinen Job. Ich denke nicht an den nächsten Auftritt, der oft nur eine kurze Nacht weiter ansteht. Wenn ich nach Hause komme, drehe ich die Musik auf, singe laut mit und manchmal tanze ich durch die verlassene Wohnung oder das leere Hotelzimmer. Ich nehme mir fest vor, beim nächsten Mal nicht so aufgeregt zu sein, die Dinge leichter zu nehmen und mich vielleicht sogar ein bisschen auf den Auftritt zu freuen. Das können andere doch auch. Mir jedoch gelingt es nicht. Bei nächsten Mal ist es meist wie immer, und der schönste Teil des Auftritts bleibt sein Ende.

Dabei sind die Reaktionen zwar nicht immer, aber doch weit überwiegend positiv. Im Laufe der Jahre werden meine Redeauftritte mitunter sogar regelrecht begeistert aufgenommen. Man sagt mit, dass ich engagiert und kenntnisreich spreche, dabei aber eine gewisse Lockerheit, eine angenehme Art der Nichtperfektion, gepaart mit einer Portion Menschlichkeit zeige. Ich freue mich unglaublich über solche Rückmeldungen, auch wenn ich skeptisch bleibe und sie nicht zu 100 Prozent glaube.

Eine echte Freude auf diese Auftritte entwickle ich auch nach über zehn Jahren nicht. Es gibt gute Tage, da macht es mir nichts aus, auf eine Bühne zu steigen. Da ist die Nervosität fast komplett weg. Und es gibt die anderen Tage: Da fühle ich mich nicht wohl in meiner Haut und will mich verstecken. Ich habe keine Lust, mich bühnentauglich zurechtzumachen, habe schlechte Laune oder bin traurig. Dann kommen mir Zweifel, ob ich den richtigen Job mache.

Zweifel nicht deshalb, weil ich nicht glaube, dass ich ihn gut mache. Das tue ich, das weiß ich. Es geht darum, ob mir der Job auf Dauer guttut. Ich frage mich, wann der Kipppunkt erreicht ist, an dem der Preis, den ich bezahle, um ihn machen zu können, zu hoch wird. Denn leider ist es so, dass vieles von dem, was für meinen Job gut ist, was meine Währung ist, was mich als Politikerin auszeichnet, mir als Mensch nicht guttut. Es steht in einem umgekehrt proportionalen Verhältnis zueinander. Ein

Dilemma. Als Politikerin brauche ich die öffentliche Aufmerksamkeit. Als Mensch leide ich darunter. Für meinen Job brauche ich einen dicken Schutzpanzer. Der privaten Katja schadet er. Im Job muss ich Härte und Professionalität zeigen, zu Hause möchte ich weich und zugänglich sein.

Vor meinen ersten Schritten in die Politik waren mir die unerwünschten Nebenwirkungen eines solchen Schutzpanzers nicht wirklich bewusst. Ich habe mich immer als eher sensibel, angreifbar und scheu eingeschätzt. Die direkte Auseinandersetzung war nicht meins, ich mochte die Harmonie und den Konsens. Und ich blieb am liebsten im Hintergrund, in der zweiten Reihe. Ich war zwar bereit, Verantwortung zu tragen, harte Entscheidungen zu treffen und Projekte voranzubringen. In kleinen Einheiten übernahm ich ganz natürlich Führung. Aber ich vermied es öffentlich, in der ersten Reihe zu stehen. Das sollten andere machen, die das genossen und besser konnten als ich.

Den Schutzpanzer, der mich zum einen vor Angriffen von außen schützt und der zum anderen mein Inneres vor neugierigen Blicken von außen verborgen hält, habe ich mit meinem Engagement in der Politik, noch vor meinem ersten Mandat aufzubauen begonnen. Es gab einen Moment, in dem mir klar wurde, dass ich dazu in der Lage bin:

Noch vor meiner Zeit als Abgeordnete, im Januar 2008 war ich Chefredakteurin der *Großen Freiheit* geworden, der Mitgliederzeitschrift der Hamburger FDP. Für ein Projekt, das ich ehrenamtlich machte, steckte ich sehr viel Zeit hinein, bei jeder Ausgabe waren es viele Tage Arbeit. Mir machte es Spaß, es war eine wunderbare Gelegenheit, die Partei und ihre Mitglieder kennenzulernen. Außerdem nahm ich als Gast an den Sitzungen des Landesvorstandes teil, ein mitunter zweifelhaftes Vergnügen. Die Sitzungen wurden nicht so straff geführt, wie ich es für richtig gehalten hätte, es wurde zu viel Zeit und Energie in unproduktive Auseinandersetzungen investiert, die keine

Ergebnisse brachten. Damals hatte ich noch keinen Hebel, das zu verändern.

Die *Große Freiheit* erschien im Farbdruck, mit einem Umfang von 28 Seiten, drei bis vier Mal im Jahr. Ein Teil der Kosten für Gestaltung, Druck und Versand (die redaktionelle Betreuung übernahm ich wie gesagt ehrenamtlich) wurde aus Werbeeinnahmen finanziert, den Rest steuerte der Landesverband bei. Um das Projekt weiter zu professionalisieren, hatte ich ein Konzept erarbeitet, das uns mehr finanziellen Spielraum geben würde. Ich wollte es in einer Sitzung des Landesvorstandes vorstellen und dann von ihm als zuständiges Gremium beschließen lassen. Zuvor hatte ich Gespräche mit einigen Mitgliedern des Landesvorstandes geführt, sie um ihre Meinung zu meinem Konzept gebeten und mich ihrer ausdrücklichen Unterstützung versichert. Ich ahnte also nichts Böses, als ich mich an einem Montagabend in die Sitzung begab. Ich war sogar voller Vorfreude auf den anstehenden Entwicklungssprung, den unsere Zeitschrift machen würde. Was ich jedoch in den folgenden Stunden erlebte, hat mich für mein weiteres Leben geprägt. Es wurden Lehrstunden für die Aufgaben, die mich Jahre später in der Politik erwarteten. Die Personen, die mir vorher ausdrücklich ihre Unterstützung zugesagt hatten, stellten ohne jegliche Vorwarnung im Anschluss an die Vorstellung meines Konzeptes ein alternatives vor. Eines, bei dem ich als Chefredakteurin nicht mehr vorgesehen war, stattdessen ein Parteifreund.

Ich war wie vom Donner gerührt, zunächst unfähig, einen klaren Gedanken zu fassen. Es war nicht die Tatsache, dass ich um das bessere Konzept pitchen sollte, damit wäre ich gut klargekommen, das machte ich beruflich ständig. Mal gewann ich, mal verlor ich, das gehörte zum Job und machte mir nichts aus. Es war die Fassungslosigkeit darüber, wie Menschen, von denen ich wirklich dachte, dass sie auf meiner Seite stünden, mir nun in den Rücken fielen. Und nicht nur das. Sie hatten mich durch ihre Unterstützungszusage in Sicherheit gewiegt, ich hatte keine

Chance, mich auf den Angriff vorzubereiten. So etwas hatte ich noch nie auch nur ansatzweise erlebt. Mein erster Reflex war, heulend aus dem Raum zu laufen. Mir standen vor Wut und Enttäuschung schon die Tränen in den Augen. Ich weiß nicht mehr, wie genau es passierte, aber ich entschied mich dagegen. Zu groß war meine Abscheu über das, was ich gerade erlebte, zu stark das Bedürfnis, meine Parteifreunde damit nicht durchkommen zu lassen.

Also ging ich in die Offensive. Und kämpfte für mein Konzept. Ich argumentierte, warb, räumte Zweifel aus. Am Ende gewann ich die Abstimmung haushoch. Und konnte meinen Job als Chefredakteurin behalten. Natürlich blieb ein fieser Beigeschmack. Ich war entsetzt über den Umgang untereinander, die Hinterlistigkeit, die mir offenbart wurde. Und dennoch bin ich dankbar für diesen Abend: Ich wusste nun, was in mir steckte. Dass ich keine Angst vor Angriffen und Gegenwind haben musste. Dass ich auch in schwierigsten Situationen souverän und beherrscht bleiben konnte. Und ich hatte gelernt, innerhalb der Partei niemandem zu 100 Prozent zu trauen, immer wachsam zu bleiben und auf den Verrat gefasst. Der Schutzpanzer wuchs und wuchs. Ich lag damit richtig, wenn man es aus Sicht einer erfolgreichen Karriere und des Vorankommens in der Politik betrachtet. Aus der Perspektive des Menschen Katja war es ein großer Fehler. Es hat mich hart und abweisend gemacht. Meine Weichheit, meine Weiblichkeit und andere schöne Seiten meiner Persönlichkeit wurden unter dem Schutzpanzer eingesperrt.

Mit der Zeit ist mein Schutzpanzer dick und undurchlässig geworden, in fast jeder Situation. Ohne ihn hätte ich den Job keine paar Monate machen können. Schon mein ehrenamtliches Engagement in der Zeit vor 2011 wäre ohne ihn gescheitert. Er ist unerlässlich für mich, seitdem ich in der Öffentlichkeit und unter Beobachtung stehe. Jedenfalls glaube ich fest daran. Da ich mir nicht aussuchen kann, wie ich mich fühle, wenn ich gerade mal wieder auf einer Bühne stehen muss, will ich jederzeit in der Lage sein, meine Ängste, Befindlichkeiten und Launen nicht vor einem Publikum zu zeigen. Könnte ich das nicht, würde ich mich schutzlos, verletzlich und angreifbar fühlen.

Doch es gibt eine Kehrseite: Der Schutzpanzer ist stark und undurchlässig, und zwar in fast jeder Situation. Er hält, wenn ich auf der Bühne stehe. Und er ist auch noch da, wenn ich nach Hause komme. Wo ich ihn nicht brauche, wo er sogar sehr im Weg ist. Im Privaten ist es eben nicht gut, mich und meine Gefühle zu verstecken. Es ist auch nicht gut, wenn mich nicht mehr erreicht, was die Menschen um mich herum, die es gut mit mir meinen, Freunde und Familie, mir an Lob und Kritik mitzuteilen haben. Aber ich kann den Panzer nicht wie einen Mantel einfach ablegen, wenn ich die Haustür hinter mir schließe. Um ihn wieder anzuziehen, wenn ich das Haus verlasse. Wenn ich mir Zeit gebe und mir seine Existenz bewusst mache, dann schaffe ich es, dass er hier und da Risse bekommt. Ganz weg aber geht er nicht mehr. Er leistet mir im Job treue Dienste, ich kann mich fast immer auf ihn verlassen, von wenigen Ausnahmen abgesehen. Aber das unaufhaltsame Wachsen dieses Schutzpanzers verursacht bei mir auch eine große Persönlichkeitsveränderung, und zwar keine gute. Noch heute arbeite ich daran, den Panzer zu knacken oder zumindest kontrolliert durchlässig zu machen. Ich bin noch nicht am Ziel.

Es gibt eine weitere Persönlichkeitsveränderung, die ich selbst kaum an mir wahrnehme, die aber für die Menschen aus meinem engsten Umfeld oft irritierend ist. Sie beschreiben es übereinstimmend so: Sobald ich mich in mein Jobumfeld begebe, legt sich bei mir ein Schalter um. Von einem Moment auf den anderen ändern sich meine Stimme, Mimik und Wortwahl. Sie alle werden rau und unnahbar. Ich strahle dann eine kalte Härte aus. Ich bin dann wie ausgewechselt. Es passiert im Bruchteil von Sekunden, wenn mich ein Journalist oder ein Parteifreund anruft. Wenn ich ein politisches Gespräch auf der Straße oder auf einer Veranstaltung führe. Zum Glück gelingt es mir hier, genauso schnell wieder umzuschalten, sobald ich aufgelegt oder das Gespräch beendet habe.

Wie gesagt, mir selbst fällt es nicht auf, die Ursache aber ist mir klar. Ich habe mein gesamtes Handeln im Job darauf ausgerichtet, als professionell wahrgenommen zu werden. Anders ausgedrückt: Ich habe von Beginn meines Berufslebens an alles dafür getan, dass meine anfangs fehlende Erfahrung, die nicht vorhandenen Kenntnisse, die daraus resultierenden Unsicherheiten und Ängste verborgen bleiben.

Schon in meinem ersten Job, mit 23 Jahren, als Marketing- und PR-Managerin in einem Internet-Start-up in der Musikindustrie, habe ich mich jeden Tag vollkommen überfordert gefühlt. Nichts von dem, was dort zu meinen Aufgaben gehörte, hatte ich zuvor gemacht. Ich konnte auch nicht einfach jemanden fragen oder mir irgendwo etwas abgucken. Da war niemand in meinem direkten Umfeld. Außerdem war es ein ganz neues Business, für das es keine Blaupause gab. Also musste ich jeden Tag aufs Neue improvisieren. Augen zu und durch. Und ich wollte ums Verrecken nicht, dass jemand mitbekam, wie wenig Ahnung ich hatte. Ich hatte noch nicht mal mein Studium beendet, Berufserfahrung hatte ich keine vorzuweisen. Um das zu verbergen, versuchte ich knallhart aufzutreten. Ich war immer ernst, konzentriert, angespannt. Bloß keine Witze machen, keine Flapsigkeiten. Keine Schwächen und Lücken zeigen. »Ich nehme meinen Job ernst und weiß genau, was ich tue«, das wollte ich damit jedem unmissverständlich klarmachen, der es mit mir zu tun bekam. Ja keine Angriffsfläche bieten. Niemand sollte auf die Idee kommen, dass ihm ein kleines ahnungslose Mädchen gegenübersaß, als das ich mich selber sah. Das man ohne Mühe in die Ecke treiben kann. Das leicht zu beeinflussen und ein schwacher Verhandlungsgegner ist. Diesen Gefallen tat ich niemandem. Und bin dabei wohl ein wenig über das Ziel hinausgeschossen.

So ähnlich, aber noch extremer war es, als ich 2011 völlig unvorbereitet zum ersten Mal Spitzenkandidatin wurde. Nach der Bürgerschaftswahl war ich Abgeordnete und zugleich Fraktionsvorsitzende, ohne je zuvor in einem Parlament gesessen zu haben. Ich kannte die Abläufe und Gepflogenheiten nicht. Mit den Themen war ich kaum vertraut, zentrale handelnde Personen waren mir unbekannt. Dazu kam, dass ich mit 35 Jahren noch relativ jung war und obendrein eine Frau. Das reichte, damit einige auf mich herabsahen und gespannt auf Fehler warteten, die ich garantiert machen würde.

Jeder Tag war ein großes Abenteuer, eine Reise ins Unbekannte. Ich hatte mir angewöhnt, nicht bereits am Vorabend den Kalender für den nächsten Tag zu checken, ich hätte sonst nicht ruhig schlafen können. Am Morgen warf ich dann einen Blick in den Kalender, und meistens dachte ich mir angesichts der bevorstehenden Termine: Das kann ich nicht schaffen, ich habe keine Ahnung, was ich tun muss und was von mir erwartet wird. Diejenigen, die öffentlich oder auch nur hinter vorgehaltener Hand darüber spekulierten, dass ich die neue Fraktion nicht führen könne, hatten in einem Punkt Recht: Ich war tatsächlich nicht vorbereitet. Im entscheidenden Punkt aber hatten sie sich geirrt: Ich war fest entschlossen, es niemanden bemerken zu lassen, so gut würde ich den Job machen. Ich war bereit, so hart dafür zu arbeiten, wie es notwendig war. Das erste Jahr war hart, niemals zuvor und niemals danach habe ich so viel und unter so großer Anspannung gearbeitet. Ich habe dem Erfolg, den ich unbedingt wollte, alles untergeordnet. Meine Strategie, jede Art von Unsicherheit und Schwäche zu verstecken, habe ich weiter perfektioniert. Ich wurde zu einer Maschine. Da, wo andere auch mal Späße auf ihre Kosten zuließen, wo sie auch mal Zweifel und Nichtwissen offenbarten, wo sie sich menschlich und verletzlich zeigten, baute ich eine harte Hülle um mich herum. Mir wäre damals gar nicht in den Sinn gekommen, es anders machen zu können. Ich war sicher, dass jede gezeigte Schwäche sofort erkannt und dann gnadenlos gegen mich verwendet werden würde.

Auch viel später, mit zunehmender Erfahrung und Sicherheit, mit zunehmendem Vertrauen meiner Außenwelt in meine Fähigkeiten, kann ich dieses Verhalten, das sich mir so tief als überlebenswichtig eingebrannt hatte, nicht ändern. Ich bleibe in einer permanenten Stresssituation, immer auf Angriff oder Flucht vorbereitet. Ich nehme mir vor, all das, was mich, gefühlt oder tatsächlich, die Herausforderungen im Job überhaupt erst meistern lässt, zumindest im Privatleben nicht anzuwenden, es dort ganz anders zu machen. Aber das gelingt nicht wirklich. Den Schalter kann ich nicht so einfach umlegen. Ich komme kaum noch zur Ruhe.

Die Quittung für dieses so lange anhaltende Ungleichgewicht von Anspannung und Entspannung bekomme ich später. Heute arbeite ich daran, den Panzer aufzubrechen. Um endlich wieder zur Ruhe zu kommen und Frieden zu finden. Dabei hilft mir auch das Schreiben dieses Buches.

# KAPITEL 11
# EIN ZU HOHER PREIS

Es gibt eine Sache, die ich mir fest vornehme, lange bevor es mit meiner politischen Arbeit als Abgeordnete so richtig losgeht. Ich möchte mich als Politikerin zu jeder Zeit gut fühlen mit dem, was und wie ich es tue. Ich möchte auf meine innere Stimme hören und mich nicht verbiegen. Für nichts und niemanden. Ich möchte meine Ziele nicht mit unfairen Mitteln, durch Manipulation oder auf Kosten anderer erreichen. Und ich möchte nicht deshalb in Ämter und Funktionen gewählt werden, weil ich zuvor daran mitgewirkt habe, meine Mitbewerber schlechtzumachen. Ich möchte gewählt werden, weil ich gut bin und bereit und in der Lage, meine Stärken und Fähigkeiten einzusetzen.

Warum ich mir darüber Gedanken mache? Das sollte doch eigentlich selbstverständlich sein. Und einfach hinzubekommen. Ist es aber nicht. Ich habe viele abschreckende Beispiele gesehen, in meiner eigenen Partei und auch beim politischen Mitbewerber, wo es leider ganz anders lief. Menschen, die hauptsächlich damit beschäftigt sind, ihre eigene Position in der Partei abzusichern, und dafür fast ihre gesamte Kraft aufwenden. Die ständig gehetzt sind, weil sie keinen noch so kleinen und unbedeutenden Parteitermin auslassen wollen, aus Angst vor dem Kontrollverlust bei Nichtanwesenheit oder dem Liebesentzug, mit dem das Fehlen sanktioniert werden könnte. Die nur noch getrieben sind von der Angst, bei der nächsten Wahl abgestraft zu werden und damit ein Karriereende oder zumindest einen Karriereknick zu erleiden. Menschen, die aus Sorge und Angst vor ihrer Zukunft ihre politischen Ziele und Überzeugungen weitgehend aus den Augen verloren haben, weil dafür keine Energie mehr übrig ist. Und Menschen, die vor allem sich selbst und ihre eigenen Wünsche und Bedürfnisse konsequent vernachlässigen und alles ihrer Karriere unterordnen.

Schon in den ersten Jahren meiner Mitgliedschaft bei den Freien Demokraten sehe ich in dieser Hinsicht vieles, was mich furchtbar abschreckt. Ich erlebe, wie Parteifreunde große Teile ihrer Zeit damit verbringen, Listen von Parteifreunden durchzutelefonieren. Das machen sie nicht etwa, um von ihren tatsächlichen oder vermeintlichen Heldentaten zu erzählen. Sie rufen an, um über die Konkurrenz herzuziehen. Konkurrenz ist für sie aber nicht der politische Mitbewerber aus den anderen Parteien. Das spielt in diesen Telefonaten überhaupt keine Rolle. Es geht nicht um Parteiprogramme oder politische Positionen. Es geht allein darum, Parteifreunde schlechtzumachen. Speziell solche, die potenziell gefährlich werden könnten, weil sie für gleiche Positionen kandidieren wollen, weil sie an Einfluss gewinnen, weil sie auf Distanz gehen. Ich wurde unzählige Male auf diese Weise angerufen. Viele Stunden habe ich damit verbracht. Im Rückblick muss ich sagen, es war komplette Zeitverschwendung, ein Killer von Lebensfreude, ein Anhäufen negativer Energie.

Ein Nachmittag im Winter 2009. Wieder einmal klingelt das Telefon. Ich zögere. Ich muss arbeiten, eine Präsentation fertigstellen, die Deadline naht. Doch ich bin neugierig. Und vielleicht ist es ja wichtig. Immerhin, der Anrufer ist Mitglied des Deutschen Bundstages. Und er ruft mich an. Also gehe ich ran.

»Ich habe gehört, gestern bei eurer Kreisversammlung, da ist Herr Müller (*Name geändert) als Beisitzer krachend durchgefallen. Was war denn da los?«

»Frau Sommer (*Name geändert) wollte unbedingt in den Vorstand und hat fast alle Mitglieder des Kreisverbandes vorher angerufen. Sie konnte so viele von ihnen motivieren, zur Wahl zu kommen und für sie zu stimmen, dass Herr Müller keine Chance hatte«, kläre ich ihn auf.

»Finde ich gut, Herr Müller war seiner Aufgabe sowieso nicht gewachsen.«

Eine kurze unangenehme Pause entsteht. Ich schätze Herrn Müller und habe ihn bisher immer als freundlich, kompetent und integer wahrgenommen. Ich bedaure das Ergebnis von gestern und möchte widersprechen. Doch der Abgeordnete bemerkt mein Zögern, er spürt, dass ich anderer Meinung bin. Er beginnt auf mich einzureden. Und hört in den nächsten Minuten auch nicht mehr auf.

»Herr Müller hat mich im letzten Jahr beim Landesparteitag auf offener Bühne kritisiert. Ich sei in den Hamburger Medien nicht präsent genug. Ausgerechnet ich!«, schimpft er.

»Von Walter (*Name geändert) weiß ich, dass er nächstes Jahr in den Bundestag will. Der kann doch noch nicht mal Bezirksversammlung«, tobt er weiter.

»In seiner Firma läuft es richtig schlecht für ihn. Er hat einen Riesenfehler gemacht und steht kurz vor dem Rausschmiss. Ich kenne zufällig eine Kollegin von ihm. Das weiß er aber nicht. Sag es ihm nicht, die Quelle ist zu wertvoll«, steigert er seine Angriffe auf den gemeinsamen Parteifreund.

Jetzt wird es schmutzig. Und so geht es noch eine ganze Zeit lang weiter.

»Ist die Kollegin denn glaubwürdig? Mir hat Herr Müller gerade erzählt, dass er echt happy in seinem Job ist«, werfe ich ein.

»Ich glaube auch gar nicht, dass Herr Müller in den Bundestag will. Er hat kleine Kinder und genießt es, viel Zeit mit ihnen zu verbringen.«

Ich dringe nicht durch damit. Er hört mir gar nicht zu. Das Gezeter und Geläster geht einfach weiter. Dann verabschiedet sich mein Gesprächspartner ziemlich abrupt und legt auf.

Ratlos und angewidert denke ich über das nach, was soeben geschehen ist. Mir dämmert, was mit dem Ausspruch »Gegner,

Feind, Parteifreund« gemeint ist. Und dabei bin ich zu den wirklich harten und fiesen Auseinandersetzungen noch nicht mal durchgedrungen.

Ich frage mich, warum der Abgeordnete die viele Energie, die er in diese Anrufe investiert, nicht einfach in die Ausübung seines Mandates steckt. Es wäre für ihn besser, für die Partei, es würde unser Land weiter nach vorn bringen. Doch offenbar traut er seinen eigenen diesbezüglichen Fähigkeiten nicht, er nimmt einen anderen Weg. Nach dem Motto: Wenn mein eigenes Licht schon nicht hell genug strahlt, dann sorge ich dafür, dass das Licht des anderen schwächer wird.

Aber da ist noch eine andere Emotion, so ehrlich muss ich sein. Am Anfang gab mir das Angerufenwerden ein Gefühl der Bedeutung. Es hat mir geschmeichelt. Warum sollte ein gestandener Politiker seine Zeit damit verschwenden, mich für sich einnehmen zu wollen, wenn ich keine Rolle spielte? Wenn ihm oder ihr nicht wichtig war, wie ich dachte oder handelte?

Es hat nicht lange gedauert, bis mir klar wurde, dass ich falsch lag. Im Prinzip kann jeder, der sich in einer Partei engagiert, sehr schnell einen gewissen Einfluss nehmen. Was im Job-Umfeld und in anderen Kontexten oft mühsam ist und viel Zeit braucht, geht in Parteien mitunter ganz schnell. Als Delegierte für den Parteitag, wo Vorstände und andere Funktionen gewählt werden, oder als Vertreterin für die Wahlversammlungen, die für die Aufstellung von Kandidaten für Bürgerschafts- oder Bundestagswahlen zuständig sind, habe ich durch die Stimme per se einen Einfluss. Und damit bin ich fast automatisch Objekt des Interesses von Menschen, die mich beeinflussen wollen.

Meine ersten Jahre in der FDP vergehen damit, mich zu orientieren, die anderen Mitglieder kennenzulernen, die Strukturen zu verstehen und die mehr oder weniger subtilen Mechanismen von Macht und Einflussnahmen zu durchschauen. Und mich von der versuchten Beeinflussung zu emanzipieren. Das gelingt im Wesentlichen.

Die Lästeranrufe lassen nach. Ich habe mich so deutlich von den Treibern dieser Art von »Karriereplanung« distanziert, auch öffentlich, dass ich nicht mehr angerufen werde. Ich stehe nicht mehr auf der Liste derjenigen, bei denen es sich lohnt, Zeit und Mühe zu investieren. Das macht mich wiederum zum Gegenstand solcher Telefonate, die ich nun nicht mehr führe, unter den Parteifreunden, die das noch immer tun. Es ist mir egal. Ich habe einen anderen Weg für mich gefunden und mache es so, wie ich es mir vorgenommen habe. Aber auch das ist für mich kein leichter Weg, ganz im Gegenteil.

Eine schwierige Situation ergibt sich für mich in den Wochen vor der Aufstellung für die Bürgerschaftswahl 2015. Es ist das Frühjahr 2014, für Anfang Juli ist die Listenaufstellung angesetzt. Noch habe ich nicht erklärt, dass ich mich wieder als Spitzenkandidatin bewerben werde. Noch zögere ich. Nach der verlorenen Bundestagswahl 2013 sind auch zwei frühere Hamburger Bundestagsabgeordnete ohne politisches Amt. Die beiden und ich, wir gelten seit Langem als verfeindet. Nun haben sie erklärt, für die Bürgerschaft kandidieren zu wollen. Für mich ist glasklar: Eine Zusammenarbeit mit ihnen, einzeln oder im Doppelpack, ist für mich aufgrund unserer Historie absolut unvorstellbar. Eher verzichte ich auf meine Kandidatur, als mir mit ihnen das Leben zur Hölle zu machen. Doch viel lieber möchte ich weitermachen – mit einem guten Team.

Denn es gibt so viel zu tun. Die Freien Demokraten sind in einer existenzbedrohenden Lage. Im September 2013 sind wir aus dem Deutschen Bundestag geflogen. Mit 4,8 Prozent der Zweitstimmen sind wir an der Fünfprozenthürde gescheitert. 90 Bundestagsabgeordnete haben ihre Mandate, rund 600 Mitarbeiter ihre Jobs verloren. Abgesehen von den persönlichen Schicksalen, die sich oftmals dahinter verbergen, ist das ein gewaltiger Verlust – an Know-how, Wissen und Erfahrung –, erst recht für eine eher kleinere Partei. Von einem Tag auf den anderen fehlen uns

Hunderte, die sich hauptberuflich und damit viel intensiver als unsere ehrenamtlichen Parteimitglieder um die politische Arbeit kümmern können.

Schmerzlich fehlt auch die mediale Präsenz, die eine Bundestagsfraktion herstellen kann. Wer als Partei im Deutschen Bundestag keine Stimme hat, dem fehlt die Relevanz im politischen Diskurs. Es ist nicht so, dass wir ab jetzt still sind und uns nicht mehr mit Stellungnahmen und Positionen zu Wort melden würden. Aber der Platz in den Zeitungen und Fernsehsendungen ist begrenzt. Diejenigen mit der kleinsten Relevanz sind die ersten, die herausgestrichen oder gar nicht eingeladen werden. Das trifft uns hart. Ohne Zeitungsartikel, TV-Beiträge oder Onlinestücke, in denen unsere Abgeordneten zitiert werden oder die über ihr bundespolitisches Wirken berichten, können potenzielle Wähler nur schwer erreicht werden. Das wirkt umso schwerer in einer Zeit, wo wir noch viel mehr Aufmerksamkeit bei den Menschen brauchen als normalerweise. Wir müssen jetzt ja nicht nur das politische Geschehen kommentieren und eigene Konzepte und Ideen zur Diskussion stellen. Das allein ist jeden Tag aufs Neue ein Kampf. Nun müssen wir obendrein ein völlig verkorkstes Verliererimage abstreifen und durch ein positives Image ersetzen. Ohne Bundestagsfraktion ist das eine Mammutaufgabe. Im Frühjahr 2014 ist völlig offen, ob sie gelingen wird, ob wir bei der nächsten Bundestagswahl 2017 den Sprung zurück ins Parlament schaffen werden.

Die Abgeordneten in den Landesparlamenten sind nun stark gefordert. Sie sind diejenigen, die das Wegfallen der öffentlichen Wahrnehmung der Bundestagsfraktion und ihrer Abgeordneten so gut es geht kompensieren müssen. Fundamental wichtig werden Wahlen in den Ländern, auf dem Weg zurück in den Bundestag wird es auf jede dieser Wahlen ankommen. Denn in Wahlkampfzeiten öffnen sich kurze Zeitfenster, in denen vermehrt über Politik berichtet und geschrieben wird, bei gleichzeitig stärkerem Interesse der Menschen an Politik. Das müssen wir optimal ausnutzen. Für die Bürgerschaftswahl 2015 in Hamburg gilt das sogar ganz besonders. Denn das Jahr 2014 brauchten wir als neu gewählte Parteiführung mit dem neuen Vorsitzenden Christian Lindner zunächst für die interne und dann programmatische Neuaufstellung und hatten noch nicht die volle Kampagnenstärke. Das zeigt sich 2014 auch an den für uns enttäuschenden Landtagswahlergebnissen in Sachsen, Thüringen und Brandenburg sowie bei der Europawahl.

In Hamburg haben wir im Februar 2015 gute Chancen, das Blatt zu wenden. Nicht nur für den Hamburger Landesverband. Auch für die Bundespartei kann sich in Hamburg eine Trendwende ergeben. Wir haben die Chance, endlich wieder zu zeigen, dass wir Wahlen gewinnen können. Denn wir sind hier in Hamburg bereits mit einer starken Fraktion im Parlament vertreten. Und selbst der politische Gegner attestiert uns, dass unsere neun Abgeordneten dort einen guten Job machen. Sollte ich wieder als Spitzenkandidatin antreten, hätte ich den Vorteil, in der Stadt bereits bekannt zu sein und den Ruf zu haben, einen Wahlkampf auch aus einer schwierigen Ausgangslage heraus erfolgreich zu führen. Und eine schwierige Ausgangslage, die besteht ohne Bundestagsfraktion definitiv.

Außerdem ahne ich, dass wir ab Herbst eine andere politische Lage haben werden, von der die FDP profitieren kann. Im Herbst wird die Bundestagswahl ein Jahr her sein. Und die Große Koalition wird Risse bekommen. Auch manche derjenigen, die 2013 der FDP keine Träne hinterhergeweint haben, werden spüren, dass in Regierung und Parlament eine Kraft der wirtschaftlichen Vernunft und der gesellschaftlichen Modernität fehlt, die Freiheit, Verantwortung und Selbstbestimmung zur Richtschnur ihres politischen Handelns macht. Deshalb möchte ich jetzt nicht aufgeben, nicht an diesem Punkt. Es geht um zu viel. Und ich weiß, dass ich einen wertvollen Beitrag leisten kann.

Ich stehe also vor einem Dilemma. Ich will weitermachen, will einen Beitrag leisten, weiß, dass ich gebraucht werde. Auf der anderen Seite ist mir klar, dass die gute und kollegiale Zusammenarbeit in der Fraktion ein Ende haben wird, wenn die beiden ehemaligen Abgeordneten Teil davon wären. Schon im Wahlkampf hätten wir alle Mühe, das mühsam aufgebaute, noch fragile positive Image der Hamburger FDP zu halten. Hinzu kommt, dass mein persönliches Verhältnis zu den beiden durch viele Ereignisse in der Vergangenheit derart zerrüttet ist, dass ich nicht mehr bereit bin, mir eine weitere Zusammenarbeit anzutun. Und obwohl ich eine klare Haltung ihnen gegenüber habe (das gilt umgekehrt genauso), will ich dennoch auf gar keinen Fall eine Schlammschlacht mit ihnen. Das würde uns alle beschädigen. Und ich habe einfach keine Lust dazu.

Ich denke meine Optionen durch. Und entscheide mich dann für das, was am nächsten liegt, wenn man sich vorgenommen hat, mit offenem Visier zu kämpfen. Ich kommuniziere offen und transparent. Im Anschluss an einen Landesparteitag im April 2014 rufe ich die Bezirksvorsitzenden zusammen. Als wichtige Führungsebene innerhalb des Landesverbandes sollen sie meine Entscheidung zuerst erfahren, und zwar von mir selbst. Wir treffen uns in einem Raum, etwas abseits vom großen Saal, in dem der Parteitag gerade stattgefunden hat. Ich erkläre ihnen, dass ich gern bereit bin, erneut auf Platz eins der Liste zu kandidieren. Das haben eigentlich alle erwartet. Aber dann schockiere ich meine Parteifreunde, indem ich eine erneute Spitzenkandidatur an eine Bedingung knüpfe. Ich werde nicht für eine Bürgerschaftsliste zur Verfügung stehen, auf der auch die beiden Parteifreunde einen Platz finden. Ich lasse meiner Partei damit die Wahl: sie oder ich.

Die Nachricht verbreitet sich schnell in der Partei. Der Aufschrei ist erwartungsgemäß groß. Ich kann das sogar gut nachvollziehen. Viele haben mit dieser Ansage nicht mehr das Gefühl, eine Wahl zwischen verschiedenen Kandidaten zu haben. Kaum jemand will mich auf Platz eins der Liste verhindern. Selbst meine internen Widersacher wissen, dass unsere Chancen auf einen erneuten Einzug in die Bürgerschaft damit massiv sinken würden. Aber es ist eigentlich ein No-Go, dass jemand derartige Bedingungen an seine Kandidatur knüpft. Auch Parteifreunde, die die beiden genauso vehement ablehnen, möchten sich von mir nicht vorschreiben lassen, wen sie auf eine Liste wählen dürfen und wen nicht. Sie fühlen sich erpresst.

Reaktionen kommen auch aus Berlin. Dort werden die Entwicklungen im Hamburger Landesverband sehr genau registriert. Eine eindringliche Warnung gibt mir Hermann Otto Solms. Ein sehr erfahrener Politiker, den ich ausgesprochen schätze. Er saß bereits bis 2013 33 Jahre im Bundestag, war Fraktionsvorsitzender und Bundestagsvizepräsident. Er erkennt den Sprengstoff, der in meinem Vorgehen liegt. Die Gefahr, die ein auf offener Bühne ausgetragener Machtkampf letztendlich auch für mich darstellen könnte. Die Beschädigung, die für mich entstehen würde, auch wenn ich am Ende als Siegerin aus dieser Auseinandersetzung hervorgehen würde. Die negativen Auswirkungen, die das auf den Wahlkampf und damit unsere Chancen haben würde. Während einer Präsidiumssitzung nimmt er mich zur Seite.

»Frau Suding, das können Sie so nicht machen. Da müssen Sie echt aufpassen«, raunt er mir besorgt zu. »Diese Ansage wird öffentlich werden und Sie beschädigen. Wir brauchen Sie aber, ohne Blessuren.«

»Ich weiß, dass ich ein Risiko eingehe«, antworte ich.

»Aber ich habe es mir gut überlegt, es ist gut kalkuliert. Wenn ich nichts unternehme, werden die beiden kandidieren und aller Voraussicht nach aufgestellt. Aber dann wäre ich raus, ich würde mir das nicht antun. Und unser Wiedereinzug in die Bürgerschaft wäre in Gefahr. Das ist doch das viel größere Risiko für uns«, entgegne ich ihm.

»Oh je, ich bin nicht sicher, ob Sie sich das nicht zu leicht vorstellen.«

Dennoch weiß ich, dass Herr Solms mit seiner Mahnung Recht hat, und ich nehme seine Worte sehr ernst. Aber ich weiß auch, dass es für mich keinen anderen Weg gibt. Und ich fühle mich in diesen Tagen sicher und stark genug, um den Gefahren zu trotzen.

Ich bleibe also bei meiner Linie. Führe viele Gespräche mit Parteifreunden, beantworte Fragen nach meinen Motiven. Erkläre ruhig und geduldig, dass die freie Wahlentscheidung aller Parteifreunde selbstverständlich unberührt bleibt. Ich verbiete niemandem, die beiden zu wählen. Das könnte ich ja auch gar nicht. Sage nur klipp und klar, was die Konsequenzen für mich wären. Dass ich eben nicht zur Verfügung stehe, wenn die Partei sich entscheidet, diese beiden als Kandidaten aufzustellen. Ich weise immer wieder darauf hin, dass ich es für legitim halte zu definieren, unter welchen Bedingungen ich bereit für eine erneute Kandidatur bin. Dass es eine sehr persönliche Entscheidung ist, die nicht jedem gefallen muss, die aber zu respektieren ist. Viele meiner Parteifreunde überzeuge ich damit, andere nicht. Es spielt für mich keine Rolle.

Ich konzentriere mich weiter auf meine Arbeit als Abgeordnete und lasse jeden Angriff, den die beiden auf mich starten, ins Leere laufen. Ich habe überhaupt kein Interesse an einem Streit mit ihnen. Ich ignoriere sie einfach. Parallel laufen die Gespräche mit den Vorsitzenden der Bezirke weiter. Wir haben uns vorgenommen, eine Liste vorzuschlagen, die die Interessen der Kandidierenden, der einzelnen Bezirke und der wahlberechtigten Mitglieder mit den Anforderungen verbindet, die sich an die Zusammensetzung einer gut und erfolgreich arbeitenden Fraktion ergeben.

Das gelingt. An einem Sonntag Anfang Juli 2014 stellt eine Vertreterversammlung die Liste für die Bürgerschaftswahl 2015 auf. Es ist eine starke Liste, aus der nach der Wahl eine starke Fraktion hervorgehen wird. Die beiden ehemaligen Abgeordneten verzichten auf ihre Kandidatur. Ich spüre die Erleichterung bei vielen, die lange auf eine solche Gelegenheit gewartet haben. Ich habe mit einem ungewöhnlichen und riskanten Manöver geschafft, was viele andere vor mir nicht geschafft haben. Ich schaffe es, weil ich meine volle Autorität einsetze, die ich vor allem über den Wahlerfolg 2011 und die positiv wahrgenommene Arbeit der Bürgerschaftsfraktion gewonnen habe. Anders wäre es nicht gelungen. Man hätte mir dieses innerparteiliche Foulspiel sonst niemals durchgehen lassen.

Ich habe erreicht, was ich wollte. Und natürlich bin ich erleichtert und froh darüber und weiß, dass es richtig ist im Sinne eines Wahlerfolges, der wiederum die Grundlage dafür ist, dass wir unsere Arbeit in der Bürgerschaft fortsetzen können. Und damit überhaupt erst unsere politischen Ziele erreichen können. Die politische Vernichtung des innerparteilichen Gegners, so hart muss man es ausdrücken, was bei dieser Listenaufstellung geschehen ist, dient diesem übergeordneten Ziel. Also war es richtig und ich erfolgreich, eigentlich, versuche ich mir einzureden.

Aber fühlt es sich deswegen gut an? Wie ein Sieg? Ist es tatsächlich ein Erfolg? Nein, das ist es nicht. Ich fühle mich ganz und gar nicht gut damit, mit derart harten Bandagen kämpfen zu müssen. Der Preis, den ich persönlich für diese Machtauseinandersetzung zahle, ist hoch, zu hoch. Sie hat mich viel Kraft gekostet. Ich gewinne mit dem schlussendlichen Sieg an Respekt und Ansehen. Für meine weitere politische Arbeit ist das wichtig. Aber für mich selbst ist es ein Tiefpunkt. Ich habe mich noch weiter von mir selbst entfernt.

Ich bin nicht naiv in die Politik gegangen. Mir war klar, dass es harte Auseinandersetzungen geben würde. Aber habe ich rote Linien überschritten? In einem *Spiegel*-Interview werde ich im September 2021, kurz vor meinem Ausscheiden aus dem Bundestag gefragt, was man mehr braucht in der Politik, Boxen oder Yoga. Meine Antwort: »Beides kann hilfreich sein. Ich bin selbst gespannt, wie ich in ein paar Jahren auf diese Zeit zurückblicke. Für mich war 2011 glasklar: Ich muss jetzt in den Ring steigen. Und dann muss man einstecken können, aber auch austeilen können. Heute möchte ich beides nicht mehr.«

Habe ich also geschafft, was ich mir vorgenommen habe? Kann ich noch in den Spiegel gucken, ohne mich zu schämen? Habe ich mich verbogen? Ich mache mich ehrlich und ziehe eine durchwachsene Bilanz.

Auch ich habe schlecht über Parteifreunde gesprochen. Habe versucht, Delegierte und Vertreter in meinem Sinne und zu meinen Gunsten zu beeinflussen. Nicht immer nur durch mein eigenes positives Wirken, sondern auch durch das Schlechtreden anderer. Auch ich habe mich verbogen für Sympathien und Unterstützung der Parteifreunde, von denen meine politische Karriere abhängig ist. Ich habe, wie bei den Listenaufstellungen 2014, aktiv am Karriereaus von mir besonders unliebsamen Parteifreunden mitgewirkt, ich war sogar die treibende Kraft. Ich habe versucht, die teilweise völlig überzogenen Erwartungen der Parteifreunde an meine Präsenz bei ihren Veranstaltungen zu erfüllen. Habe Einladungen von Familie und guten Freunden ausgeschlagen, weil es irgendwo ein Parteitreffen gab, das ich mich nicht getraut habe abzusagen. Vielleicht würde das ja jemanden so verärgern, dass ich eine Stimme bei der nächsten Wahl nicht mehr bekäme. Und wenn das die alles entscheidende Stimme sei? Dieses Risiko wollte ich oft nicht eingehen.

Und ich habe mich von den Medien instrumentalisieren lassen. Jeder Journalist weiß, wie wichtig Medienpräsenz für Politiker ist. Manche brauchen sie, um das eigene Ego zufriedenzustellen. Jeder aber braucht sie, um mit seinen Wählern zu kommunizieren. Man braucht sie als Arbeitsnachweis, als Argument für die nächste innerparteiliche Wiederwahl. Wer medial präsent ist, ist relevant und wichtig. Hat etwas zu sagen, was für eine Leserschaft interessant ist. Das jedenfalls reden wir Politiker uns ein. Und natürlich ist auch etwas richtig daran, jedenfalls zum Teil. Und weil das so ist, ist das Ringen um mediale Aufmerksamkeit groß. Da werden auch mal Sätze gesagt, die markiger sind, als sie sein müssten oder sollten. Weil sie eine größere Reichweite erzielen. Ich habe mich auch dabei ertappt, dass ich im Umgang mit dem politischen Wettbewerber nicht immer korrekt und fair war, wenn sich dadurch eine Chance auf Aufmerksamkeit ergab.

Im Sommer 2019 brennt erneut ein Thema auf, das Bildungspolitiker schon lange beschäftigt. Wie gehen wir um mit Kindern, die, wenn sie mit sechs Jahren schulpflichtig werden, nicht genügend Deutsch sprechen, um dem Unterricht folgen zu können? Sei es, weil Deutsch nicht ihre Muttersprache ist oder weil es aus anderen Gründen gravierende Sprachdefizite gibt. Carsten Linnemann, wie ich Fraktionsvize im Deutschen Bundestag, allerdings für die CDU/CSU-Fraktion, spricht in einem Interview mit der *Rheinischen Post* davon, dass in solchen Fällen eine Vorschulpflicht und die spätere Einschulung sinnvoll sein könnten. Anders gelinge es nicht, die Defizite im laufenden Unterricht aufzuholen. Erst recht nicht, wenn besonders viele Kinder mit Förderbedarf in einer Grundschulklasse säßen und Lehrkräfte überfordert seien. Die Nachrichtenagentur *dpa* greift diese Forderung in einer Meldung auf, verkürzt sie in ihrer Überschrift aber fälschlicherweise auf ein »Grundschulverbot für Migranten«, das Linnemann gefordert habe. Das hat er allerdings an keiner Stelle. Ein riesiger Shitstorm folgt für ihn dennoch.

Und auch ich habe daran meinen Anteil, was ich noch heute bereue. Die »Tagesschau« fragt als Reaktion auf das vermeintliche Grundschulverbot einen TV-O-Ton bei mir an. Ich sage zu. Und mache einen Fehler. In meinem Statement kritisiere ich das angebliche Grundschulverbot, das es ja gar nicht gibt. Ich habe mich auf die unsachgemäße Zuspitzung der *dpa*, übernommen von der »Tagesschau«, blind verlassen. Das Originalzitat habe ich nicht gelesen.

Ich bezeichne das Grundschulverbot von Carsten Linnemann als »dürftiges Buhlen nach öffentlicher Aufmerksamkeit« und erkläre, »ein Grundschulverbot würde Integrationsbemühungen ad absurdum führen und Parallelgesellschaften geradezu

Vorschub leisten«. Es ist zwar so, dass ich seiner Forderung nach einem verpflichtenden Vorschuljahr oder der Verschiebung der Einschulung, beides hat er tatsächlich und nachweisbar gefordert, nicht zustimmen kann, was ich in meinem Statement deutlich mache. Ich sehe es als politisches Versäumnis, wenn Kinder mit Migrationshintergrund, die schon länger in Deutschland leben, bei der Einschulung kein Deutsch können. Ich fordere, mehr Anstrengungen zu unternehmen, damit diese Kinder Kitas besuchen, wo an der Sprachförderung gearbeitet werden kann. Wenn die Kinder aber sechs Jahre werden, dann gehören sie im Regelfall zusammen mit gleichaltrigen Spielkameraden in die Schule. Sie sollen nicht ausbaden müssen, was Landesregierungen nicht geschafft haben. Deshalb darf der Ansatz aus meiner Sicht nicht eine spätere Einschulung sein, wie es Linnemann vorschlägt, sondern es braucht eine bessere Förderung und personelle Ausstattung von Kitas, damit sich die Betreuer individuell um den Spracherwerb von Kindern kümmern können.

Hätte ich genauer recherchiert, hätte ich Carsten Linnemann aber in Schutz nehmen müssen vor den unangemessenen Zuspitzungen seiner Interviewaussagen. Stattdessen habe ich ungeprüft »draufgehauen« und freue mich über die Reichweite der »Tagesschau«. Bis er mir wenige Stunden später schreibt, aus dem Urlaub. Er fragt mich, warum ich ihn bewusst falsch verstehen wolle. Warum ich ihn denn nicht in der Sache kritisiert hätte. Letzteres hatte ich zwar getan, Ersteres allerdings durch meine Nachlässigkeit auch.

Und auch wenn ich im Rückblick immer noch sagen muss, dass mich der inhaltliche Dissens hier angetrieben hat, es ging mir sehr an die Nieren, dass ich mich von den Schlagzeilen der Medien habe instrumentalisieren lassen und nicht besser selbst recherchiert habe. Und damit mitverantwortlich dafür war, ihm diese negativen Schlagzeilen zu liefern. Und damit auch noch ihm den sicher dringend benötigten Urlaub zu versauen. Ich weiß ja selbst, wie es sich anfühlt, wenn gerade in einer Zeit, die für Ruhe und Erholung gedacht ist, eine solche Bombe platzt. An Entspannung ist dann erst mal nicht zu denken. Stattdessen Stress pur. Ich fühle mich schlecht und beschließe für mich selbst, es in Zukunft anders zu machen, nicht mehr Teil eines solchen Systems zu sein. Es ist mir zutiefst zuwider. Ich stelle für mich fest: Wenn das der Preis für Reichweite und für den politischen Erfolg ist, dann bin ich nicht bereit, ihn zu zahlen.

Bis zu einem gewissen Grad ist es sicher an manchen Stellen unvermeidlich und auch in Ordnung, gegen seine innere Überzeugung zu handeln. Doch wie weit darf man gehen? Wo genau verläuft die Grenze zwischen dem, was noch akzeptabel ist, und dem, was es nicht mehr ist? Für mich ist es ein ewiges Suchen nach der richtigen Antwort auf diese Frage. Klar ist, diese rote Linie kann nur jeder für sich selbst definieren. Was die eine ruhig schlafen lässt, bringt den anderen um den Verstand. Meine Maßstäbe haben sich im Laufe der Jahre verändert. Zu Beginn war ich heiß und hungrig auf den Erfolg, auf die Karriere. Ich hatte eine politische Agenda, für die ich kämpfen wollte. Klare Vorstellungen davon, wie es in unserem Land aussehen sollte. Dafür war ich auch mal bereit, meine Vorsätze über Bord zu werfen. Bis immer deutlicher wurde, welchen Preis ich dafür zahle. Bis immer klarer wurde, dass der Gegenwert für diesen hohen Preis immer niedriger wurde, bis er schließlich unter eine für mich akzeptable Schwelle sinkt.

Und trotzdem bin ich zunächst wirklich gut darin, diese Erkenntnis zu verdrängen. Es ist doch viel bequemer, einfach so weiterzumachen wie bisher. Auszukosten, dass ich durch viel Arbeit, Mühe und Verzicht Stück für Stück auf der politischen Karriereleiter nach oben geklettert bin. Endlich den politischen Gestaltungsspielraum zu nutzen, der sich in meiner Position nun bietet. Keine Risiken einzugehen, die ein Ende meiner beruflichen Karriere und einen Neuanfang mit Mitte 40 mit sich bringen würden. Und wer konnte schon sicher vorhersagen, ob ich nicht vom Regen in die Traufe kam?

Doch je stärker die Widersprüche zutage treten, desto geringer scheinen mir die Risiken, weil gleichzeitig die Sehnsucht nach einem inneren Frieden immer größer wird. Am Ende treffe ich mit meinem Ausstieg eine radikale Entscheidung zugunsten dieses Seelenfriedens. Habe den Mut, infrage zu stellen, dass ich das Leben will, das ich mir mühsam aufgebaut habe. Höre auf meine innere Stimme und finde heraus, was ich wirklich will. Wie ich leben will. Und dazu gehören definitiv keine Kämpfe um Listenplätze, Wählerstimmen und mediale Aufmerksamkeit. Kämpfe, die sich nicht immer so anständig führen lassen, wie ich es in einer idealen Welt gerne hätte. Die aber gibt es nicht im politischen Geschäft. Ich sehe auch keine Chance für mich, eine solche Welt kurz- oder mittelfristig zu schaffen. Vielleicht wird es nie wirklich gelingen. Wenn ich also die Regeln, nach denen in der Politik gespielt wird, nicht verändern kann, dann bleibt mir nichts anderes übrig als mich selbst zu verändern. Aber nicht in dem Sinne, meine inneren Überzeugungen über Bord zu werfen, damit ich dort weiter gut existieren kann. Für mich bedeutet es den Ausstieg.

Damit entscheide ich mich für meine innere Unabhängigkeit. Für mein Seelenheil und mein Wohlbefinden. Auch entscheide ich mich für die Freiheit, künftig selbst zu bestimmen, mit welchen Menschen ich zusammenarbeiten möchte. Wie, wo und mit wem ich meine Zeit verbringen will. Meine Selbstbestimmung wiederzubekommen. Ich empfinde das als den größten Luxus.

Aber darf ich das? Ist das nicht egoistisch und rücksichtslos? Lasse ich meine Wähler im Stich, meine Parteifreunde, die mich unterstützt und Hoffnungen imin mich gesetzt haben? Verabschiede ich mich mit dieser Entscheidung auch davon, politisch etwas zu bewegen? Die Welt ein Stückchen besser zu machen? Obwohl ich es gekonnt hätte? Ich stelle mir diese Fragen. Noch sind sie nicht komplett beantwortet.

Aber ich habe eine Ahnung, dass aus dem freiwilligen Rückzug und dem Nachgeben gegenüber dem empfundenen Druck eine starke Kraft erwächst. Blockaden und Verkantungen lösen sich. Meine Lebensenergie kann wieder frei und ungehindert fließen. Ich komme wieder in einen Flow. Und schaffe so erst die Voraussetzung dafür, in dieser Welt positiv wirken zu können. Nicht mehr als gewählte Abgeordnete. Doch es gibt so viele andere Wege. Ich werde meinen Weg finden, da bin ich sicher. Ohne mich selbst zu zerstören, mit viel mehr Power. Und glücklicher. Ich darf das. Ich muss es sogar.

## KAPITEL 12

# TALFAHRT

Im August 2012 gebe ich die Trennung von meinen Mann Christian bekannt und ziehe aus dem gemeinsamen Reihenhaus in Rissen aus. Die Kinder bleiben bei ihm. Wie so viele andere, die sich trennen, habe ich mir einen solchen Schritt nicht vorstellen können – ich doch nicht. Jetzt mache ich ihn doch. Es fühlt sich an wie eine schlimme Niederlage und doch ist es mit der Hoffnung verknüpft, nochmal alles anders und besser zu machen. Ich suche mir eine neue Wohnung, die nicht zu weit von den Kindern entfernt ist, und beginne, mein neues Leben als berufstätiger Single und Getrennterziehende mit zwei Kindern zu organisieren.

Wilde und turbulente Jahre folgen. Es sind Jahre, in denen meine politische Karriere Fahrt aufnimmt, ich schwierige Wahlen gewinne und in der Partei aufsteige. Ich bin viel unterwegs, lerne spannende Menschen kennen, auf den Fotos strahle ich in die Kamera. Von außen betrachtet, führe ich ein privilegiertes Leben. Und das stimmt natürlich auch. Doch in mir sieht es anders aus. Das strahlende Lächeln ist den Kameras und den öffentlichen Auftritten vorbehalten. Bin ich allein mit mir, sinke ich oft in mich zusammen. Während der äußere Erfolg zu mir kommt, inmitten all des Glamours, werde ich immer unglücklicher. Zunächst kann ich das, was mir in meinem Inneren fehlt, durch das Außen kompensieren. »Man kann eben nicht alles haben«, sage ich mir.

Doch ich zahle einen hohen Preis. Ich verliere die Orientierung, habe keinen Halt mehr. Der Kontakt zu mir selbst reißt ab, ich kenne meinen Maßstab nicht mehr: Was ist gut? Was ist richtig? Was will ich in meinem Leben, was will ich nicht? Welche Pflichten muss ich erfüllen, wann darf ich an mich denken? Darf ich das überhaupt? Darf ich unglücklich sein als vom Volk gewählte Abgeordnete? Bei so viel Erfolg im Job? So viele Fragen. Um sie zu beantworten, schaue ich nicht auf mich, sondern auf andere. Ich suche den Maßstab nicht in mir selbst, suche nicht an dem einzigen Ort, wo er zu finden sein kann. Ich suche ihn im Außen. Vergleiche mich mit anderen. Und da gibt es natürlich immer jemanden, der besser ist als ich. Der besser reden kann, die schlaueren Fragen stellt, noch mehr Stunden arbeitet, trotzdem leistungsfähig ist, in der Presse präsenter ist, mehr Geld verdient, schöner aussieht, mehr Freunde und Freude hat, glücklicher ist und so weiter.

Diese Suche nach dem Maßstab für mein inneres Wohlbefinden im Außen ist natürlich zum Scheitern verurteilt. Ohne Verbindung zu mir selbst bin ich gefangen in endlosen Schleifen aus Gedanken, Sorgen und Ängsten. Die mich immer weiter von mir wegtreiben. Mein Verstand kommt nicht mehr zur Ruhe, er ist in Aufruhr und aufgeschreckt durch das, was um mich herum passiert. In meinen Gedanken entstehen daraus Monster. Wie ein Korken im Wasser wird mein Gemütszustand von oberflächlichen Ereignissen hin- und hergeworfen. Es gibt keinen Anker, der mich in Position hält. Alles, was im Außen geschieht, und sei es noch so banal und oberflächlich, kann mich beeinflussen. Wenn ich ein Thema medial gut platzieren kann, eine besonders gelungene Rede halte oder eine innerparteiliche Abstimmung zu meinen Gunsten entscheiden kann, dann fühle ich mich gut und kraftvoll. Wenn in der Presse aber weniger gut über mich geschrieben wird, ich eine Abstimmungsniederlage kassiere oder ein Auftritt danebengeht, dann bin ich niedergeschlagen und fühle mich elend. Ich habe zugelassen, dass ich meinen Frieden und mein Glück in einer materiellen, kalten Welt suche. Ohne meinen Irrtum zu bemerken, verwechsle ich diese äußere Welt tatsächlich mit meinem Leben. Und so schwanke ich zwischen himmelhoch jauchzend, wenn gerade etwas gelingt, und zu Tode betrübt, wenn etwas schiefgeht. Ich kann meine Launenhaftigkeit kaum ertragen.

Damals bin ich in einer Phase, in der ich mich schlecht und orientierungslos fühle. Meine Ehe ist gescheitert, ich schlage mich fast täglich mit sogenannten Parteifreunden herum, die mich unbedingt scheitern sehen wollen. Ich arbeite viel zu viel, mein Bankkonto ist trotzdem nicht gut gefüllt. Meine sehr wenige Freizeit widme ich fast ausschließlich meinen Jungs, ich habe Angst, sie in dieser für sie schwierigen Phase zu verlieren. Zwischen dem schönen und erfolgreichen Leben, das ich von außen betrachtet und in den Augen vieler führe, und dem Unglück, das ich selbst erlebe, liegen Welten. Dass es kaum jemanden gibt, mit dem ich darüber reden kann, macht es noch schlimmer. Denn wer sollte schon verstehen, warum ich nicht einfach glücklich und zufrieden sein kann mit all den schönen Dingen, die in meinem Leben doch geschehen? Ich fühle mich schuldig, dass ich nicht einfach demütig annehmen kann, was mir das Leben anbietet. Ich habe doch eigentlich alles, was man heutzutage zum Glücklichsein braucht: eine steile Karriere, Anerkennung, Freunde, gesunde Kinder. Doch das scheint mir nicht zu reichen. Ich fühle mich undankbar. Und entwurzelt.

Wenn ich heute über diese Zeiten spreche, darüber, wie unglücklich ich war, wie sehr äußerlicher Erfolg und empfundene Zufriedenheit voneinander entfernt waren, wenn ich mich daran erinnere, wie wenige Menschen es in meinem Leben gab, die mich als Menschen wirklich kannten und mochten, dann spüre ich wieder meine damalige Einsamkeit. Natürlich ist es so, dass es um mich herum viele Menschen gibt, Menschen, die mich eher aus der Ferne betrachten, und die mich mögen oder sogar begehren. So ist es auch mit vielen, die mir nie oder nur oberflächlich persönlich begegnet sind. Überwiegend komme ich gut an. Längst nicht bei allen, das ist klar. Doch die Zuneigung für mich reicht weit über den Kreis der FDP-Wähler und ihrer Sympathisanten hinaus. Die Menschen aber, die mir wirklich nahekommen, spüren, dass ich meine Mitte verlassen habe, verloren bin, nicht bei und mit mir. Das macht bekanntlich unattraktiv.

In dieser Zeit bin ich in einem Teufelskreis gefangen. Ich fühle mich wertlos und hässlich. Also verhalte ich mich mehr oder weniger unbewusst so, dass ich diesem Bild auch tatsächlich entspreche. Und das funktioniert ganz gut. Mit der Folge, dass ich mich noch mieser, noch scheußlicher fühle. Und mein Selbstwertgefühl inmitten der schillernden und scheinbar so glitzernden Politikwelt immer weiter schwindet. Wenn ich mir heute die vielen Fotos aus der Zeit damals anschaue, schaudert es mich. Man sieht mich auf den unterschiedlichsten Veranstaltungen, neben prominenten Persönlichkeiten, im Abendkleid, feiernd. Und immer strahlend. Wer sich diese Bilder anschaut, kann den Eindruck bekommen, dass mein Leben damals eine einzige große Party war. Was für ein Kontrast zu dem, wie ich mich wirklich fühlte, wie es wirklich in mir aussah.

Nach der Trennung von Christian ist es erst mal okay für mich, allein zu sein. Mein restliches Leben aber möchte ich nicht als Single verbringen, so viel weiß ich ganz sicher. Ich gehöre nicht zu den Menschen, die allein genauso glücklich oder noch glücklicher sind als in einer Beziehung. Mein Leben habe ich mir immer mit einer glücklichen und erfüllten Partnerschaft vorgestellt. Ich bin zwar nicht aktiv auf der Suche nach einem neuen Partner. Die vielen Datingplattformen kommen für mich nicht infrage. Das bekäme ja jeder mit und wäre für manche Medien sicher ein gefundenes Fressen. Zu groß wäre meine Sorge, dass meine Partnersuche in der Öffentlichkeit stattfände. Aber ich halte in gewisser Weise Ausschau. Ich treffe so viele Menschen, fast jeden Tag ist jemand Neues dabei. Da wird es sicher nur eine Frage der Zeit sein, bis jemand dabei ist, an dem ich ernsthaft interessiert bin und umgekehrt, denke ich.

Ich bin auf der After-Show-Party einer Preisverleihung in Hamburg. Die Show fand ich schon mal richtig gut, jetzt freue ich mich auf einen lustigen Abend. Ich bin ohne Begleitung dort, wie oft. Anders als auf den Veranstaltungen, zu denen ich normalerweise gehe, kenne ich hier nicht schon fast jeden. Hier sind keine Politiker oder Wirtschaftsvertreter, hier sind vor allem Musiker und alle, die mit ihnen zu tun haben. Es sind nur einige wenige da, denen ich zuvor schon begegnet bin, mit denen ich unverfänglich ein Gespräch beginnen kann. »Das könnte spannend werden hier«, sage ich mir, »oder aber echt anstrengend.« Einen kurzen Augenblick denke ich darüber nach, jetzt einfach zu verschwinden. Bevor es schwierig wird. »Nein«, beschließe ich, »ich werde dem Abend eine Chance geben.«

Ich gehe an die Theke, bestelle einen Gin Tonic und unterhalte mich kurz mit einem Bekannten, der neben mir wartet. Er verabschiedet sich, als er seine Drinks in den Händen hält, und verschwindet in der Menge. Ich bleibe allein zurück. Und fühle mich unwohl. Wie das unscheinbare Mädchen, das in der Tanzstunde übriggeblieben ist. Suchend blicke ich in die Menge. Ich schaue in die Gesichter der anderen Gäste, an manchen bleibt mein Blick hängen. Ich bemerke, wie sie mich aus sicherer Entfernung beobachten. Sie tun so, als seien sie ganz in ihr Gespräch vertieft. Aber sie schauen immer wieder zu mir hinüber. Unauffällig, ich bemerke es trotzdem. Sie würden mich gerne kennenlernen. Doch eine unsichtbare Wand scheint sie daran zu hindern, zu mir zu kommen, mich anzusprechen. Warum machen die das? Was stimmt nicht mit mir? Das kenne ich so nicht, das war früher anders. Ich fühle mich isoliert und sonderbar. Wie schön wäre es jetzt, mittendrin zu sein. Mich wie alle anderen ganz entspannt durch die Menge treiben zu lassen, hier und da ein lockeres Gespräch zu führen, Spaß zu haben und einfach den Abend zu genießen. Bei besten Bedingungen: Die Musik ist großartig, es wird wild getanzt, die Stimmung ist toll. Ich aber verspanne mich, bin unsicher und verstecke das hinter einer kühlen, abweisenden Fassade. Ich laufe ein wenig umher, führe noch ein paar kurze Unterhaltungen, werde dem einen oder anderen vorgestellt. Aber es macht mir nicht so richtig Spaß. Ich kann nicht mehr fröhlich sein. Frustriert und traurig verlasse ich sehr bald die Feier, weil ich weiß, dass ich an diesem Abend keine Freude mehr haben werde. Das wäre mir noch vor wenigen Jahren niemals passiert. Ich hätte gefeiert, getanzt und jede Menge Spaß gehabt. Was ist bloß aus mir geworden?

Ich will mein Leben mit jemandem teilen. Will auch mal schwach sein dürfen und mich an eine starke Schulter anlehnen. Doch da ist niemand weit und breit. Natürlich gibt es auch Männer, die sich sofort auf mich stürzen, wenn sie mir begegnen. Die mich in lange Gespräche verwickeln und mich den ganzen Abend am liebsten nicht wieder loslassen wollen. Die mir deutlich zeigen, dass sie mehr wollen. Mehr als einmal stürze ich mich in schnelle Abenteuer, von denen ich eigentlich schon vorher weiß, dass sie zu nichts Gutem führen werden. Sie geben mir einen kurzfristigen Kick, füllen für ein paar Tage oder Wochen die Leere in meinem Leben. Um danach einen umso größeren leeren Krater zu hinterlassen. Ein riesengroßes Loch, in das alles zu verschwinden droht.

Ich brauche Rat. Und spreche mit ein paar männlichen Freunden, die ich teilweise seit Jahrzehnten gut kenne. Ihnen kann ich vertrauen und sie kennen sich aus, vermute ich. Ich schildere meine Erlebnisse und möchte wissen, was ich falsch mache. Ihre Einschätzungen sind niederschmetternd.

»Du bist für viele Männer eine zu große Herausforderung. Sie haben Angst vor dir«, sagt der eine.

»Die meisten Männer wollen, dass man zu ihnen aufschaut, an deiner Seite fühlen sie sich klein. Das hassen sie. Ich finde dich wirklich toll, aber ich könnte auf keinen Fall mit dir zusammen sein«, bestätigt mir ein anderer, der beruflich sehr erfolgreich ist und in den letzten Jahren mehr Geld verdient hat, als er ausgeben kann.

»Wenn du das schon nicht schaffst, wie soll mich dann jemand aushalten, der weniger erfolgreich ist als du? Also rein wirtschaftlich gesehen? Was ja im Prinzip auf fast jeden zutrifft«, frage ich entgeistert zurück.

»Sie können sich eine kurze Affäre mit dir schon vorstellen, dann haben sie dich als Trophäe. Aber für eine ernsthafte Beziehung kommst du für sie nicht infrage«, sagt er mir mit ernster Miene.

»Okay, ich bin also nicht vermittelbar!?«

Mein Gegenüber sieht mich nur schweigend und ein wenig mitleidig an. Volltreffer. Ich sinke in mich zusammen. Hätte ich das Thema bloß nicht angeschnitten.

Meine Sehnsucht nach Nähe aber ist größer als die Angst vor weiteren Enttäuschungen. Ich kann und will nicht glauben, dass der Preis für meine politische Karriere zwangläufig ein Leben als trauriger Single ist. Es muss einen anderen Weg geben. Und ich bin entschlossen, ihn zu gehen. Nach Jahren des Fahrens in die falsche Richtung korrigiere ich jetzt den Kurs. Denn eigentlich weiß ich genau, dass es nicht Erfolg und Glanz sind, mit denen ich die Männer in die Flucht schlage. Der Schlüssel dazu bin ich. Es ist meine innere Bedürftigkeit, mein Gefühlselend, mit dem ich selbst in den letzten Jahren jeder glücklichen und funktionierenden Partnerschaft im Weg stand. Jeder Versuch, mich besser zu fühlen, weil ein Mensch an meiner Seite steht, muss scheitern. Niemand kann und sollte meine emotionalen Leerstellen auf Dauer stopfen müssen. Eine solche Erwartungshaltung muss jede Beziehung irgendwann überfordern. Wenn ich es nicht schaffe, mir selbst genug zu sein, wenn ich mein Glück von einem anderen Menschen abhängig mache, dann fehlt die Grundlage für ein gesundes und stabiles Miteinander. Und genau da muss und will ich ansetzen.

Natürlich kann ich nicht einfach so den Schalter umlegen und ab jetzt alles anders, alles besser machen. Außerdem liegt vor mir eine Aufgabe, die nicht vorrangig eine glückliche Beziehung zum Ziel hat. Das ist nur ein Nebenaspekt. Es geht um nicht weniger als darum, mich zu heilen. Darum, den Weg zurück zu mir zu finden. Glücklich zu sein. Dafür brauche ich niemand anderen. Ich beginne zu begreifen, dass ich diesen Weg nur allein gehen kann. Lasse den Wunsch nach einem Partner an meiner Seite los. Akzeptiere mein Alleinsein. Ich konzentriere mich stattdessen auf die vielen schönen Dinge im Leben, die völlig unabhängig von Zweisamkeit jeden Tag stattfinden. Genieße meine Freiheit und meinen Frieden.

Denn auch mein mir oft eingemauert erscheinendes Leben hält Freiheiten bereit. Sie werden sogar mehr im Laufe der Zeit, als sich Routinen einspielen und innerparteiliche Konflikte abschwächen. Und meine Kinder werden größer. Wann immer es möglich ist, treffe ich eine Freundin auf ein Glas Wein, setze mich auch mal allein in ein Café, lese gute Bücher, treibe wieder mehr Sport. Ab und zu fahre ich für ein oder zwei Tage in ein Wellnesshotel, mal mit, mal ohne die Kinder. Ich nutze die kleinen Auszeiten, die sich bieten. Ich stelle fest, dass mir doch eigentlich gar nichts fehlt. Ich bin dankbar dafür. Das Gefühl, etwas in meinem Leben zu verpassen, ist jetzt weniger stark. Ich bin noch lange nicht am Ziel. Aber es fühlt sich so an, als wenn die Richtung meines neuen Weges stimmt. Ich folge ihm weiter. Doch er ist noch lang.

## KAPITEL 13

# FEINDSCHAFTEN

Mein desaströses Privatleben hätte ich in diesen Jahren sicher besser wegstecken können, wenn ich zum Ausgleich im Job nur auf verständnisvolle, liebe, nette Kollegen getroffen wäre. Die allermeisten sind auch so. Doch wie ein Tropfen Öl eine ganze Badewanne voll Wasser verunreinigen kann, so reichen sehr wenige Menschen aus, um mir das Leben in der Partei an manchen Tagen zur Hölle zu machen. In meinen ersten Jahren als Hamburger Fraktionsvorsitzende bekomme ich eine Vorstellung davon, wie sehr sich Menschen hassen und untereinander bekriegen können. Ich erlebe tiefste menschliche Abgründe und persönlich bittere Enttäuschungen. Dieses Buch ist keine Abrechnung mit der Politik, meiner Partei oder mit handelnden Personen. Dafür gibt es überhaupt keinen Grund. Ich werde an dieser Stelle aber anreißen, was ich erlebt habe, weil diese Erlebnisse starke Auswirkungen auf mich hatten.

Etwa einmal im Monat trifft sich der Landesvorstand der FDP Hamburg. Unmittelbar davor tagt das Präsidium, ein noch kleineres Gremium, es ist der geschäftsführende Vorstand. Als Vorsitzende der Bürgerschaftsfraktion bin ich qua Amt stimmberechtigtes Mitglied sowohl im Präsidium als auch im Landesvorstand. In den ersten Jahren geht es dort häufig drunter und drüber. Besonders schlimm ist es in den Jahren von 2012 bis 2014. Normalerweise läuft es so ab: Wir beginnen um 19 Uhr mit der Landesvorstandssitzung. Nach der Begrüßung folgt die

Erörterung der politischen Lage mit Aussprache der Teilnehmer. So jedenfalls sieht es die Tagesordnung vor. Dieser Tagesordnungspunkt wird allerdings weniger zur politischen Positionsbestimmung genutzt, sondern entwickelt sich regelmäßig zu einer wütenden Anklage gegen mich. Ich höre mir an, welche Fehler ich mache, wo ich falsch liege und was ich versäume. Die sich anschließende Aussprache findet dann in einer derart aufgeheizten und aggressiven Stimmung statt, dass an ein konzentriertes und ruhiges Arbeiten im weiteren Verlauf der Sitzung nicht mehr zu denken ist. In der ersten Zeit versuche ich noch, meine Sicht der Dinge zu schildern und mich zu verteidigen. Ich gebe es bald auf. In einer Sitzung geht es besonders hoch her. Ich kann mich nicht mehr an die konkreten Vorwürfe erinnern, die dieses Mal im Raum stehen. Meist bleiben sie ohnehin diffus und abstrakt. Einer der Teilnehmer ist wegen meines von ihm vermuteten Fehlverhaltens so sehr in Rage, dass er von seinem Platz aufsteht, mich über den Tisch anschreit und wild mit den Armen in meine Richtung herumfuchtelt. Ich hatte die Sitzung bis hierhin einige Zeit so ruhig und teilnahmslos wie möglich verfolgt. Hatte mich nicht provozieren lassen, mich trotz der vielen haltlosen Vorwürfe zurückgehalten. Auch jetzt bleibe ich äußerlich cool. Doch innerlich bekomme ich es mit der Angst zu tun. Ich fühle mich tatsächlich bedroht. So viel Wut, Hass und Verachtung sind in Mimik, Gesten und Worten des Parteifreundes zu spüren, dass ich nicht ausschließen kann, dass es zu körperlicher Gewalt kommt. Uns trennt nur der Konferenztisch. Nachdem der Wortbeitrag zu Ende ist, bitte ich die Sitzungsleitung darum, die Teilnehmer zu einem angemessenen Umgang miteinander aufzufordern. Es kommt keine Reaktion. Als ich zur nächsten Sitzung des Landesvorstandes gehe, habe ich eine Dose Pfefferspray in der Tasche. Mein Unwohlsein bleibt. Die Diskussionskultur verbessert sich nicht. Ich versuche es noch ein paar weitere Male. Dann beschließe ich, den Sitzungen fortan einfach fernzubleiben. Sie führen zu nichts, sie sind reine Zeitverschwendung für mich. Und jetzt habe ich auch noch Angst um meine körperliche Unversehrtheit. Mir ist die Verzahnung der Arbeit von Partei und Fraktion wichtig, sogar sehr wichtig. Aber auch ich habe eine Schmerzgrenze. Und die ist definitiv weit überschritten. Es folgen kaum Reaktionen auf meinen Schritt. Ich belasse es dabei.

Angenehm wird mein Dasein in der Partei damit aber nicht. Da ich nicht mehr persönlich erscheine, um mir die Kritik anzuhören, wird nun der Weg über E-Mail-Verteiler gesucht. Das Schöne – oder Schreckliche – daran ist, es lassen sich damit auf Knopfdruck beliebig viele Menschen erreichen. Wir haben Verteiler für das Präsidium, den Landesvorstand, die Bezirksvorsitzenden, Kreisvorsitzenden, Landesfachausschussvorsitzenden usw. Die Kanäle laufen heiß. Was einmal über sie in die Welt gesetzt wird, muss mühsam widerlegt und richtiggestellt werden. Diese fragwürdige Form des innerparteilichen Wettstreits kann also ein recht wirksames Mittel sein, den Gegner zu diffamieren und ihn so sehr mit seiner eigenen Verteidigung zu beschäftigen, dass ihm wenig Zeit und Raum für die konstruktive politische Arbeit bleibt. Ich weiß das alles. Und trotzdem falle ich darauf herein. Ich verbringe Stunden über Stunden damit, mich über die an den Haaren herbeigezogenen Vorwürfe aufzuregen und mir meine Argumente zurechtzulegen und sie aufzuschreiben. Um dann wenig später auf die Antwort, die mit Sicherheit auf meine Replik folgt, erneut zu antworten. Es ist Zeit, die ich viel besser in meine Arbeit als Abgeordnete investiert hätte. Nach und nach verinnerliche ich das, ich lasse mich irgendwann immer seltener in diesen innerparteilichen Kleinkrieg hineinziehen. Ich will da nicht mehr mitspielen.

Manchmal aber verliere ich komplett die Nerven.

An einem Nachmittag, es ist Freitag, sitze ich in meinem Büro im Hamburger Rathaus und bereite mich auf die Sitzung des Haushaltsausschusses am frühen Abend vor. Schon seit ein paar Tagen tobt eine Mailschlacht über die Verteiler des Landesverbandes. Ein inzwischen unübersichtlicher Mailverkehr mit gegenseitigen Anwürfen, Aufforderungen mit Fristsetzungen und langen Belehrungen machen die Runde. Es dreht sich immer wieder um dieselben Themen. Der Fraktion, und damit vor allem mir als Vorsitzender, wird vorgeworfen, nicht genug mit dem Landesvorstand zusammenzuarbeiten. Es geht um Presseverteiler, die die Fraktion dem Landesverband nicht zur Verfügung stellen will und auch nicht darf, um die Organisation der Zusammenarbeit zwischen Abgeordneten und in ihren jeweiligen Fachbereichen ehrenamtlich tätigen Parteimitgliedern, um die Frage, wer was wann an die Presse kommunizieren darf. Alles wichtige Fragen, die geklärt sein müssen. Was aus meiner Sicht längst erfolgt ist. Die Abläufe sind gut eingespielt. Ich empfinde die endlosen und immer wieder aufgebrachten Mäkeleien und Sticheleien als Schikane. Sie bringen uns nicht weiter, aber machen uns das Leben schwer. Meine Stimmung ist gereizt. Die an mich gerichteten Vorwürfe waren dieses Mal so absurd und so heftig, dass ich mich trotz aller guten Vorsätze zur Wehr setze. Am Morgen habe ich mir fast eine Stunde dafür Zeit genommen. Ich kann und will die behaupteten und von mir geforderten Dinge nicht stehen lassen. Jetzt hoffe ich, dass Ruhe ist. Bis jetzt keine Antwort. Doch dann trifft eine weitere Mail ein. Ich traue meinen Augen nicht. Die von mir am Morgen Angesprochene hat ihre Vorwürfe erneut bekräftigt, sie sogar weiter ausgeschmückt. Und dafür einen Verteiler gewählt, der noch größer ist als der ursprüngliche. Ich raste aus. In meiner Wut reiße ich dicke Wälzer aus dem Bücherregal hinter mir. Schleudere einen nach dem anderen quer durch mein Büro. Mein Mitarbeiter, der im Büro nebenan sitzt, steckt den Kopf zur Tür herein.

»Was ist passiert, Katja?«, ruft er erschrocken.

Er ist im Bilde über die Vorgänge der letzten Tage, wir haben uns beraten.

»Diese dumme Kuh«, schreie ich. »Sie hört einfach nicht auf. Macht immer weiter. Sie treibt mich in den Wahnsinn!«

»Was schreibt sie denn jetzt? Du hattest doch alles klargestellt.«

Ich lasse ihn die Antwort an mich lesen. Fassungslos schüttelt er den Kopf. Ich habe mich inzwischen wieder etwas beruhigt, die Bücher eingesammelt und zurück ins Regal gestellt. Einige sehen ziemlich ramponiert aus. Ich atme tief durch und versuche meine Gedanken zu sortieren. Ich weiß, dass diese Art des Umgangs miteinander, wie ich ihn derzeit in der Hamburger FDP erlebe, für mich nicht länger zu ertragen ist. Ich habe keine Probleme damit, mich einer sachlichen und angemessenen Kritik zu stellen. Doch diese völlig überzogene Hetze hat mit der Realität nichts zu tun. Es läuft sicher nicht alles perfekt. Ich mache Fehler. Und darauf darf man aufmerksam machen. Gerne auch direkt und mit deutlichen Worten. Aber bitte respektvoll und an der Sache orientiert. In Sack und Asche zu gehen, dafür gibt es allerdings keinen Anlass. Es ist so, dass die FDP Hamburg erstmals seit vielen Jahren durch den unvermuteten Wahlerfolg 2011 und die kontinuierlich gute Arbeit der Bürgerschaftsfraktion wieder in ruhiges Fahrwasser gekommen ist. Dass die Presseberichterstattung über uns sich nicht mehr in Verrissen erschöpft. Dass wir auch vom politischen Gegner endlich wieder ernst genommen werden. Und dass auch ich persönlich daran einen großen Anteil habe. Daran muss ich mich erinnern, um nicht verrückt zu werden. Ich muss konzentriert bleiben. Möchte meine Arbeit weiter gut machen. Und will meinen innerparteilichen Gegnern auf keinen Fall einen Sieg schenken, indem sie es schaffen, mich so zu zermürben, dass ich deswegen Fehler mache oder am Ende sogar das Handtuch werfe.

Ich weiß aber auch, dass ich gut auf mich aufpassen muss. Dies ist wieder eine kritische Zeit für mich als Menschen. Mein Schutzpanzer wächst in solchen Situationen. Das ist einerseits gut. Anders wäre es nicht auszuhalten. Aber ich darf und will dabei nicht den Fehler machen, mich von berechtigter Kritik abzuschotten. Die mich natürlich auch erreicht. Und die so wichtig für mich ist. Die hilfreich ist. Um besser zu werden. Um zu lernen. Ich spüre, dass ich an einem wichtigen Punkt bin. Ich kann an dieser Stelle falsch abbiegen und alles vermasseln. Mich weiter abkapseln von mir selbst und mir das Leben so richtig zur Hölle machen. Ich kann aber auch die richtige Abzweigung nehmen. Einen Umgang mit den Kämpfen finden, der mich nicht so sehr belastet, der mich als Menschen aber auch nicht negativ verändert. Und damit die dunklen Zeiten hinter mir lassen.

Bevor es so weit ist, muss ich durch ein weiteres tiefes Tal gehen. Erst danach wird sich Licht am Ende des Tunnels zeigen. Nach der Listenaufstellung für die Bürgerschaftswahl 2015, bei der ich meine Autorität gegen andere Kandidaten voll eingesetzt habe, zieht eine unterlegene Kandidatin persönliche Konsequenzen. Sie tritt Anfang September 2014 aus der FDP aus, gründet mit ein paar Vertrauten, die uns ebenfalls verlassen, eine neue Partei. Für mich ein Augenblick des Aufatmens. Ich weiß, dass ihr Weggang und der ihrer Weggefährten das Beste ist, was uns passieren kann. Es gibt uns die Chance, zur Ruhe zu kommen. In der öffentlichen Wahrnehmung aber entsteht zunächst das Bild einer zerrissenen und zerstrittenen Partei. Und bei manchen Parteifreunden und Unterstützern macht sich die Sorge bereit, dass die neue Partei uns die entscheidenden Stimmen kosten wird, die wir brauchen, um über die Fünfprozenthürde zu kommen. Einige bereits gemachte Zusagen über Spenden für den Wahlkampf werden zurückgezogen, die Spender glauben nicht mehr an einen Erfolg.

Mitte Oktober folgt der nächste Hammer. Der kommissarische Landesvorsitzende legt den Vorsitz nieder, tritt aus und in die neue Partei ein. Er macht das nicht geräuschlos, sondern kündigt seinen Schritt in einer Hamburger Tageszeitung an, die darüber prominent berichtet. Er wirft mir »Kungelei« vor und beklagt mangelnde innerparteiliche Demokratie. Dabei lässt er unter den Tisch fallen, dass die Listenaufstellung, auf die er anspielt, Ergebnis einer demokratischen, innerparteilichen Wahl ist. Aber er kann mit dem Ergebnis und der Rolle, die ich dabei gespielt habe, offenbar nicht leben. Sein Frust und sein drastischer Schritt stehen ihm selbstverständlich zu. Die Art und

Weise, wie er es macht, setzt mir in den ersten Tagen jedoch sehr zu. Er hatte das Amt erst wenige Wochen inne und brachte nicht viel Erfahrung mit. Fast täglich ruft er mich an, gemeinsam sprechen wir die anstehenden Aufgaben durch. Wir stehen uns nicht nahe, er ist mir auch nicht sonderlich sympathisch. Aber es geht um die Sache, also stelle ich persönliche Befindlichkeiten hintan. Noch zwei Tage vor seinem Rückzug stehen wir gemeinsam am Infostand, im Gespräch mit den Bürgern. Über seine Unzufriedenheit und das, was er vorhat, verliert er kein Wort. Am Tag darauf fahre ich mit meinen Jungs für eine Woche in den Urlaub, es sind Herbstferien. Die Nachricht vom Rückzug des kommissarischen Vorsitzenden und die öffentlich erhobenen Vorwürfe gegen mich lese ich am Montag, unserem ersten richtigen Urlaubstag. Ich bin geschockt. Kann nicht fassen, was hinter meinem Rücken passiert ist. Wie jemand sich so hinterhältig verhalten kann. Es wird eine schreckliche Woche für die Kinder und mich. Ich bin nervös und gereizt, motze die Jungs an, sie ziehen sich zurück. Ich fühle mich hundeelend. Nicht nur wegen des furchtbaren öffentlichen Bildes, das die FDP Hamburg ein halbes Jahr vor der so wichtigen Bürgerschaftswahl abgibt. Ich weiß intuitiv, dass das zu heilen ist. Ich ärgere mich aber maßlos, dass ich anderen eine solche Macht über mich gebe. Dass ich zulasse, dass mein Urlaub versaut wird. Ich weiß natürlich, dass ich nicht mit dem Finger auf andere zeigen muss. Ich selbst hätte es in der Hand, trotz allem eine schöne und entspannte Woche mit meinen Kindern zu haben. Ich habe nicht die Kraft dazu. Jahre später treffe ich auf einer Veranstaltung erneut auf diesen ehemaligen Parteifreund. Er kommt auf mich zu, ich kann ihm nicht ausweichen. Er entschuldigt sich für sein damaliges Verhalten. Ich schaue ihn nur stumm an. Mir macht das alles zu dem Zeitpunkt nichts mehr aus, vergessen habe ich es aber nicht.

Nach dem verkorksten Herbstferienurlaub sammle ich mich schnell. Nach ein paar Tagen schaffe ich es, optimistisch nach vorn zu schauen und die große Chance zu erkennen, die in der zunächst scheinbar verfahrenen Lage liegt. Die neu gegründete Partei zieht ausgerechnet einige der Köpfe zu sich und damit aus der FDP heraus, mit denen der innerparteiliche Stress in den letzten Jahren am größten war. Andere, mit denen es oft schwierig ist, verlieren mit ihnen wichtige Verbündete, es wird sie schwächen, vielleicht sogar ruhigstellen. Endlich besteht die Aussicht auf etwas mehr Ruhe und Gelassenheit. Die Sorge, dass uns die Neugründung also bei der nächsten Wahl schaden könnte, teile ich nicht. Ganz im Gegenteil, durch die neuen Umstände sehe ich unsere Ausgangsposition stark verbessert. Diese Aussicht motiviert mich, treibt mich an. Das wird eine wichtige Grundlage für unseren Wahlerfolg.

Im November bewerbe ich mich um das vakante Amt der Landesvorsitzenden. Spitzenkandidatin zur Bürgerschaftswahl bin ich schon. Ich setze alles auf eine Karte. Lasse mich von dem eher bescheidenen Wahlergebnis, das ich dabei erziele, nur magere 70 Prozent haben mir ihre Stimme gegeben, nicht runterziehen. Auch nicht von einer neuen Umfrage, die uns bei desaströsen zwei Prozent sieht. Ich freue mich stattdessen darüber, dass wir nach der Austrittswelle wieder viele Neueintritte verzeichnen können. Bin glücklich über das Team, das der Landesvorstand mit den nachgewählten Mitgliedern nun bildet. Und weiß, dass wir nun alle Voraussetzungen erfüllen, um in einem fulminanten Wahlkampf eine Aufholjagd zu starten, die uns im Februar mit einem noch besseren Ergebnis als 2011 erneut in die Bürgerschaft führt. Noch ruft es mitleidiges Lächeln hervor, wenn ich darüber spreche. Aber ich weiß auch, wer zuletzt lacht, lacht am besten. Also, los geht es.

Im Rückblick weiß ich manchmal nicht, woher ich in diesen Wochen und Monaten die Kraft genommen habe, diese für viele von außen als ausweglos wahrgenommene Lage, in der wir damals steckten, zu bewältigen und schließlich zu drehen. Es gibt einen Rettungsanker, der mich in dieser Zeit vor dem Ertrinken bewahrt. Wenn es ganz schlimm ist, ich völlig am Boden zerstört bin, dann zeigt sich mir manchmal ein innerer Zufluchtsort. Es ist kein realer Ort, den ich aufsuche oder an den ich mich in Gedanken begebe. Er ist in mir, und ich ahne, dass er immer da ist, auch wenn ich ihn nicht immer so einfach ansteuern kann. Aber es gibt ihn, auch in den angespanntesten und stressigsten Tagen der Wahlkämpfe, bei den heftigsten Auseinandersetzungen mit Parteifreunden, wenn ich mich verlassen und mutterseelenallein fühle, dann ist dieser Ort da und zugänglich. Dann liege ich abends in meinem Bett. Und es gelingt mir, alle Gedanken, alle Sorgen beiseitezuschieben. Sie wenigstens für ein paar Stunden abzugeben, in andere Hände zu legen. Sie können warten. Auch morgen werden sie noch da sein, egal ob ich mich ihnen in einer schlaflosen Nacht widme oder nicht. In solchen Augenblicken entscheide ich mich ganz bewusst für meinen inneren Frieden. Fürs Kräftesammeln. Bin im Hier und Jetzt. In diesem Augenblick. Das ist dann, was zählt. Und in diesem Augenblick ist alles leicht und einfach.

Ich höre dann auf zu grübeln und zu zweifeln. Höre auf, in Endlosschleifen zu durchdenken, was geschehen ist, welche Handlungsoptionen ich habe, was ich wie schaffen will. Frei von quälenden Gedanken, befinde ich mich dann in einem geschützten Raum, in den all diese äußeren, als belastend empfundenen Ereignisse nicht eindringen können. Ich spüre, dass es eine tiefere Realität gibt, ein Inneres, das von all den Geschehnissen in keiner Weise beeinflussbar ist. Was soll mir denn schon ernsthaft passieren? Was ändert es schon, wenn etwas nicht so läuft, wie ich es mir wünsche. Nichts! Welche bleibende Bedeutung hat es? Keine! Wen kümmert es? Niemanden! Das Universum existiert genau so wie vorher, die Erde dreht sich noch immer um sich selbst, und auch mein Leben geht weiter. Und damit lösen sich die Sorgen, Ängste und bangen Gedanken ins Nichts auf. Nicht für immer. Am nächsten Morgen sind die meisten wieder da. Aber wenigstens für ein paar Stunden, während ich schlafe, finde ich Ruhe. Mich rettet das in diesen Zeiten. Es führt dazu, dass ich auch in stressigen Zeiten gut schlafen kann und am nächsten Morgen trotz kurzer Nächte so erholt bin, dass ich weitermachen kann. Wieder einsteigen kann in den Trott, der von vorn losgeht.

KAPITEL 14

# EIN ERFOLG MUSS HER

Auf mich wartet die bisher größte Aufgabe meiner noch kurzen politischen Karriere. Mit der Bürgerschaftswahl 2015 in Hamburg wollen wir Freien Demokraten das Ruder herumreißen. Ein Erfolg muss her. Und ich bin Spitzenkandidatin und Landesvorsitzende. Mir tut der Erwartungsdruck gut, der auf mir liegt. Ich laufe zur Höchstform auf.

Es geht jetzt Schlag auf Schlag. Noch vor Weihnachten muss unsere Kampagne für die Wahl im Februar geplant, umgesetzt und letztlich auch finanziert sein. Ich spreche mit potenziellen Spendern, erkläre, was genau wir bei Bildung und Digitalisierung, für unsere Wirtschaft und Infrastruktur und den Haushalt erreichen wollen. Ich mache aber auch darauf aufmerksam, dass es um viel mehr geht als um eine bessere Politik für Hamburg. Ein Erfolg in Hamburg wird einen noch viel größeren Hebel in Bewegung setzen. Er wäre ein erster wichtiger Meilenstein auf dem Weg der FDP zurück in den Bundestag. Hier könnten wir eine Trendwende für unsere angeschlagene Partei schaffen. Ich habe nicht den leisesten Zweifel, dass wir genau das hinbekommen werden.

An einem Nachmittag im Dezember besuche ich die Redaktion einer Hamburger Tageszeitung. Wir sitzen im Büro des Chefredakteurs, sein Stellvertreter ist auch dabei. Es geht um die Pläne der FDP im Wahlkampf und unsere Perspektiven in der Zeit danach.

»Frau Suding, das wird ja wohl nichts im Februar. Was machen Sie eigentlich danach?«, fragt mich der Chef. Ich ignoriere die Provokation, die in der Frage liegt.

»Ich bleibe Fraktionsvorsitzende. Falls wir nicht mitregieren«, gebe ich zurück.

»Sie werden es nicht mal zurück ins Parlament schaffen«, sagt der Stellvertreter.

»Doch. Und wir werden unser Ergebnis von 2011 noch verbessern.«

Die beiden schauen mich mitleidig an. Tatsächlich spricht wenig dafür, dass sie mit ihrer Einschätzung falsch liegen. Die Umfragewerte für uns liegen noch immer weit weg von der Fünfprozenthürde. Und doch bin ich mir sicher, dass es so kommen wird. Ich kann es nicht in Worte fassen, aber es ist wie eine starke Vorausahnung, dass sich das Blatt sehr bald wenden wird, zu unseren Gunsten. Einige Wochen nach der Wahl treffe ich die beiden wieder. »Als Sie damals das Büro verlassen haben, haben wir uns angesehen und gesagt, die ist vollkommen übergeschnappt«, gesteht er mir. Ich sehe ihn lachend an und zucke mit den Schultern. »War doch klar, dass wir es schaffen«, antworte ich.

Anfang Dezember 2014 laden wir die Vertreter der Hauptstadtpresse zum Journalistenadvent. Wie jedes Jahr. Das Motto des Abends ist »Hamburg«, es gibt Labskaus und rote Grütze. Zu Beginn sage ich ein paar Worte über die Wahl in Hamburg und stelle unser erstes Plakatmotiv vor. Wir haben eine neue Werbeagentur, die Kampagne zur Bürgerschaftswahl wird die Premiere in unserer Zusammenarbeit sein. Erst wenige Tage zuvor hat sie ihre Vorschläge präsentiert. Als ich sie sehe, weiß ich sofort, welche Worte auf dem Auftaktmotiv neben meinem Foto und meinem Namen stehen werden: »Unser Mann für Hamburg«. Perfekt für unseren ersten Aufschlag. Wir werden das Motiv nicht auf der Straße einsetzen, zeigen es nur an diesem Abend. Trotzdem wird es uns mehr Aufmerksamkeit einbringen als jedes andere. Es wird unzählige Male in Zeitungen und Zeitschriften, online wie offline zu sehen sein. Damit erreicht es Millionen von Menschen. Es polarisiert. Manche lieben den Humor und das Augenzwinkern. Andere halten es für sexistisch und rückwärtsgewandt. Wieder andere beklagen die fehlende inhaltliche Aussage. Ich sage: »Wer will, dass die Menschen in die Kirche kommen, schreibt die Predigt nicht aufs Plakat.« Und dann ist erst mal Weihnachten.

Wie immer fällt es mir auch in diesem Jahr schwer, gleich in den ersten Januartagen voll loszulegen. Ich habe mein Betriebssystem wegen der bevorstehenden heißen Wahlkampfphase zwar nicht wie sonst zwischen den Tagen weitgehend runtergefahren. Rund um den Jahreswechsel stehen einige Termine im Kalender. Aber es ist noch vergleichsweise ruhig, und es fällt mir schwer, in die Gänge zu kommen. Das ändert sich schlagartig am 6. Januar. Ich bin in Stuttgart, beim Dreikönigstreffen der FDP in der Staatsoper. So wie jedes Jahr seit meiner Premiere vor vier Jahren an der Seite von Guido Westerwelle. Als Spitzenkandidatin einer im laufenden Jahr anstehenden Landtagswahl bin ich Teil des Bühnenprogramms. Zusammen mit Lencke Steiner, die die FDP-Landesliste für die Wahl im Mai in Bremen anführt, werde ich einen Talk machen.

Am Morgen erwache ich früh in meinem Hotelzimmer. Um kurz nach sieben bin ich mit dem rbb zum Radiointerview verabredet. Als ich aufgelegt habe, fühle ich in mich hinein, wonach mir heute klamottentechnisch ist. Rock oder Hose? Ich habe beides eingepackt, meine Wahl fällt auf den schwarzen, knielangen Bleistiftrock. Eine folgenschwere Entscheidung, wie sich herausstellen wird. Ich gehe runter zum Frühstück, wo sich die liberale Familie bereits versammelt hat. Die Stimmung ist fröhlich, Neujahrswünsche werden ausgesprochen, an den Tischen finden angeregte Gespräche statt. Gemeinsam machen wir uns um kurz vor elf zu Fuß auf den Weg ins Theater, es liegt schräg gegenüber vom Hotel.

Der Saal ist gut besucht, es ist voller, als wir erwartet hatten. Aber anders als in vergangenen Jahren müssen wir niemanden wegen Überfüllung nach Hause schicken. Eine Partei, die auf Bundesebene kürzlich unsanft in der außerparlamentarischen Opposition gelandet ist, ist kein wirklicher Publikumsmagnet. Auch die Zahl der akkreditierten Journalisten war bis kurz nach Weihnachten kümmerlich niedrig. Erst als durchsickerte, scheinbar versehentlich, dass sich die FDP auf diesem Dreikönigstreffen in einem ganz neuen Look, mit neuem Logo und anderen Farben präsentieren wolle, stieg sie sprunghaft an. Das will sich offenbar niemand entgehen lassen. Das Interesse, das an einer inhaltlichen Positionsbestimmung allein nicht da ist, wecken wir mit der Aussicht auf einen neuen Parteilook. So geht es also.

Nach der Kundgebung stehen für mich weitere Interviews im Hotel an, dann fliege ich zurück nach Hamburg, dort werde ich im NDR-Studio erwartet. Müde und erschöpft sitze ich dann aber zur »Tagesschau« um 20 Uhr auf meinem Sofa, gespannt auf die Berichterstattung über unser Treffen am Vormittag. Christian Lindner wird mit einigen Sequenzen aus seiner Rede eingeblendet. Es folgen O-Töne von Anhängern und Besuchern der Kundgebung. Schließlich bin ich im Bild zu sehen. Ich sitze hinter Christian auf der Bühne, in einem weißen Sessel schlage ich die Beine übereinander. Ich erwähne das deshalb, weil die Kamera in Zeitlupe zuerst langsam über meine Beine schwenkt, um dann einige Sekunden auf meinen Oberkörper zu ruhen, während der Sprecher im Beitrag auf die Wahl in Hamburg hinweist, die ich als Spitzenkandidatin in wenigen Wochen zu bestreiten habe. »Was für eine seltsame Einstellung« denke ich. Ich habe allerdings schon andere von mir gesehen, die deutlich schlimmer und unangemessener waren. Da habe ich auch schon selbst zum Hörer gegriffen und mich beschwert. Ich beschließe, mir den Beitrag morgen noch einmal in Ruhe anzusehen und dann zu entscheiden, was ich tun will. Jetzt bin einfach zu müde, um weiter darüber nachzudenken.

Doch prompt löst dieser »Beinschwenk« eine Empörungswelle in den sozialen Medien aus. Zahlreiche Zuschauer und Zuschauerinnen machen ihrem Ärger über den aus ihrer Sicht unangemessenen Kameraschwenk Luft. Das war natürlich zu erwarten. Eine Reaktion von »Tagesschau«-Chef Kai Gniffke lässt nicht lange auf sich warten. Noch am selben Abend schreibt er im »Tagesschau«-Blog: »Der Beine-Schwenk gehört auf den Index. Tut mir leid, Frau Suding. Es ist einer dieser Schwenks, die wir in den 80er- und frühen 90er-Jahren noch gesehen haben und der gerne mal die Vorlage für Altherrensprüche lieferte. Ich nehme an, der Kameraschwenk wurde von einem Menschen aus der Schule und der Geisteshaltung vergangener Jahrzehnte produziert, der diese Darstellung besonders apart fand. In jedem Fall hätten wir diese Einstellung in dem Beitrag beanstanden und austauschen sollen.«

Spätestens jetzt lenkt er damit die volle Aufmerksamkeit auf das Thema. Etliche Medien quer durch die Republik berichten am nächsten Tag darüber.

Von »Beinegate« schreibt der *Tagesspiegel*.

Die *Bild*-Zeitung bringt es groß auf der Titelseite.

Ausführlich berichten sie über die Kamerafahrt, Gniffkes Entschuldigung und meine Reaktion darauf. Ich nehme die Entschuldigung an, reagiere entspannt und antworte: »Jetzt weiß jeder, dass ich mit meinen sportlichen Beinen die Fünfprozenthürde mit Sicherheit überspringen werde, ganz locker.« Und füge hinzu: »Jeder weiß aber auch, dass man mit schönen Beinen keine Wahlen gewinnt, sondern mit guter Politik, und die machen wir.«

Ich kann es kaum glauben. So viel Aufmerksamkeit, ohne dass ich etwas anders getan habe als einfach nur dazusitzen? Mir hätte nichts Besseres passieren können. Denn glücklicherweise schreiben die meisten Medien nicht nur über den »Tagesschau«-Beitrag und was er ausgelöst hat. Längst nicht jeder kennt mich, also schreiben sie auch über mich und die Themen unseres

Wahlkampfes. Unsere Umfragewerte zu diesem Zeitpunkt liegen noch immer bei zwei Prozent. Viele sehen unseren Wiedereinzug in die Bürgerschaft als chancenlos an. Wir brauchen dringend Aufmerksamkeit, und die haben wir nun. Das allein bringt uns nicht ins Parlament, aber ein Stück näher. Jetzt haben wir eine Chance. Ich werde sie nutzen, das nehme ich mir fest vor.

Ein Jahr später bin ich übrigens wieder beim liberalen Dreikönigstreffen. Als ich nach der Kundgebung den Saal verlasse und ins Foyer trete, spricht mich ein Mann an. Er ist deutlich jünger als sich, vielleicht um die 30 Jahre, und stellt sich mir als Mitarbeiter der ARD vor. Er habe im letzten Jahr die Bilder vom Dreikönigstreffen produziert, auch den Schwenk über meine Beine. Er entschuldigt sich bei mir persönlich. Ich muss grinsen. Die allermeisten hatten sich ihn wohl als alten sabbernden Mann vorgestellt.

Das Dreikönigstreffen hat uns einen Schub gegeben. Von nun an geht es bergauf. Als Bundespartei und auch als Landesverband. Nachdem wir monatelang nicht über zwei Prozent hinausgekommen sind, werden in der zweiten Januarwoche gleich zwei Umfragen veröffentlicht, die uns jeweils bei vier Prozent sehen. Es bewegt sich etwas, unsere Kampagne fasst Tritt. Ich bin jetzt wie im Rausch. Arbeite mit Vollgas auf den Wahltag am 15. Februar hin. Jeder Tag, inklusive der Wochenenden, ist vollgepackt mit Dutzenden Terminen. Interviews, Hintergrundgesprächen, Infoständen, Auftritten vor großem und kleinem Publikum. Zwischendrin immer wieder Absprachen mit dem Wahlkampfteam. Ich habe, anders als beim letzten Mal, eine Routine bei meinen öffentlichen Auftritten entwickelt und weiß inzwischen ganz gut, wie Politik funktioniert.

Ich werde getragen von einer riesigen Welle der Unterstützung aus dem eigenen Landesverband, aber auch aus anderen Landesverbänden und vor allem der Bundespartei. Christian Lindner hat seinen Wohnsitz gefühlt nach Hamburg verlegt, so häufig ist er bei uns im Einsatz. Aber auch viele andere helfen mit. Wir alle ziehen an einem Strang, und diesmal ziehen wir sogar in dieselbe Richtung. Es macht Spaß und motiviert.

Auch der Wahlabend ist ganz anders als der vor vier Jahren. Bereits am Nachmittag, als die Ergebnisse der Nachwahlbefragungen eintreffen, deutet alles darauf hin, dass unser Ergebnis tatsächlich besser als 2011 ist. Wir verbessern es leicht von 6,7 auf 7,4 Prozent. Anders als 2011 habe ich keine Zweifel, dass es reichen wird. Wieder absolviere ich den Interviewmarathon im Messe- und Kongresszentrum. Auch das strengt mich nicht mehr wirklich an, nachdem ich mittlerweile so oft vor einer Kamera gestanden habe. Gegen halb zehn komme ich auf der Wahlparty an, die in einem großen separaten Raum eines Restaurants in der Schanze stattfindet. Es ist brechend voll. Junge Liberale, die aus ganz Deutschland gekommen sind, um uns mit ihrem 72-Stunden-Wahlkampfendspurt zu unterstützen, feiern und tanzen ausgelassen mit meinen Hamburger Parteifreunden. Viele von ihnen sind nach der verlorenen Bundestagswahl eingetreten, um ein Zeichen zu setzen. Es ist das erste Mal seit ihrem Parteieintritt, dass sie einen erfolgreichen Wahlausgang erleben. Ich brauche eine halbe Stunde, um mich nach den Anstrengungen der letzten Wochen und den Stunden der vollen Konzentration darauf einzulassen. Aber dann gelingt es mir. Ich stürze mich ins Getümmel, feiere und lasse mich feiern. Wir haben einen riesigen Erfolg auf die Beine gestellt. Es wird eine lange ausgelassene Nacht. An die Tage und Wochen danach verschwende ich keine tieferen Gedanken. Das hat Zeit bis morgen. Dieser Abend ist einer der schönsten, an die ich mich während meines Politikerlebens erinnern kann. Ich bin einfach nur happy.

Die absolute Mehrheit der SPD ist weg. Aber schon am Wahlabend ist klar, dass der Hamburger SPD-Spitzenkandidat Olaf Scholz mit den Grünen regieren will, nicht mit uns. Ich bedaure das sehr, aber es wird die kommenden Wochen für uns deutlich entspannter machen. Keine Koalitionsgespräche, keine intensiven Vorbereitungen auf das Regieren. Sosehr ich mich aus der politischen und der Karriereperspektive darauf gefreut hätte, nach einer Legislaturperiode in der Opposition nun auf die Regierungsbank zu wechseln, so sehr bin ich persönlich froh, dass es nicht so kommen wird. Nach Monaten und Jahren der Anspannung kann ich endlich mal ein bisschen durchatmen. Das habe ich bitter nötig. Und das mache ich in den nächsten Wochen.

## KAPITEL 15

# ES LÄUFT, ODER?

*2015–2019*

Es beginnen Jahre, in denen mein Leben vergleichsweises ruhig verläuft. Ohne Zusammenbrüche, ohne Katastrophen, dafür mit relativer Ruhe im Job, innerparteilichem Frieden und privatem Glück. Unser Erfolg bei der Bürgerschaftswahl 2015 verschafft mir viel Respekt, innerhalb und außerhalb der Partei. Bei den Parteifreunden im Hamburger Landesverband bin ich anerkannt, die allermeisten sind froh, dass ich Partei und Fraktion führe und es bei uns so gut läuft, dass wir inzwischen so etwas wie ein Vorbild für andere Landesverbände geworden sind, während man in den vergangenen Jahren eher mitleidig und sorgenvoll nach Hamburg blickte. Meine Widersacher werden weniger. Die, die übrig bleiben, lieben mich jetzt nicht plötzlich, aber sie respektieren mich und lassen mich weitgehend in Ruhe. Sie müssen einsehen, dass ich meinen Job ganz vernünftig mache und auch sie selbst davon profitieren.

Die Austrittswelle und die Querelen im Herbst 2014 waren für den Landesverband wie ein reinigendes Gewitter, seither geht es ihm viel besser. Sie haben Platz geschaffen für Leute, die sich zuvor nicht bei uns engagiert hätten. Die richtig kompetent sind und den Vorstand der Landespartei sehr bereichern. Menschen, die auch außerhalb der Partei in ihren Jobs erfolgreich sind und ihre Erfahrungen und ihr Know-how jetzt bei uns einbringen. Wir profitieren massiv davon.

Bundesweit ist mein Standing bei den Parteifreunden seit 2011 immer ganz gut gewesen, sogar besser als zu Hause. Man freut sich über den Erfolg in Hamburg, der lange Jahre ausgeblieben war, und ist dankbar für die Arbeit, die wir hier leisten. Auf dieser Ebene gibt es auch so gut wie keine Rangeleien um Posten. Die Konkurrenz um die Plätze im Präsidium und im Bundesvorstand wird nicht so hart ausgefochten wie im Landesverband. Gar keine Konflikte gibt es bei den Abgeordnetenmandaten, denn die Listen für die Parlamentswahlen, sowohl für die Landtage als auch für den Bundestag, werden jeweils in eigener Regie von den Landesverbänden als Landesliste aufgestellt. Das lässt Gegnerschaften zwischen Personen aus unterschiedlichen Landesverbänden meist erst gar nicht entstehen.

Im Mai 2015 werde ich zur stellvertretenden FDP-Bundesvorsitzenden gewählt. Und erreiche damit das höchste Amt, das ich mir für mich in meiner Partei vorstellen kann. Parteivorsitzende wollte und will ich jedenfalls niemals werden. Ich nehme meine bundespolitische Aufgabe sehr ernst. Mit Hamburg ist ein erster wichtiger Meilenstein auf dem Weg zurück in den Deutschen Bundestag erreicht. Jetzt wollen wir uns Stück für Stück weiter vorarbeiten. Ziel ist der Wiedereinzug in den Bundestag im September 2017, das habe ich fest vor Augen. Dafür verlagere ich den Schwerpunkt meiner politischen Arbeit. Ich verbringe zwar weiterhin einen großen Teil meiner Zeit in Hamburg. Aber die Termine, die ich in ganz Deutschland und vor allem in Berlin wahrnehme, werden deutlich mehr. Auch beschäftige ich mich nicht mehr fast ausschließlich mit landespolitischen Themen, sondern arbeite mich tief in den bundespolitischen Stoff ein. Meine Kollegen aus Fraktion und Partei unterstützen mich dabei, halten mir den Rücken frei. Wir verteilen die Aufgaben auf mehrere Schultern, uns als Team tut das gut.

Ich toure durch die Landesverbände, bin in jedem der anstehenden Landtagswahlkämpfe engagiert. Die »Eisbrecherin«

aus Hamburg, wie Christian Lindner mich auf einem Bundesparteitag genannt hat, ist überall gern gesehen. Es läuft gut für uns, wir können bei fast allen Wahlen zulegen. Von Rückschlägen lassen wir uns weder entmutigen noch vom eingeschlagenen Kurs abbringen. Wenn gerade nirgendwo Wahlkampf ist, fahre ich durch die Lande und unterstütze meine Parteifreunde bei Veranstaltungen und Redaktionsbesuchen. Es ist harte Arbeit, aber sie zeigt Früchte. Im Bund arbeiten wir uns aus dem Umfragetief heraus. Noch sind wir nicht wieder drin, aber die Stimmen, die unseren Wiedereinzug als so gut wie unmöglich eingeschätzt hatten, werden sehr leise.

Im Herbst 2015 kommt Udo in mein Leben. Wir lernen uns im Zusammenhang mit meiner Arbeit kennen, finden aber auf Anhieb einen Draht zueinander, erzählen uns schon beim ersten Treffen aus unserem Leben. Bald folgt ein privates Treffen. Dann noch eins und noch eins. Wir werden ein Paar. Ich bin glücklich. Mit ihm finde ich etwas wieder, was ich verloren geglaubt hatte, ein echtes Privatleben.

Gemeinsam machen wir es uns schön und genießen das Leben. Wir treffen uns zu zweit oder mit Freunden zum Essen, machen schöne Urlaube und Wochenendtrips, gehen am Wochenende shoppen und streifen durch die Hamburger Bars und Cafés. Er begleitet mich zu Bällen, Empfängen und Abendessen, zu denen ich als Politikerin eingeladen bin. Wir sehen uns fast jeden Tag, wenn auch oft erst am sehr späten Abend, wenn mein langer Arbeitstag beendet ist. Es sind nicht immer außergewöhnliche Dinge, die wir erleben, jedenfalls von außen betrachtet. Aber Dinge, von denen ich dachte, dass sie anderen vorbehalten sind und in meinem Leben einfach keinen Platz haben. Es sind alltägliche Dinge, nach denen ich mich so gesehnt habe. Mein Leben besteht nicht mehr fast ausschließlich aus Politik. Für mich beginnt eine ganz besondere, wunderschöne Zeit.

Im Sommer 2016 erkläre ich meine Kandidatur als Hamburger Spitzenkandidatin für die Bundestagswahl 2017. Die meisten haben damit gerechnet. Wenige Tage vor der Wahl zu dieser Landesliste, die im November stattfindet, bekomme ich einen Gegenkandidaten auf dem ersten Listenplatz. Entsprechend groß ist der Andrang am Wahlabend. Mehr als 200 Parteimitglieder nehmen ihr Stimmrecht wahr, mehr als je zuvor. Ich bin topmotiviert, gut vorbereitet und halte eine gelungene Bewerbungsrede. Ich habe sogar richtig Spaß an meinem Auftritt, noch immer ein seltenes Gefühl. Das Rennen um Platz eins gewinne ich mit großem Abstand.

Der Wahlkampf für die Bundestagswahl im nächsten September ist schon in vollem Gange, ich stürze mich hinein. Er ist einer der wichtigsten in der Geschichte unserer Partei. Wir müssen die Fünfprozenthürde schaffen, ansonsten wird die FDP kaum eine Zukunft haben. Noch eine Legislaturperiode in der außerparlamentarischen Opposition werden wir kräftemäßig nicht durchhalten. Unsere Umfragewerte stabilisieren sich. Bei den beiden letzten Landtagswahlen vor der Bundestagswahl, die im Mai stattfinden, schneiden wir hervorragend ab. Wolfgang Kubicki holt als Spitzenkandidat in Schleswig-Holstein über elf Prozent, Christian Lindner knackt in NRW sogar die Zwölf-Prozent-Marke. Der Wiedereinzug in den Bundestag und damit auch mein Wechsel nach Berlin sind jetzt zum Greifen nahe. Ich freue mich darauf. Meine Arbeit im Hamburger Parlament macht mir Spaß. Aber ich hatte für mich bereits entschieden, dass ich für eine dritte Legislaturperiode als Abgeordnete in der Hamburgischen Bürgerschaft nicht kandidieren würde. Für mich wäre also 2020 Schluss, wenn es mit dem Einzug in den Bundestag nicht klappt. Doch es klappt tatsächlich. Am 24. September werden die Freien Demokraten nach einer erzwungenen Auszeit von vier Jahren mit einem Ergebnis von 10,7 Prozent zurück in den Bundestag gewählt. Und ich bin eine von 80 Abgeordneten der neuen FDP-Fraktion. Der 19. Deutsche Bundesstag konstituiert sich vier Wochen nach der Wahl, ab da bin ich offiziell Bundestagsabgeordnete. Udo und meine beiden Söhne begleiten mich an diesem besonderen Tag nach Berlin.

Erst jetzt nach der Wahl organisiere ich meinem Umzug in die Hauptstadt. Ich finde eine wunderschöne kleine Wohnung, die nicht zu weit vom Reichstag entfernt ist, aber weit genug, um wenigstens nachts das Gefühl zu haben, dem politischen Treiben zu entkommen. Meine Hamburger Wohnung behalte ich, es ist nicht jede Woche eine Sitzungswoche, die meine Anwesenheit in Berlin erfordert. Ab jetzt heißt es regelmäßig pendeln, Koffer packen, an zwei Orten leben. Ich gewinne zwar Routine, aber es gefällt mir nicht wirklich, ich gewöhne mich nie ganz daran.

Ich werde zu einer der sechs stellvertretenden Fraktionsvorsitzenden gewählt und verantworte in dieser Position unter anderem die Politikfelder Bildung, Forschung, Familie und Kultur. Die Abläufe in der Fraktion spielen sich schnell ein. Im November, wenige Sitzungen nach der Konstituierung, halte ich meine erste Bundestagsrede. Ich spreche zu einem Antrag der Linken, und es geht um ein Thema, das mich in den kommenden Jahren noch sehr beschäftigen wird, die Reform des Bildungsföderalismus. Es ist ein besonderer Moment. Die große Aufregung wie vor meiner allersten Parlamentsrede, im März 2011 in der Hamburgischen Bürgerschaft als Erwiderung auf die Regierungserklärung des Ersten Bürgermeisters Olaf Scholz, spüre ich diesmal allerdings nicht. Der Bundestag ist zwar viel größer als die Bürgerschaft und es schauen viel mehr Menschen zu. Aber Parlament ist Parlament, und daran habe ich mich schon gewöhnt.

Wie aufgrund der Umfragen vor der Wahl zu erwarten war, lässt das Wahlergebnis unsere Wunschkoalition mit der Union nicht zu. Zusammen mit den Grünen aber würde es reichen. Mitte Oktober starten die Sondierungen zwischen CDU, CSU, FDP und Grünen. Ich bin Teil des achtköpfigen Kern-Verhandlungsteams der FDP. An den ersten beiden Tagen treffen sich die

Partner jeweils zu bilateralen Gesprächen. Dann ist es so weit, an einem Freitagnachmittag treffen sich die vier Parteien zu einer ersten gemeinsamen Sitzung in einem großen Raum in der Parlamentarischen Gesellschaft, direkt gegenüber dem Reichstag. Es ist eine große Runde, sie besteht aus 52 Personen. Das Who's who der deutschen Politik ist dabei. Angefangen von Kanzlerin Angela Merkel über zahlreiche Ministerpräsidenten, Bundesminister bis zu prominenten Abgeordneten aus den verschiedenen Parlamenten. Und ich mittendrin. Ich bin aufgeregt und gehe fest davon aus, dass ich in den nächsten Wochen eine ähnlich steile Lernkurve mache wie damals bei meiner ersten Wahl in die Bürgerschaft. Schließlich darf ich die geballte politische Kompetenz und Erfahrung, die dieses Land zu bieten hat, hautnah bei der Arbeit erleben. Es wird eine große Enttäuschung. Die Stunden werden damit verbracht, dass zu zwölf vorab festgelegten politischen Themenblöcken jeweils ein Vertreter der beteiligten Parteien Gelegenheit bekommt, die zentralen Punkte vorzustellen – in maximal drei Minuten. Der Erkenntnisgewinn für jeden Teilnehmer muss sich gegen null bewegen. Schließlich hatten alle spätestens im Wahlkampf die Gelegenheit, die Programme der Wettbewerber kennenzulernen. Noch am spannendsten für mich ist, wer aus der Runde es wagt, die CDU-Parteivorsitzende Angela Merkel zu ignorieren und nach Zeitablauf einfach weiterzusprechen. Sie höchstpersönlich stoppt die Zeit mit ihrem Telefon und läutet nach Ablauf der drei Minuten ein kleines Glöckchen, das vor ihr steht. Der Ton ist gesetzt.

In den folgenden Tagen und Wochen geht es weiter mit abgestürzten Rechnern, die Gesprächsprotokolle vernichten, die sich nicht rekonstruieren lassen, mit Schwierigkeiten bei der Identifizierung von nächsten möglichen und sinnvollen Schritten auf dem Weg zu einer Einigung, Durchstechereien, abfälligen Bemerkungen und vielen weit in die Nacht hinein dauernden Sitzungen. Natürlich gibt es auch Arbeitstreffen, die gute, schnelle und konstruktive Lösungen bringen. Doch insgesamt fehlt es an einer gemeinsamen Idee für eine Jamaika-Regierung, einer zielführenden Strategie und vielleicht auch am festen Willen, die Gespräche zu einem guten Abschluss zu bringen. An manchen Tagen denke ich, das muss »Verstehen Sie Spaß« sein, und sehe Guido Cantz jeden Augenblick zur Tür hereinkommen. Meine anfängliche Euphorie weicht schnell einem großen Frust. Würde ich ähnlich unprofessionell in meinem Hamburger Landesverband agieren, ich wäre schon längst nicht mehr Vorsitzende.

Am Ende kommt es, wie es kommen muss, die Verhandlungen scheitern. Wir Freie Demokraten verlassen den Verhandlungstisch und treten allein ohne die anderen mitten in der Nacht vor die Presse. Und machen damit einen großen Fehler. Nicht mit dem Abbruch selbst, der ist richtig, sondern mit der Art und Weise. Uns wird der Schwarze Peter am Scheitern der Verhandlungen zugeschoben, wir schaffen es nicht, ausreichend zu erklären, warum wir unmöglich in diese Regierung eintreten können, ohne uns und unsere Wähler zu verraten. Noch Jahre später ist das ein Thema, und ich muss immer wieder erklären, warum wir die Sondierungen damals abgebrochen und damit der Großen Koalition vier weitere Jahre die Regierungsbank überlassen haben. Ich bedaure den Abbruch der Verhandlungen sehr, weiß aber, dass es damals der einzig richtige Weg war. Die Zeit war noch nicht reif dafür.

Wir finden unsere Rolle in der Opposition und machen uns an die Arbeit. Neben unserer Aufgabe, die Regierung zu kontrollieren und alternative Konzepte in die öffentliche Debatte einzubringen, verfolgen wir das Ziel, uns für eine Regierungsbeteiligung in der nächsten Legislaturperiode vorzubereiten. Einige Abgeordnete aus den Reihen der FDP- und der Grünen-Fraktion kommen zu einem informellen Gesprächsformat zusammen. Es geht darum, sich in entspannter Atmosphäre persönlich und politisch besser kennen und verstehen zu lernen. Ich bin Teil dieser Gruppe. Und lerne eine Menge über Unterschiede und auch Gemeinsamkeiten zwischen den beiden Parteien. Beides ist vorhanden. Für mich ist eine Zusammenarbeit in einer künftigen Regierung bei allen Herausforderungen, die das mit sich bringen würde, gut denkbar.

Ein wichtiges politisches Vorhaben der Koalition ist der fünf Milliarden schwere Digitalpakt Schule, der seitens des Bundes ins Leben gerufen werden soll. Im Kern geht es um eine Erweiterung der Befugnisse des Bundes, die für Bildung zuständigen Länder bei der Finanzierung ihrer Bildungsausgaben zu unterstützen. Ausgaben für digitale Bildung sollen künftig gemeinsam mit den Ländern finanziert werden. Bisher verbietet die Verfassung das wegen Nichtzuständigkeit aber. Da die schwarz-rote Koalition die für eine Grundgesetzänderung erforderliche Zweidrittelmehrheit weder im Bundestag noch im Bundesrat mitbringt, müssen sie FDP und Grüne dazu bewegen, zuzustimmen. Also sprechen wir über die Konditionen für diese Zustimmung. Im Verhandlungsteam, dem Abgeordnete und Minister von Union, SPD, FDP und Grünen angehören, bin ich für unsere bildungspolitischen Forderungen verantwortlich. Am Ende gelingt durch einen Kompromiss im Vermittlungsausschuss, den Bundestag und Bundesrat dafür eingesetzt haben, eine Einigung. Ein erster Schritt auf dem Weg, den Bildungsföderalismus zu modernisieren, ist gemacht. Für mich ist das ein ganz besonderer Moment. Es passiert nicht jeden Tag, aus der Opposition heraus Politik zu gestalten. Und nun ist es bei einem Herzensthema gelungen. Ich bin glücklich.

Eigentlich läuft es perfekt für mich. Ich habe eine politische Traumkarriere gemacht, bin im Bundestag angekommen, gehöre dem Fraktionsvorstand an. Es ist nicht ausgeschlossen, dass es beim nächsten Anlauf ab 2021 mit einer Regierungsbeteiligung klappen könnte. Wer weiß, welche Aufgaben dann auf mich warten. Privat bin ich glücklich, führe eine jahrelange Beziehung. Zwar zerbricht sie 2019, doch die Sehnsucht nach einer neuen Beziehung ist längst nicht mehr so groß wie vorher. Es ist, als hätte ich aufgetankt.

Eigentlich ist jetzt alles perfekt, ich bin da, wo ich immer hinwollte. Dachte ich jedenfalls. Aber da ist irgendetwas, das irgendwo tief in mir heftig rumort. Etwas, das mir sagt, dass ich mir eigentlich ein ganz anderes Leben wünsche. Eins, in dem ich frei und ungebunden bin, kreativ und anders sein darf, mit mir und meiner Umwelt in Einklang lebe.

So gut es mir auch geht, so hart ich auch für diese Jahre des Durchatmens gearbeitet habe und sie genieße, so sehr will ich eigentlich etwas ganz anderes. Aber was ist dieses andere? Es sind diffuse Gedanken, ich kann sie nicht fassen. Sie sind noch zu sehr verborgen, brauchen noch Zeit, um an die Oberfläche zu dringen. Also mache ich erst mal einfach weiter.

## KAPITEL 16

# SACKGASSE

*Januar 2020*

Anfang des Jahres sitze ich mit einem alten Freund beim Abendessen in einem Restaurant im Hamburger Westen. In seiner Ehe kriselt es, möglicherweise wird es zur Trennung kommen. Wie ich hat auch er zwei Kinder. Er möchte von mir hören, wie meine Trennung damals gelaufen ist und vor allem, wie es für die Kinder war und welche Regelungen wir als Eltern damals für sie getroffen haben. Es ist nicht das erste Mal, dass sich jemand deswegen Rat bei mir holt. Ich teile meine Erfahrungen gern, auch wenn ich natürlich weiß, dass jeder Fall vollkommen anders ist und nicht jede Trennung so harmonisch verläuft wie meine damals. Wir haben eine schöne Zeit und sprechen nicht nur über seine aktuelle Krisensituation, sondern auch über das, was uns jeweils in den letzten Wochen, Monaten und sogar Jahren bewegt hat. Ich erzähle, dass ich immer deutlicher spüre, dass ich eine Veränderung brauche, dass ich das Gefühl habe, in eine Sackgasse zu laufen, mir wünsche, ein anderes Leben zu führen.

»Dann ist vielleicht dieses Seminar etwas für dich. Ich war vor drei Jahren da. Es war eines der verrücktesten Dinge, die ich in meinem Leben gemacht habe. Es hat alles verändert.«

Sofort regt sich etwas heftig in mir. Verrückte Sachen? Große Veränderungen? Das will ich, das brauche ich.

»Eine Woche lang haben wir uns in einer Gruppe zurückgezogen. Kein Telefon, kein Internet, kein Fernsehen. Nur wir selbst.«

»Eine Woche ohne jeden Außenkontakt? Du bist der Mensch mit der gefühlt höchsten Kommunikationsfrequenz, den ich kenne. Wie hast du das denn geschafft?«

»Ich dachte zuerst auch, dass ich das nicht kann. Aber es geht. Und ich habe es sogar unglaublich genossen.«

»Kaum zu glauben. Aber warum hast du das gemacht?«

»Ich war an einem ähnlichen Punkt wie du. Mit dem Unterschied, dass ich die Entscheidung über eine berufliche Veränderung damals nicht mehr selbst treffen konnte. Das hatten andere für mich getan. Ich war echt am Boden. Nach der Woche hatte ich so viel von dem Ballast abgeworfen, dass ich mein Leben wieder viel klarer sehen konnte.«

Ich bin zwischen Faszination und Skepsis hin- und hergerissen.

»Wie kann eine Woche so viel bewirken? Was haben die da mit euch gemacht?«

»Ich habe die Muster, die mich ein Leben lang immer wieder in eine ungute Richtung gelenkt haben, abgeworfen und Frieden mit mir gemacht.«

»Aha, okay. Und wie geht das?«

Er erzählt mir ein wenig von der Woche und welche Wirkungen sie noch Jahre später bei ihm auslöst. Aber er bleibt vage.

»Es ist besser, wenn ich nicht zu viel verrate, falls du selber hingehen willst. Dann will ich nicht zu viel vorwegnehmen. Nur so viel: Wenn du dich dafür entscheidest, dann lass dich ganz darauf ein.«

In dieser Zeit tauchen Gedanken von einem Ausstieg aus der Politik erstmalig immer häufiger bei mir auf, sie werden immer konkreter und lassen sich immer weniger verscheuchen. Vermutlich gibt die für den Herbst des Jahres angesetzte Listenaufstellung für die Bundestagswahl 2021 einen Anstoß, mir intensiv Fragen zu stellen und nach Antworten zu suchen. Will ich noch länger in der Politik bleiben? Will ich im Herbst wieder antreten? Wann ist ein guter Moment, auszusteigen? Gibt es eine berufliche Perspektive, die mich ernährt und die mich wirklich glücklich und zufrieden macht? Einen Joballtag, der nicht von mir verlangt, im permanenten Ausnahmezustand zu sein? Ich weiß, dass ich es nicht mehr ewig aufschieben kann, mich intensiv mit diesen Fragen zu beschäftigen, freizulegen, was ich wirklich will im Leben – und danach zu handeln. Auch wenn ich mir kaum gestatte, diesen Gedanken zu Ende zu denken, mir ist im hintersten Winkel meines Gehirns klar, dass ich dann mein Leben als Politikerin wohl kaum mehr leben kann. In diesem Politikerleben habe ich aber noch viel vor. Noch bin ich einfach nicht bereit, mich der ganzen Wahrheit über mich selbst zu stellen. Jetzt aus der Politik auszusteigen, das erscheint mir, als hätte ich ein Haus gebaut und würde es in dem Moment, wo man es nach Jahren fertig und schön eingerichtet hat, mit der Abrissbirne zerstören. Noch wehre ich mich.

Bis dahin laufe ich immer weiter, immer schneller. Je unsicherer ich werde, ob ich so weitermachen will, desto mehr strenge ich mich an, desto intensiver suche ich. Aber wonach eigentlich? Ich denke nach, aber ich weiß es nicht. Will ich dieses Leben führen? Oder ist es nur die Vorstellung von einem Leben, das ich führen sollte? Und woher weiß ich das? Wie kann ich das erkennen? Ich habe die leise Ahnung, dass mein Selbst die Antwort längst kennt und sie mir über meinen Körper mitteilt. Erst ist es nur ein leichtes Zwicken in der Achillesferse, wenn ich beim Yoga in den »herabschauenden Hund« gehe. Einige Wochen später fühlt sie sich schon an, als zerreiße sie dabei. Schmerzen in der Achillesferse, was will mir das sagen? In der Mythologie ist die Achillesferse die einzige Stelle, an der der griechischer Sagenheld Achilles verwundbar ist. Genau dort trifft ihn sein Kontrahent Paris im Kampf um Troja mit einem Pfeil und tötet ihn.

Sind die Schmerzen ein Hinweis auf meine eigene Verwundbarkeit, die ich viel zu oft ignoriere? Ich weiß es nicht. Ich gehe zum Hausarzt, er akupunktiert mich. Besser wird es nicht.

Trotzdem nehme ich mir für die immer drängenderen Fragen meines Lebens jetzt keine Zeit. Wir stecken in Hamburg mitten im Bürgerschaftswahlkampf. Ich bin zwar nach zwei Wahlkämpfen, in denen ich Spitzenkandidatin war, dieses Mal nicht an der vordersten Front aktiv. Aber als Hamburger Landesvorsitzende bin ich stark involviert und letztlich für den Wahlkampf zumindest mitverantwortlich. Also will ich positiv sein und nicht Zweifel ausstrahlen. Ich stürze mich in den Wahlkampf und verschiebe eine Beschäftigung mit der Frage nach meiner politischen Zukunft. Nach der Wahl wird viel Zeit dafür sein, rede ich mir ein.

Doch damit liege ich falsch. Für mich ist es unvorstellbar, doch am Abend nach dem Wahltag ist klar, wir haben die Bürgerschaftswahl verloren. Es ist verdammt knapp. Wenn nur 300 Menschen mehr uns ihre fünf Stimmen für die Landesliste gegeben hätten, dann wären wir drin gewesen. Die FDP Hamburg wird der nächsten Bürgerschaft nicht in Fraktionsstärke angehören. Darin vertreten werden wir sein, allerdings mit nur einer einzigen Abgeordneten. Unsere Spitzenkandidatin Anna von Treuenfels-Frowein hat ein Direktmandat im Wahlkreis Blankenese gewonnen, sie ist an dieser Stelle sozusagen meine Nachfolgerin. Zuvor hatte ich es 2011 und 2015 errungen. Ein echter Lichtblick in dieser deprimierenden Lage. Dennoch ist die Gesamtsituation düster. Jetzt stehe ich vor den Scherben dessen, was ich mit meinen Mitstreitern mit viel Mühe und Herzblut in neun Jahren aufgebaut habe. Ich weiß, wie schwer ein Landesverband zu führen ist, dem die breite parlamentarische Vertretung im Landesparlament fehlt. Ich weiß zu gut, welche oft destruktiven Kräfte dann wirken. Menschen haben ihre Mandate verloren, politische Karrieren werden jäh abgebremst oder kommen unwiderruflich zu einem Ende. Frust, Zorn und Wut entladen sich und müssen ein Ziel finden. Bei innerparteilichen Gegnern keimt die Hoffnung auf, nun unliebsame Parteifreunde loszuwerden. Für manche bin ich eine solche unliebsame Parteifreundin. Sie und ihre Egos haben es entweder nie verwunden, dass meine Zeit an der Spitze der Partei erfolgreicher ist und bereits länger andauert als ihre eigene. Oder noch banaler: Ich bin ihnen für kommende Listenaufstellungen schlicht und einfach im Weg.

Aus Sicht der Betroffenen ist das nachvollziehbar, ich bin darauf gefasst. Bereits am Wahlabend sind erste Anzeichen von Unruhe im Landesverband zu spüren. Am nächsten Abend tagt der Landesvorstand, einzelne Mitglieder fordern den geschlossenen Rücktritt des Landesvorstandes. Dem schließen sich die Vorstände einiger Bezirke an. Wir sind mal wieder in einer kritischen Lage. Natürlich ist die Wahlniederlage ein herber Einschnitt, da ist eine gründliche Aufarbeitung notwendig. Aber nicht unüberlegt und chaotisch. Das will ich nicht zulassen. Ich habe nicht all die Jahre geschuftet, so viel durchgestanden, auf so vieles verzichtet, damit nun alles wieder einstürzt. Mir ist es nicht egal, was mit unserer liberalen Partei in Hamburg geschieht. Es ist mir nicht egal, welche Entwicklungsmöglichkeiten meine engagierten und talentierten Parteifreundinnen und Parteifreunde in Zukunft haben werden. Es ist mir auch nicht egal, welche Aussichten unsere Wähler und Unterstützer in den nächsten Jahren auf eine starke liberale Stimme in der Hamburgischen Bürgerschaft haben werden.

Dennoch bleibe ich merkwürdig ruhig. Innerlich distanziert verfolge ich die bedrohlichen Entwicklungen. Und wundere mich über mich selbst. Woher kommt die Ruhe, die ich in früheren vergleichbaren Situationen nie hatte? Es ist der intensive Denkprozess, der in den letzten Wochen bei mir eingesetzt hat. Das immer stärker werdende Gefühl, dass meine Zeit als Berufspolitikerin bald zu Ende ist. Immer häufiger denke ich sehr konkret über ein Leben nach der Politik nach. Mache mir Gedanken, wie es werden wird. Diese Gedanken bereiten mir kein

Unbehagen, ganz im Gegenteil. Ich entwickle eine unbändige Vorfreude auf Dinge, die ich lange vermisst und fast vergessen habe: Ich male mir aus, wie schön es sein muss, sich spontan mit Freunden verabreden zu können, weil der Kalender nicht schon Wochen und Monate im Voraus übervoll ist. Ein Jobumfeld zu haben, in dem ich nicht das Gefühl habe, ständig auf der Hut sein zu müssen, den nächsten Angriff abwehren zu müssen. An manchem Morgen aufzustehen und keinen einzigen Termin zu haben, so dass ich den ganzen Tag an Projekten arbeiten kann, die mir gerade Spaß machen. Diese Gedanken machen mir aber mit noch größerer Wucht deutlich, was ich keinesfalls vermissen würde. Oder anders ausgedrückt: Sie machen mir viel Lust auf eine Zukunft ohne nervige und zeitraubende Gremiensitzungen, hinterhältige, aber wenig kompetente Parteifreunde, ständige Abend- und Wochenendarbeit.

Der Denkprozess hat eingesetzt, und ich werde ihn nicht mehr aufhalten können. Aber erst mal abbremsen kann ich ihn. Und das tue ich, ich habe jetzt einfach keinen Kopf dafür, ihn sauber zu Ende zu bringen. Nach der verlorenen Wahl bin ich nun damit beschäftigt, die Deutungshoheit über die Ursachen unseres enttäuschenden Abschneidens zu erlangen und mich gegen Angriffe und Rücktrittforderungen, die sich an den gesamten Landesvorstand richten, zu wehren. Zwar bleiben es nur einzelne und sie finden kaum Widerhall. Doch es kostet Zeit und Nerven. Ich bin froh, dass ich selbst so fest im Sattel sitze, dass die Wahlniederlage mich nicht das Amt kostet. Denn auf Streit und ruinöse Machtkämpfe habe ich überhaupt keine Lust, die habe ich in vergangenen Zeiten zu oft erlebt, ich habe lebenslang genug davon. Ich bin einfach zu erschöpft für diese Dinge.

Die Phase der Wahlnachlese geht nahtlos über in den ersten Coronalockdown. In den ersten Tagen und Wochen gibt es Momente, da bin ich einfach nur erleichtert, dass Sitzungen digital stattfinden, ich also nicht in Berlin und anderswo vor Ort sein muss. Ich bin auch froh über so manche Veranstaltung, die abgesagt wird und mir unverhofft einen der so selten gewordenen Abende auf dem Sofa schenkt. Ich habe in den letzten Jahren an so vielen Sitzungen teilgenommen, Smalltalk auf den unterschiedlichsten Empfängen und Festen gehalten, neue Menschen kennengelernt, Verbindungen zu alten Bekannten gepflegt. Es gehört zum Job, wird von mir als Abgeordneter und Parteifunktionärin erwartet. Aber ich möchte nicht mehr. Mir ganz persönlich kommt es in diesen Tagen eigentlich ganz gelegen, dass das Land in einen Zwangsstillstand geschickt wird.

Doch an echte Erholung und Regeneration ist nicht zu denken, wie ich sehr schnell feststellen muss. Als Parlamentarier sind wir in dieser Zeit stark gefordert. Die ersten Corona-Hilfspakete werden in nur wenigen Tagen zwischen Ministerien, regierungstragenden Fraktionen und Opposition beraten und beschlossen. Ein Kraftakt, der notwendig ist. Doch das ist es nicht, was mich auch jetzt nicht zur Ruhe kommen lässt, was mich am meisten belastet. Ich sehe die große Gefahr und das immense Leid, das von der schnellen Verbreitung des Coronavirus ausgeht. Wir brauchen schnelle und harte Maßnahmen dagegen, die uns allen viel abverlangen. Aber es macht mir ebenfalls große Sorgen, wie weitreichend die beschlossenen Maßnahmen sind, wie stark sie den Haushalt und damit zukünftige Generationen belasten. Wie leichtfertig das Recht auf Bildung unserer Kinder suspendiert wird. Und wie tief die Maßnahmen vor allem in die Freiheitsrechte der Bürger eingreifen, wie leichtfertig und bedenkenlos sie erlassen wurden. Auch und gerade in Krisenzeiten müssen alle Maßnahmen verhältnismäßig sein. Alles, was wir jetzt tun, muss zum Ziel haben, so schnell wie möglich zur Normalität zurückzukehren. Grundrechtseingriffe dürfen nicht zum Dauerzustand werden. Und kein noch so weitreichendes Hilfsprogramm für Familien, Arbeitnehmer, Selbständige und Unternehmen kann auf lange Sicht die Schäden kompensieren, die eine am Boden liegende Wirtschaft verursacht.

Ende März 2020 ernte ich einen Shitstorm auf Twitter. »Ich starte nachdenklich in die Woche: Was ist das Leben wert, wenn wir uns die Freiheit zu leben nehmen lassen?«, schreibe ich in einem Tweet. Neben 1640 Twitter-Usern, die ihn liken, gibt es 2540 Kommentare und 1045 Retweets. Ich bin erschrocken über die zahllosen Wortmeldungen unter meinem Tweet, aus denen sich offen ablesen lässt, dass Freiheit für viele etwas ist, das sie sowieso lieber abgeschafft oder zumindest eingeschränkt sehen würden. Der Tenor ihrer Begründung: Freiheit führt zu Rücksichtslosigkeit. Darauf müsse und dürfe mit Freiheitseinschränkungen reagiert werden.

Außerdem bin erschrocken darüber, mit welcher Absolutheit so viele Menschen jede Diskussion über die verhängten Coronamaßnahmen unterbinden wollen. Eine rege Debatte habe ich erwartet. Das Thema ist kontrovers, die Ansichten gehen weit auseinander. Das ist in Ordnung. Doch jetzt erlebe ich, wie jemand, der Zweifel anmeldet, so wie ich es hier mache, einfach mal so persönlich für den Tod unzähliger Menschen verantwortlich gemacht wird. Die in einer Demokratie doch selbstverständlichen und notwendigen Fragen danach, ob die Regierung die richtigen Maßnahmen trifft, ob andere vielleicht wirkungsvoller wären, ob sie angemessen und verhältnismäßig sind oder die unbeabsichtigten Nebenwirkungen den Nutzen überwiegen, dürfen aus der Sicht einiger nicht einmal gedacht, geschweige denn ausgesprochen werden. Ich bin entsetzt darüber, wie wenig nötig ist, damit Menschen jegliches kritische Denken einstellen. Und noch schlimmer finde ich es, dass man sie sogar ganz leicht dazu bringen kann, anderen das Andersdenken verbieten zu wollen.

Derart an den Pranger gestellt zu werden, geht mir nahe. Nachdem auch zwei Tage nach dem Posting noch immer Unmengen an Reaktionen kommen, die voller Hass und Wut gegen mich sind, sinke ich am Küchentisch in mich zusammen und weine. Minutenlang sitze ich da und lasse den Tränen ihren Lauf. Das tut gut, baut den Stress ab. Und lässt die Kämpferin in mir erwachen. Der Druck in den sozialen Medien wird mich nicht zum Schweigen bringen, beschließe ich. Schon jetzt ist absehbar, dass wir Gefahr laufen, dass die Nebenwirkungen der Coronamaßnahmen massiv sind und schwere psychische, gesundheitliche, soziale und wirtschaftliche Schäden anrichten. Ich will die betroffenen Kinder, Eltern, Senioren, Unternehmer und Kulturschaffenden mit ihren Sorgen und Nöten nicht allein lassen und fordere in den kommenden Monaten immer wieder dazu auf, so schnell wie möglich zu einer neuen Normalität, zu einem Leben mit Corona, zurückzukehren. Der Ausnahmezustand darf nicht die neue Normalität werden.

Ich bin also im Kampfmodus. Die Auseinandersetzungen um die Coronabeschränkungen werden mit harten Bandagen und unerbittlich geführt. Mich macht das aggressiver, dünnhäutiger und pessimistischer als zuvor. Für die Beschäftigung mit meiner Zukunft ist das nicht gut. Und die ist immer noch und immer wieder ein Thema. An einem Abend sitze ich mit einem Freund am Küchentisch. Wir haben gerade gegessen, trinken jetzt noch ein Glas Wein zusammen. Bald geht es auch um meine Zukunftspläne. Ich kann sie in diesen Tagen nicht positiv sehen. Ich weiß, dass ich gern etwas anderes als Politik machen will. Aber ich habe Angst, dass ich keine gute neue Rolle für mich finden werde. Keinen Job, der mir Spaß macht. Fast Panik löst aber der Gedanke aus, dass ich keinen Job finden werde, mit dem ich genug Geld verdienen kann, um allen Verpflichtungen weiter nachkommen zu können. Ich habe eine fast irrationale Angst vor dem tiefen Fall. Habe Angst, dass der Hochmut, meinen Job als Abgeordnete ohne Not einfach an den Nagel zu hängen, bestraft wird. In meiner Negativität sehe ich mich als gescheiterte Existenz, die unglücklich, einsam und ohne Perspektive ist. Klammere mich an den Gedanken, zu verarmen. Ich rechne uns vor, wie viel Geld ich verdienen müsste, um klarzukommen. Welche Abstriche ich notfalls für einen wie langen

Zeitraum machen könnte. Für meinen Gesprächspartner gebe ich ein entsprechend jämmerliches Bild ab. Eine Weile hört er sich mein Zaudern, meine Zweifel, meine Sorgen geduldig an. Fragt nach, gibt Tipps, macht mir Mut. Es holt mich allerdings nicht aus dem Loch heraus, in dem ich gedanklich gefangen bin. Nach einer Weile platzt ihm der Kragen.

»Wenn du weiter so negativ und panisch an das Thema herangehst, wirst du tatsächlich scheitern«, bricht es aus ihm heraus. Ich zucke zusammen. Das ist mal eine Ansage.

»Du hast gut reden, du musst dir um Geld keine Sorgen machen«, gebe ich etwas pampig zurück.

»Wenn du liebst, was du tust, dann wirst du erfolgreich sein.« Er zitiert Albert Schweitzer.

Ich habe diesen Satz schon so oft gehört. Heute berührt er etwas tief in mir. Ich habe das Gefühl, irgendwo falsch abgebogen zu sein und mich verirrt zu haben.

»Finde doch erst mal heraus, was du überhaupt tun willst. Was du gut kannst und wofür du brennst. Und bitte, rede nicht dauernd über das Geld, das du damit verdienen willst«, fährt er fort. Noch so eine Ansage. So also wirke ich, zumindest auf ihn. Materialistisch, oberflächlich, überheblich, unsympathisch. Alles, was ich nicht sein will. Ich fühle mich hundeelend. Ich weiß nicht, was ich mit meinem Leben machen soll, mein Selbstvertrauen ist im Keller, meine positiven Gedanken sind blockiert. Mit dem Fokus auf das Geld und die finanziellen Aspekte verliere ich den Blick für das Wesentliche. Ich gerate aus dem Flow, verkrampfe, die Dinge gelingen jetzt erst recht nicht. In diesem Moment fällt alles in mir zusammen. Ich werde von Trauer und Erschöpfung überflutet, es ist, als wäre ein Damm gebrochen. In dieser Nacht schlafe ich kaum. Meine Gedanken lassen mich keine Ruhe finden.

Am nächsten Tag beginnt eine neue Sitzungswoche, wie immer startet sie mit Gremiensitzungen. Sie finden coronabedingt online statt, ich wähle mich ein. Doch ich kann nicht folgen.

Mein Kopf fühlt sich an, als sei er mit Watte ausgestopft, alles dringt nur entfernt und dumpf zu mir durch. Am nächsten Tag versuche ich es wieder, nichts geht. Ich brauche ganz dringend eine Auszeit, so viel ist sicher. Ich tue etwas, was ich noch nie getan habe. Ich melde mich beim Parlamentspräsidenten, der Fraktionsführung und bei meinem Büro für die laufende Woche ab. In den nächsten Tagen lese ich kaum Zeitung, gehe täglich spazieren, schlafe viel, gebe mir Raum fürs Nichtstun. Eine Woche später will ich zurückkehren, doch ich fühle mich kein bisschen besser. Es dauert eine ganze Weile, bis ich wieder am Alltagsleben teilnehmen kann. Insgesamt ziehe ich mich drei Wochen aus dem politischen Betrieb zurück. Zunächst quält mich permanent das schlechte Gewissen. Ich male mir aus, was alles liegenbleibt, wer auf Rückmeldung wartet, welche Termine ich ausfallen lasse und welche Anfragen ich absagen muss. Mehr als einmal versuche ich mich aufzuraffen. Es muss doch irgendwie gehen, ich zeige ja nicht einmal körperliche Symptome. Und wie oft bin ich mit schlimmen Erkältungen und sogar Fieber arbeiten gegangen. Hat auch irgendwie funktioniert. Doch beim Gedanken an meine Arbeit rebelliert mein Verstand. Das habe ich noch nie erlebt. Ich lasse los. Und je länger die Auszeit dauert, desto mehr spüre ich mich wieder und desto klarer wird mir, dass ich diese Zeit für mich brauche. Ich werde ruhiger, die Tage verschwimmen, ich kann am Abend oft nicht sagen, womit ich den Tag verbracht habe. Dieser Abstand von meinem politischen Alltag tut mir gut. Ganz langsam komme ich wieder ein wenig zu Kräften. Nach ein paar Wochen checke ich morgens wieder die Nachrichten, lese Mails, beantworte sogar einige und führe ein paar Telefonate. Aber es ist nicht wie vorher, die wenigen Minuten Arbeit am Tag strengen mich fruchtbar an. Ich habe auch keine Freude daran.

Was will mein Körper mir mit dieser Verweigerung sagen? Eigentlich weiß ich es längst. Ich muss herausfinden, ob das, was ich mit so viel Einsatz tue, das ist, was ich wirklich will. Oder ob ich es tue, weil meine Konditionierungen mir sagen, dass ich es tun soll. Ob es alte Glaubensätze sind, die mir nicht einmal wirklich bewusst sind, die aber eine unglaublich starke Wirkung auf das haben, was ich tue oder lasse.

In diesen Wochen verschlechtert sich auch das Verhältnis zu meinen Kindern. Obwohl sie nicht bei mir leben, sehen wir uns jetzt mehrere Male pro Woche. Der Coronalockdown hat ihren gesamten Lebensrhythmus durcheinandergewirbelt. Sie sind seit März nicht mehr zur Schule gegangen, bis auf die Abiturprüfungen des Großen. Ihr Unterricht findet zu Hause statt. Meist lümmeln sie auf dem Sofa und dem Fußboden herum, oft haben sie sich noch am Nachmittag nicht richtig angezogen. Manchmal bleiben sie morgens einfach im Bett liegen, klappen nur ihren Rechner auf. Da sie keine Freunde treffen dürfen, verlassen sie das Haus nur selten. Eigentlich verlassen sie das Haus nur noch zum Einkaufen und ab und an für kurze Spaziergänge. Sie sind nicht ausgelastet und zunehmend genervt von der Isolation. Sie vermissen ihre Freunde, Partys, Sport. Gleichzeitig verlieren sie immer mehr ihren Antrieb, werden immer träger. Ich versuche, sie so gut es geht zu motivieren und zu unterstützen. Aber sie sind schon zu groß und eigenständig, um wirklich Hilfe von mir annehmen zu wollen.

Im Umgang mit ihnen bin ich gereizt, ungerecht und ungeduldig. Lasse mich provozieren, bin schnell beleidigt. Sie können es mir kaum noch recht machen. Immer wieder nehme ich mir fest vor, gelassener zu sein. Ich schaffe es nicht, kann in ihrer Gegenwart kaum noch entspannen. Andauernd kommt es zu Streit und heftigen Wortgefechten. Die Stimmung ist im Keller. Die Jungs verlieren die Lust, mich überhaupt noch zu sehen. Je schlechter ich mich deshalb fühle, je mehr ich das Gefühl habe, total zu versagen, umso schlimmer wird es zwischen uns.

»Was ist bloß aus unserer Familie geworden?«, fragt Jacob entsetzt nach einer besonders heftigen Auseinandersetzung.

Ich bin verzweifelt, habe keine Antwort.

Mein Leben braucht einen Neustart. Ich will wieder Freude an meiner Arbeit haben, was auch immer dieser Job ist. Ich will positiv und angstfrei in die Zukunft blicken, eine gute Beziehung und einen lockeren Umgang mit meinen Söhnen haben und einen gesunden Körper, der mich tun lässt, was ich tun möchte. Und das schaffe ich nur, wenn ich die Blockaden löse, die mich daran hindern, ganz im Selbst zu sein. Darum geht es im Kern: all das mentale Gift loszuwerden, dass mich vom Glücklichsein abhält.

Diesen Neustart schaffe ich nicht, indem ich einfach nur irgendetwas im Außen verändere. Ein neuer Job, neuer Mann in meinem Leben, ein paar Wochen Erholung, das ist nicht das, was mich dahin bringt. Ich muss viel tiefer gehen. Ich muss an die Wurzeln. Wenn ich das nicht mache, werde ich alle paar Monate wieder an diesem Punkt sein, wo nichts mehr geht.

Ich denke wieder an die Unterhaltung beim Dinner im Januar. Ist es tatsächlich möglich, dass eine einzige Woche Abgeschiedenheit und In-sich-Gehen ein Leben so grundlegend verändern können? Ich weiß intuitiv, das ist es, was ich brauche. Ich greife zum Telefon, rufe die Institutsleiterin an, melde mich zum nächsten Seminar an. Es beginnt bereits übernächste Woche. Ein letzter Platz ist noch frei, weil jemand kurzfristig absagen musste. Wir vereinbaren einen Termin für ein Vorgespräch, das sie mit jedem Teilnehmer führt. Parallel bekomme ich die umfangreichen Vorbereitungsunterlagen, einen ellenlangen Fragebogen. Ich mache mich direkt an die Arbeit und stelle mich meiner Vergangenheit. Zunächst fällt es mir schwer. Aber nach und nach gelingt es. Stück für Stück komme ich an Erinnerungen aus meiner Kindheit und Jugend, die ich verdrängt oder längst vergessen hatte. Gute und schlechte, angenehme und schmerzhafte, bedeutsame und eher weniger wichtige. Ich ahne, dass das Seminar mir viel abverlangen wird. Dass es anstrengend sein wird. Aber dass ich an einem Punkt meines Lebens bin, an dem ich nicht mehr länger damit warten sollte.

# KAPITEL 17
# DAS SEMINAR

*Juni 2020*

Ich bin aufgeregt. Voller Vorfreude, dass es endlich losgeht. Aber auch ein wenig angespannt angesichts der Reise ins Unbekannte. Morgen fahre ich nach Süddeutschland zum Seminar. Alles ist vorbereitet und organisiert. Der Fragebogen ist ausgefüllt und abgeschickt, der Koffer gepackt, die Liste der mitzubringenden Dinge abgearbeitet. Ich habe mich für eine Woche bei Freunden, Familie und Büro abgemeldet, ich gehe ins ›Digital Detox‹. Zuletzt war ich mehr als einen Tag offline, als es noch gar kein Internet gab. Jetzt sollen es acht ganze Tage am Stück sein. Hoffentlich halte ich das durch.

Inzwischen habe ich mit einigen ehemaligen Teilnehmern gesprochen. Sie berichten davon, welche Wendungen ihr Leben nach dem Seminar genommen hat, welchen Ballast sie abwerfen konnten und dass sie noch Monate und Jahre später davon profitieren. »Es ist das größte Geschenk, das ich mir je gemacht habe«, höre ich oft. Über den Ablauf der knapp acht Tage erzählen sie mir wenig bis gar nichts. Das Überraschungsmoment sei wichtig, sagen sie. Sie haben mir nur alle den Rat gegeben, mich voll auf alles einzulassen. Alles habe einen Sinn, auch wenn der sich nicht sofort erschließe. Ich bin noch nicht sicher, ob dieser Hinweis zu meiner Beruhigung beiträgt oder mich noch nervöser macht. Allerdings weiß ich auch, dass dieses Seminar bereits seit 40 Jahren auf diese Weise durchgeführt wird. Tausende von

Teilnehmern in unterschiedlichen Ländern haben es besucht. Es gibt wissenschaftliche Studien, die den positiven Effekt auf die Persönlichkeitsentwicklung der Teilnehmer belegen. Was soll mir schon geschehen?

Mit der Institutsleiterin, die selbst Teil des Trainerinnenteams ist, habe ich etwas ausführlicher über Methodik und Wirkungen des Seminars gesprochen. Was sie sagt, leuchtet mir ein. Es geht darum, sehr vereinfacht ausgedrückt, negative Muster, die in der frühen Kindheit gelernt wurden, meist in der Beziehung zu den Eltern, zunächst zu erkennen. Es gibt viele ganz unterschiedliche Muster, und praktisch jeder schleppt sie mit sich herum. Wir reagieren damit emotional auf etwas, was wir als Kind erlebt haben und was uns auf irgendeine Weise verletzt hat. Beispielsweise, wenn ein Kind glaubt, seine Eltern liebten seine Geschwister mehr als es selbst, wenn es sich ungerecht behandelt oder abgelehnt fühlt. Ein Kind kann Dinge nur persönlich nehmen, denn es nimmt erst mal alles auf der emotionalen Ebene wahr. Dinge zu relativieren und in einen Kontext zu setzen, schaffen wir als Kinder noch nicht. Erkennen, dass der Vater nicht auf das Kind sauer ist, sondern weil er Streit mit der Mutter hatte, kann es noch nicht. Es geht davon aus, dass mit ihm etwas nicht stimmt, wenn der Vater sauer ist. Kinder reagieren darauf musterhaft, jedes auf seine Weise. Manche sind beleidigt, andere fühlen sich minderwertig, manche ziehen sich zurück oder werden aggressiv. Diese Reaktionen verfestigen sich, weil das Kind den Themen in der Regel immer wieder begegnet und es keine anderen Handlungsoptionen zur Verfügung hat. Seine Reaktion ist dann alternativlos.

Später als Erwachsene begegnen wir ähnlichen Situationen wie als Kinder. In der Beziehung, in der Familie, im Freundeskreis, am Arbeitsplatz. Und greifen auf gelernte Reaktionen zurück. Wir sind wütend, eifersüchtig und ängstlich, fühlen uns unzulänglich, schuldig, rechtfertigen uns. Als Erwachsene könnten wir natürlich anders reagieren, denn wir können entscheiden, wie wir reagieren. Allerdings haben wir das meist nicht gelernt, weil unsere Reaktionsmuster so früh in unserem Leben entstanden sind. Und sie sind mit sehr starken Gefühlen verbunden, so dass sie ganz automatisch und oft unbemerkt immer wieder ablaufen. Deshalb können sie jederzeit auch im Erwachsenenleben durch bestimmte Trigger ausgelöst werden. Damit haben sie große Auswirkungen auf uns, auch wenn die Kindheit schon lange vorbei ist. Sie lassen uns Dinge tun, die in der Vergangenheit begründet liegen, und haben daher mit unseren Vorstellungen und Zielen als Erwachsene oft nichts zu tun, können ihnen sogar entgegenstehen. Damit hindern Muster uns oft an einem leichten, glücklichen und zufriedenen Leben, sie belasten uns oder treiben uns an den falschen Stellen an.

Im Seminar geht es nicht nur darum, die Muster zu entdecken. Denn davon lösen sie sich nämlich noch lange nicht auf. Mit einem rein intellektuellen Ansatz kommt man hier nicht weiter. Es geht daher darum, die Muster zu bearbeiten und sich von ihnen zu lösen. Gelingt das, kann es das Leben massiv verändern. In den Mustern ist sehr viel Energie gebunden, die dann wieder fließt und Neues möglich macht. Eine der Trainerinnen des Seminars drückt es so aus: »Es ist nie zu spät für eine glückliche Kindheit.«

Eines meiner Muster ist mir schon lange bewusst, auch wenn ich es trotz aller Bemühungen ohne Hilfe bisher nicht auflösen konnte. Ich weiß zum Bespiel, dass ich als Kind das Gefühl hatte, mit meinen Talenten und Fähigkeiten nicht gesehen zu werden. Ich konnte schon etwas lesen und rechnen, einige Zeit bevor ich eingeschult wurde. Mich hat es schon im ersten der beiden Kindergartenjahre fasziniert, die Aufgabenblätter der Vorschüler zu machen und darüber hinaus zu gehen. Zu meinem Leidwesen wurde mein Bitten und Betteln, bereits mit fünfeinhalb Jahren zur Schule gehen zu dürfen, abgelehnt. Ich sei einfach zu jung, sagte man mir. Man war der landläufigen Meinung, dass es gut sei, Kindern eher mehr als weniger Zeit vor dem Schulbeginn zu geben. Das mag in vielen Fällen richtig sein, in meinem war es das nicht. Ich hatte so viel Freude dabei, mir die Sachen anzueignen, die Kinder in der ersten Klasse lernen. Ich war neugierig und wissbegierig. Viel lieber versuchte ich, mir Wörter oder ganze Sätze zu erschließen und einfache Matheaufgaben zu lösen, als mit Puppen zu spielen. Ich tat das aus eigener Motivation, nicht, um andere zu beeindrucken. Dazu war ich noch zu klein. Aber dennoch fehlte mir das Gefühl der Anerkennung. Ich hatte nicht das Gefühl, dass überhaupt richtig wahrgenommen wurde, was ich bereits konnte. Auf der Suche nach der fehlenden Aufmerksamkeit habe ich mich ganz besonders angestrengt, um sichtbar zu werden. Nach dem Motto: »Wenn nicht gesehen wird, was ich kann, dann liegt es an mir. Dann bin ich nicht gut genug, dann reicht es nicht aus, was ich leiste, dann muss ich mehr tun.« Diese Konditionierung kann ich auch später nicht einfach ablegen. Und daher kämpfe ich noch als Erwachsene um Sichtbarkeit und Anerkennung.

Also verausgabe ich mich regelmäßig. In der Hoffnung, dass, wenn ich erfolgreich bin und etwas Außergewöhnliches erreiche, es dazu führt, dass ich gesehen werde. Natürlich bringe ich in meiner politischen Arbeit so viel Einsatz, weil ich eine tiefe innere Überzeugung habe und inhaltliche Ziele erreichen will. Aber ich spüre auch, dass noch etwas ganz anderes dahintersteckt. Die Motivation, mit der ich meine Ziele, wie etwa eine Wahl zu gewinnen oder in Verhandlungen eine Position durchzusetzen, verfolge, kurzum, die Motivation, Politikerin zu sein, ist nicht nur rein intrinsisch. Da gibt es noch eine andere starke Kraft, die mich antreibt. Ich tue es auch deshalb, weil mein inneres Kind noch immer auf der Suche nach Aufmerksamkeit ist, weil es sich noch immer nicht gesehen fühlt. Ich bin gefangen und getrieben durch die Muster meiner Kindheit. Und ich verliere dabei das Gefühl dafür, was mir als Mensch guttut. Ich habe verlernt, mich selbst wirklich wahrzunehmen. Mir sind Achtsamkeit und

Wertschätzung für mich selbst abhandengekommen. Ich kann nicht mehr sagen, ob und inwiefern ich meine eigenen Ziele verfolge und was ich eigentlich nur tue auf der Suche nach Anerkennung und Gesehenwerden.

Natürlich gibt es viele inhaltliche Überzeugungen, aus denen heraus ich FDP-Politikerin geworden bin. Doch nicht alle Menschen, die ähnliche Ansichten wie ich vertreten, entscheiden sich für eine Bundestagskandidatur bei den Freien Demokraten. Nicht allein deshalb, weil die Zahl der Abgeordneten begrenzt ist und diesen Weg nur eine verschwindend geringe Zahl an Menschen gehen kann. Die meisten Menschen, die ich kenne, wollen ein solches Leben schlicht und einfach nicht führen. Sie haben keine Lust auf die Ochsentour vor dem ersten Mandat, sie haben keine Lust auf innerparteiliche Wettkämpfe, auf permanente Beobachtung und Öffentlichkeit.

Warum also bin ich diesen Weg gegangen, abseits der inhaltlichen Überzeugungen, über die ich in diesem Buch bereits berichtet habe? Warum mute ich mir ausgerechnet eine Politikkarriere in den vordersten Reihen zu, obwohl ich nicht gern auf der Bühne stehe? Ich habe eine Ahnung, was mich jenseits programmatischer Überzeugung antreibt. Es sind Motive, die mit meinem inneren Selbst nicht viel zu tun haben. Es sind Muster, die in meiner Kindheit angelegt wurden und noch heute einen großen Einfluss auf mein Handeln haben.

Wenn ich in einer ruhigen Minute in mich hineinhöre, wird mir vieles erstaunlich klar. Ich bin mir im Klaren darüber, dass meine Verletzungen aus der Kindheit wegen des Nicht-gesehen-Werdens viel damit zu tun haben, warum ich es hinnehme, einen Job zu machen, in dem ich mich oft quäle, heftig und über Jahre gegen innere Widerstände ankämpfe und trotzdem nicht wirklich glücklich werde. Aber diese nur sporadisch auftretende Klarheit wird immer wieder überlagert von meinen Gedanken, von der Vernunft, vom Intellekt. Die mir versichern, dass es großartig ist, diesen Job machen zu dürfen, um den mich viele beneiden und für den manche fast alles geben würden. Der mich gut finanziert, Reisen und spannende Begegnungen ermöglicht, der mir Respekt und Anerkennung verschafft. Und deshalb bin ich über so viele Jahre bereit, die Kehrseiten zu ignorieren und viel von dem aufzugeben oder zu vernachlässigen, was mir wichtig ist. Ich verzichte auf Leichtigkeit und Spaß im Leben. Aber das will ich nicht mehr. Entweder müssen die inneren Widerstände weg, oder ein neuer Job muss her. Was von beiden es sein wird, das muss ich noch herausfinden. Dazu muss ich differenzieren lernen, was ich aus intrinsischer Motivation tue, und was ich tue, um endlich die Anerkennung für mein inneres Kind zu bekommen. Letzteres wird mich nicht glücklich machen. Ich hoffe auf Klarheit durch das Seminar.

Frühmorgens steige ich in den Zug. In den ersten Stunden arbeite ich. Versuche auf den letzten Metern so viel wie möglich zu erledigen, bevor ich tagelang von der Bildfläche verschwinde. Sogar einen Social-Media-Post bereite ich vor, den mein Team in ein paar Tagen veröffentlichen wird. Es soll möglichst nicht auffallen, dass ich weg bin. Dann klappe ich den Rechner zu und schaue aus dem Fenster auf die vorüberziehenden Landschaften, die zunehmend hügeliger werden. Ich beginne mich zu entspannen.

Am Nachmittag komme ich auf dem Gutshof an, auf dem das Seminar stattfindet. Er ist wunderschön, es gibt Pferde, in der Mitte des von den Gebäuden eingerahmten Innenhofs steht ein riesiger alter Baum. Malerisch, ich fühle mich sofort wohl. Ich checke ein, gehe auf mein Zimmer und packe aus. Das Programm startet erst am nächsten Morgen. Ich nutze die Zeit für einen ausgedehnten Spaziergang über die Felder und durch die Wälder in der Umgebung. Es ist warm und sonnig. Alles ist friedlich und still.

Zurück auf dem Gut treffe ich auf eine Gruppe anderer Teilnehmer, die gerade angekommen sind – in einer Fahrgemeinschaft aus Hamburg. Einige von ihnen erkennen mich sofort, ich merke es an ihren Blicken. Ich schwanke zwischen Unbehagen, weil ich hier definitiv nicht in der Rolle als Politikerin Katja Suding sein will, und Freude über die gemeinsame Verbindung zu unserer Heimatstadt Hamburg. Doch noch an diesem Abend, beim Essen und ersten Gesprächen untereinander, weicht das Unbehagen. Wir alle sind hier, weil wir etwas in unserem Leben verändern wollen. Es ist völlig egal, wer wir sind und was wir beruflich machen. Die Stimmung ist locker, auch wenn die meisten von uns die nächsten Tage mit Spannung erwarten. Wir trinken ein letztes Glas Wein zusammen, Alkohol ist während des Seminars verboten. Bevor ich schlafen gehe, gebe ich mein Mobiltelefon und meinen Computer ab, sie werden sicher für mich in einer Box verwahrt. Ich will gar nicht erst in Versuchung kommen.

Über den genauen Ablauf der nächsten Tage werde ich an dieser Stelle schweigen. Ich könnte als Laie ohne therapeutische Ausbildung auch kaum verständlich in Worte fassen, was dort passiert und was ich erlebt habe. Erst recht nicht für jemanden, der nicht dabei war. Auf jeden Fall sind es sehr emotionale, sehr anstrengende, sehr schöne Tage. Wir lachen viel und weinen noch mehr.

Ich nehme intensiven Kontakt zu meinem inneren Kind auf, das oft in mir wütet und tobt, lerne es besser kennen. Dieses innere Kind nimmt Dinge persönlich, die sich gar nicht gegen es richten. Es wird wütend, wenn andere etwas falsch machen oder sich schlecht benehmen. Es reagiert eifersüchtig, trotzig, beleidigt, kleinlich. Im Laufe der Woche finde ich heraus, was es braucht, und wir schließen Frieden. Ich lasse ihm Zeit, nachzureifen, so dass wir uns auf Augenhöhe begegnen. In meine Seminarmappe schreibe ich das Versprechen, das ich ihm gebe: »Ich werde dich sehen und wertschätzen, liebe kleine Katja, mit Deinen Talenten, Bedürfnissen, Wünschen und Fähigkeiten. Ich werde Dich unterstützen und Dich fördern. Du wirst gesehen,

Du brauchst Dich dafür nicht so zu verausgaben. Du musst dafür nicht so viel Druck aushalten und nicht so vieles vernachlässigen oder aufgeben, was Dir wichtig ist.«

In diesem Frieden fühle ich mich stark und geerdet, ich ruhe in mir. In mir kommt der Mut auf, einfach so zu sein, wie ich wirklich bin. Und nicht so, wie ich immer geglaubt habe, sein zu müssen. Ich bin gut so, wie ich bin, ich muss niemand anderes sein und ich muss mir und keinem anderen mehr etwas beweisen. Ich weiß, in diesem Zustand kann ich Berge versetzen.

Am letzten Tag des Seminars mache ich ein paar Yogaübungen und bemerke die spontane Heilung meiner Achillesferse. Unmittelbar vor meiner Abreise bekam ich meine Ferse im »herabschauenden Hund« wegen starker Schmerzen nicht auf den Boden, jetzt geht es problemlos und völlig schmerzfrei. Es hat sich offenbar eine Blockade gelöst, die sich in dieser körperlichen Einschränkung gezeigt hat. Was über Monate in ärztlicher Behandlung nicht verschwand, ist innerhalb von Tagen weg. Und kommt auch nicht wieder.

Auf der Zugfahrt zurück nach Hamburg gehe ich nach acht Tagen wieder online. Ich zucke zusammen. Weit mehr als 1000 ungelesene Mails und Nachrichten haben mich während meiner digitalen Abwesenheit erreicht. Ich brauche Stunden, um sie durchzusehen, vieles lösche ich ungelesen. Anderes hat sich nach einer Woche bereits erledigt, eine schöne Erfahrung. Eine Mail sticht mir besonders ins Auge, mein Blick bleibt beim Namen des Absenders hängen. Vor langer Zeit haben wir beruflich miteinander zu tun gehabt. Wir haben uns zwar nur flüchtig kennengelernt, aber ich erinnere mich sofort und gern an Stefan. Seit 20 Jahren habe ich nichts von ihm gehört. Obwohl wir die meiste Zeit davon in derselben Stadt lebten, sogar in benachbarten Stadtteilen, sind wir uns in diesen 20 Jahren nicht ein einziges Mal begegnet. Er erkundigt sich, wie es mir ergangen ist, und schlägt vor, sich bei einem Kaffee über das Leben auszutauschen.

Bewegung, Höhen und Tiefen, habe es in unser beider Leben sicher mehr als genug gegeben, schreibt er. Spontan sage ich zu. Und glaube nicht an einen Zufall. Er hätte 20 lange Jahre Zeit gehabt, mich zu kontaktieren. Er erwischt mich exakt in diesen Tagen, in denen ich maximal bei mir und doch offen für alles Schöne bin.

Zu Hause angekommen, lasse ich mir ein paar Tage Zeit, um langsam zurück in den Alltag zu finden. Ein Gefühl beherrscht mich. Ich fühle mich stärker für mein Leben verantwortlich als je zuvor. Es ist kein Gefühl von Last und Schwere, sondern von Erleichterung und Freude. Selbst für mein Leben verantwortlich zu sein bedeutet, es so leben und gestalten zu können, wie ich es möchte. Nur ich habe die Kontrolle darüber, wie ich auf all das reagiere, was in meinem Leben passiert. Niemand anders hat diese Macht über mich. Die Muster, die mich so eine lange Zeit bestimmt haben, sind ein ganzes Stück verblasst. Ich erkenne meinen inneren Wesenskern, der unendlich und unzerstörbar ist, egal was um mich herum passiert. Das Leben mag mit seinen Wellen, den kleinen sanften und den großen zerstörerischen, über mich hinweggehen, sie können mir aber nichts anhaben, weil ich sie zu nehmen weiß.

Konkret bedeutet das, dass ich viel gelassener als noch vor wenigen Wochen auf das reagiere, was mir den Tag über begegnet und widerfährt. Da, wo ich früher wütend wurde, mich beleidigt zurückgezogen habe oder einfach traurig war, wenn Lebenspartner, Freunde, Familienmitglieder, Arbeitskollegen oder auch Menschen, denen ich nur flüchtig begegne, sich anders verhalten, als ich es erwarte und mir wünsche, bleibe ich heute ruhig. Die Auslöser für negative Emotionen sind fast ganz verschwunden. Mich bringt nichts aus der Ruhe in diesen Tagen und Wochen, fast nichts. Es ist nicht so, dass alles nur noch gut ist. Aber ich bin nun in der Lage, die aufsteigenden Emotionen zu beobachten, zu akzeptieren, dass sie da sind, sie sogar willkommen zu heißen. Ich verstehe jetzt, dass nicht mein Gegenüber dafür verantwortlich ist, sondern diese Gefühle mich darauf hinweisen, dass etwas in mir der Klärung bedarf. Gehört habe ich das alles schon oft, diese Erkenntnis ist nicht neu. Aber jetzt kann ich damit etwas anfangen, weil ich es umsetzen kann. Es ist eine riesengroße Entlastung. Sie nimmt den Stress von mir, anderen Menschen und dem, was sie tun, sagen, oder eben auch nicht tun, hilflos ausgeliefert zu sein. Ich kann selbst entscheiden, was es mit mir macht. Und ich entscheide mich dafür, friedlich, gelassen und glücklich zu sein.

Mir kommt eine Visualisierung aus dem Seminar in den Sinn. Wir haben eine Bootsfahrt auf dem Lebensfluss gemacht. Ein Fluss, der mal schneller, mal langsamer fließt. Mal ist er ein reißender Fluss, mal fließt er ruhig und die Sonne scheint. So wie das Leben nun mal verläuft. Den Fluss des Lebens können wir nicht beeinflussen, wir müssen ihn annehmen, so wie er ist. Aber das Boot in diesem Fluss, auf dem wir fahren, das können wir steuern. Für mich ist das ein wunderschöner Gedanke.

Mein Arbeitsalltag verändert sich spürbar. In der ersten Sitzungswoche nach dem Seminar stelle ich erstaunt fest: Ich bin wie ausgewechselt. Wo ich früher viele Aufgaben, besonders die unangenehmen, die, auf die ich keine Lust habe, vor mir hergeschoben habe, gehe ich sie jetzt ohne Zögern an. Ich hadere nicht, nehme sie an und arbeite alles weg, konzentriert, in Riesengeschwindigkeit, ohne Mühe. Die Ergebnisse werden nicht schlechter, ganz im Gegenteil. Und ich finde Lücken in den Tagen der Berliner Sitzungswochen, die ich in den drei Jahren zuvor nicht gekannt habe. Verwundert reibe ich mir die Augen, wenn mein E-Mail-Postfach leer ist und alle Mails abgearbeitet sind. Wenn mein Schreibtisch leer ist und noch Zeit ist bis zum nächsten Termin. »Das kann doch nicht sein«, sage ich mir. Ich gehe rüber in das Büro meiner Teamkollegen und frage sie, ob das WLAN kaputt ist. Vielleicht ist es ja nur ein technisches Problem und die Aufgaben erreichen mich einfach nicht. Ist es aber nicht, die Technik funktioniert reibungslos. Ich habe tatsächlich schon alles erledigt.

Es sind nicht endlose Stunden am Stück, die mir nun unerwartet zur Verfügung stehen. Aber mal eine halbe Stunde hier, eine ganze da. Ich nutze sie für Telefonate mit Menschen, die ich schon lange mal wieder anrufen will. Ich lese Bücher, die schon ewig auf meiner Liste stehen. Ich meditiere oder ruhe mich aus. Es ist herrlich. Ich lade meine Batterien auf, die vor Wochen ziemlich leer waren. Die Lebensfreude kehrt zurück.

Zwei Wochen nach Ende des Seminars sitze ich mit Johann und Jacob zusammen, wir essen Burger.

»Du bist total anders, Mama. Was haben die da mit dir gemacht?«, will Johann wissen.

»So relaxed kannte ich dich gar nicht mehr«, ergänzt Jacob.

Sie haben Recht. Unser Verhältnis hat sich wieder sehr entspannt. Die beiden fangen an darüber nachzudenken, welche Muster sie haben und wo ihr inneres Kind verletzt worden ist. Ich staune. So reflektiert war ich in ihrem Alter nicht. Noch sind sie ein bisschen zu jung. Aber in ein paar Jahren wäre das Seminar auch etwas für sie.

Als ich mit Stefan viele Monate später über die ersten Tage und Wochen spreche, die wir im Anschluss an das Seminar miteinander verbringen, beschreibt er mich so:

»Nach dem Seminar warst du fast unsichtbar, wenig präsent, wenig dominant. Du kamst mir vor wie ein leeres Gefäß, das dabei war, wieder vollzulaufen.« Ich weiß, was er damit meint. Ich bin am Beginn von etwas Neuem. Ich habe mich von dem befreit, was mich belastet. Habe Blockaden abgebaut, so dass meine Energie wieder fließen kann. Manche negativen Verhaltensweisen von früher habe ich abgelegt, auch das lässt die Energie fließen und es schafft Platz für neues, für positives Verhalten. Ich habe Frieden gemacht mit meinem inneren Kind und meiner Vergangenheit. Jetzt hat die erwachsene Katja ihren Raum.

Und der kann sich jetzt füllen. Ich bin gespannt, womit. Auf jeden Fall kann ich sagen, das Seminar war für mich ein echter Life-Changer. Ich empfinde es als riesengroßes Geschenk. Ich bin so dankbar dafür!

## KAPITEL 18

# HUNDELIEBE

Im August 2020 lerne ich Sand kennen. Sand spricht sich nicht deutsch aus wie der »Sand am Meer«, sondern englisch: sænd. Er ist ein belgischer Schäferhund, ein damals gut vierjähriger Malinois. Ich selbst habe nie einen Hund gehabt, auch meine Familie hatte keinen, als ich Kind war. Mein älterer Bruder hatte mal einen Hund, einige meine Freundinnen haben auch welche. Eine wirkliche Beziehung habe ich nie zu ihnen aufgebaut. Wenn ich ehrlich bin, habe ich bis zu diesem Zeitpunkt gedacht, dass ein Hund im Leben eines potenziellen Lebenspartners ein No-Go oder zumindest ein schweres Hindernis wäre. Ich hatte gar nichts gegen Hunde. Aber ich hatte eben auch nicht viel übrig für sie. Sie machen viel Arbeit, wollen immerzu Aufmerksamkeit und verlieren überall Haare. Und jetzt das.

Stefan hat Sand vor zweieinhalb Jahren aus dem Tierheim geholt. Zwei Jahre hatte er dort verbracht, fast sein ganzes bisheriges Leben. Die Mitarbeiter des Tierheims haben sich liebevoll um ihn gekümmert, dennoch muss es eine harte Zeit für ihn gewesen sein. Er liebt es, ganz eng mit den ihm vertrauten Menschen zusammen zu sein. Mit ihnen zu leben. Sie sind sein Rudel, er würde alles tun, um sie zu beschützen. Das gibt ihm sein genetisches Programm vor, darauf ist er gezüchtet. Für mich heißt das: Als ich Stefan kennenlerne, gehöre ich nicht zum Rudel. Für Sand bin ich erst mal eine Bedrohung, er lässt mich nicht zu nahe an seinen Menschen heran. Das gilt für jeden, der nicht dazugehört und sich dem Haus nähert, sei es Postbote,

Handwerker oder Gärtner. Sie alle werden wütend und ziemlich bedrohlich angebellt.

In den ersten Wochen unserer Beziehung spielt Sand in meinem Leben noch keine große Rolle, jedenfalls keine aktive. Wir verbringen die meiste Zeit in meiner Wohnung in Hamburg oder gehen raus. Allerdings bestimmt Sand schon damals maßgeblich den Takt unseres Zusammenseins. Wenn Stefan nach der Arbeit zu mir kommt, bleibt er nicht lange. Denn Sand ist dann schon einige Zeit allein und muss raus. Wenn wir den Abend zusammen verbringen wollen, beginnt der erst spät. Denn Sand muss vorher noch an die frische Luft. Und am nächsten Morgen ist kein ausgiebiges Frühstück angesagt, denn der Hund braucht seinen morgendlichen Spaziergang. Dafür habe ich natürlich Verständnis, es geht ja nicht anders. Dennoch weiß ich, dass es so auf Dauer schwierig werden wird, allen Beteiligten gerecht zu werden. Sand nicht, der jetzt viel Zeit allein verbringt. Stefan nicht, der Hund und Freundin unter einen Hut bringen muss. Und auch mir nicht, die gern mal mehr Zeit mit Stefan am Stück verbringen möchte. Also beschließe ich, Sand kennenzulernen und mich mit ihm anzufreunden.

Unsere Annäherung verläuft langsam und in kleinen Schritten. Obwohl ich nicht weiß, worauf ich mich einlasse, und keinerlei Erfahrung mit Hunden habe, bin ich bereit zu lernen. Wir starten ganz langsam, gehen zu dritt spazieren, Sand an der Leine, ich werfe sein Bällchen für ihn, halte aber genügend Abstand, sowohl vom ihm als auch von Stefan. Nach ein paar Tagen gehe ich mit in den Garten und ins Haus. Also das Territorium, das es aus Sicht von Sand zu verteidigen gilt. Ich besteche ihn mit Knochen, die er mir aus der Hand nimmt, ohne sie abzubeißen. Ich vermeide es, ihn anzufassen oder ihm in die Augen zu sehen. Er soll das Tempo bestimmen.

An einem Nachmittag spiele ich mit ihm im Garten, ich habe das Gefühl, dass er mich inzwischen akzeptiert. Er befolgt erste Kommandos und kommt mir beim Spielen ziemlich nahe. Stefan bereitet in der Küche das Abendessen vor. Glücklich laufe ich zu ihm, um über unsere Fortschritte zu berichten. Sand folgt mir, bleibt in der Tür stehen. Dann mache ich einen Fehler. Ich umarme Stefan. Obwohl er mir eingeschärft hat, ihm nicht zu nahe zu kommen, wenn Sand dabei ist. Auch wenn er schön mit mir spielt, ich gehöre für ihn noch längst nicht dazu. In dem Moment passiert es. Sand schießt lautlos und pfeilschnell auf uns zu, ich sehe ihn nicht kommen. Für Sand ist das keine Umarmung, für ihn ist es ein Angriff auf Stefan. Er schnappt nach meiner Wade. Es geht so schnell, dass ich es kaum mitbekomme. Stefan aber weiß sofort, was los ist.

»Zeig her«, befiehlt er.

»Kann nicht so schlimm sein, man sieht ja gar nichts«, entgegne ich.

»Herzeigen«, beharrt er.

Ich ziehe die Hose ein Stück nach oben. Es sind nur oberflächliche Kratzer, Sand hat es bei einer Warnung belassen.

»Wir haben doch gerade noch so schön gespielt.«

»Er hat nicht durchgeladen, zum Glück. Aber wir sollten es trotzdem behandeln. Setz dich hin.«

Vorher wendet er sich Sand zu. Er schimpft heftig mit ihm und sperrt ihn oben in ein Zimmer.

Stefan sprüht Desinfektionsmittel auf die Kratzer und klebt ein Pflaster darüber. Schmerzen spüre ich nicht, aber ich bin erschrocken, verwirrt und traurig. Ich weiß genau, dass Sand keine Schuld trifft, der Fehler liegt bei mir. Ich hätte viel vorsichtiger sein und auf die Warnungen hören müssen. Ich könnte jetzt aufgeben. Einsehen, dass Sand für mich mit meiner nicht vorhandenen Hundeerfahrung eine Nummer zu groß ist. Mir sagen, dass ich mit dem Vorbehalt gegen Hunde in meinem Leben Recht hatte. Doch ich möchte nicht aufgeben. Ich will, dass Sand und ich Freunde werden. Zu sehr habe ich Sand schon in mein Herz geschlossen, ich möchte, dass er mich akzeptiert. Ich werde mich von diesem Rückschritt nicht entmutigen lassen, beschließe ich.

Ich nehme mir vor, es ab jetzt richtig zu machen. Also arbeiten wir weiter an unserer Annäherung, jetzt noch vorsichtiger und behutsamer als zuvor.

Ein paar Wochen später haben wir es tatsächlich geschafft, Sand und ich werden echte Kumpel. Stefan kommt mich mit ihm in meiner Wohnung besuchen. Zum ersten Mal. Sand weiß sofort, dass ich hier lebe. Und er riecht, dass das der Ort ist, an dem sich Stefan in den letzten Wochen so oft aufgehalten hat, zu dem er ihn aber nie begleiten durfte. Er begrüßt mich freudig, indem er mich mit seiner Schnauze anstupst. Ich gehe mit ihm auf den Balkon und fülle ihm Fressen in einen Napf, den ich extra für ihn angeschafft habe. Gierig und dankbar frisst er es restlos auf. Ich setze mich an den Tisch in der Küche. Sand kommt zu mir, stellt seine Pfoten auf meine Oberschenkel. Er ist dann so groß wie ich. Voller Hundeliebe leckt er mir übers ganze Gesicht. Das ist seine Art, mir Zuneigung zu zeigen. Ich gehöre ab jetzt dazu. Die beiden bleiben über Nacht, Sand und ich liegen eng umschlungen zusammen im Bett, er weicht mir in dieser Nacht nicht mehr von der Seite. Es fühlt sich großartig an, ich könnte vor Glück weinen.

In den Wochen und Monaten, die folgen, wachsen Sand und ich eng zusammen. Ich nutze jede Gelegenheit, mit ihm endlose Spaziergänge über die Felder und Wiesen in der Umgebung zu machen. Schon als Kind war ich gern draußen. Jetzt entdecke ich es wieder. Normalerweise bin ich jemand, der morgens oft einen gewissen Anlauf braucht, um in den Tag zu starten. Nun wache ich mit Sand auf und mit seiner Vorfreude auf alles, was der Tag bringen wird. Ich ziehe mich an, und noch vor dem Frühstück geht es raus. Mir ist egal, ob es regnet, stürmt, schneit oder die Sonne scheint. Ich liebe es, mit ihm bei jedem Wetter in der Natur zu sein und mit den wechselnden Jahreszeiten die Veränderungen zu beobachten. Bäume und Sträucher, deren Blätter im Herbst erst bunt werden und dann abfallen. Die Schwärme aus

Hunderten von Gänsen, die aus dem Süden ankommen und sich wie ein riesiger dunkler Teppich über die Äcker bewegen. Gräser und Zweige, die im Frost wie von Zucker ummantelt sind. Die ersten Knospen und Blüten, die noch im Winter zu sprießen beginnen, das zarte Grün der Blätter im Frühjahr. Bis zu den satten Farben des Hochsommers mit seinen Gerüchen nach Heu und Wiesenkräutern.

Jeden Tag begegnen wir auf unseren Touren einer Vielzahl von Tieren: Störche, Pferde, Kühe, Schnecken, Enten. Zuerst habe ich große Mühe, Sand unter Kontrolle zu behalten, wenn vor seiner Nase ein Reh oder ein Hase aufgeschreckt wird und vor ihm wegrennt. Das passiert fast täglich. Wir trainieren zusammen, bis er mich als seine »Chefin« anerkennt. Ich finde heraus, wie ich meine Stimme einsetzen muss, damit Sand in jeder Situation auf mein Kommando hört. Er spürt sofort, ob ich wirklich voll überzeugt bin, wenn ich etwas von ihm verlange. Bin ich nicht voll konzentriert, ignoriert er mich. Und ich lerne seine Körperhaltungen zu lesen. Den größeren Lernfortschritt von uns beiden mache eindeutig ich. Zuerst fällt es mir wahnsinnig schwer, diesem wunderschönen Wesen meinen Willen so unbedingt aufzuzwingen. Ich möchte nicht autoritär gegenüber ihm sein, viel lieber möchte ich einfach seine Freundin sein. Bis ich verstehe, dass Hunde Führung verlangen und brauchen. Bleibt unklar, wer führt, dann übernehmen sie selbst die Führung, und dann werden sie unkontrollierbar und stellen eine große Gefahr für sich selbst und ihre Umwelt dar. Das gilt ganz besonders für Malinois.

Das, was ich im Umgang mit Sand lerne, bringt mich auch insgesamt weiter. Auch die Menschen, mit denen ich zu tun habe, spüren, ob ich ganz bei der Sache bin oder mit den Gedanken weit weg. Sie spiegeln es nicht so unmittelbar, wie Sand es tut. Aber es macht für mein Gegenüber einen großen Unterschied, ob ich mich der Unterhaltung mit ihm ganz widme oder gedanklich schon woanders bin. Ich nehme mir vor, bei allem, was ich tue, genauso bei der Sache zu sein, wie ich es bei Sand notwendigerweise sein muss. Und ich werde besser darin.

Am meisten lerne ich aber von Sands Art und Weise, durch den Tag zu gehen. Es hat eine heilsame Wirkung auf mich, mit ihm zusammen zu sein. Fasziniert beobachte ich seine ungezügelte Freude, wenn er mich begrüßt, seine bedingungslose Liebe, die er zeigt, wenn er mir im Haus auf Schritt und Tritt folgt, wenn er mit mir auf dem Sofa kuschelt. Jeden Morgen freut er sich unbändig auf seinen Spaziergang, als wäre es das erste Mal. Sand hat nie schlechte Laune, die er an anderen auslässt. Er stichelt nicht, fängt keinen Streit mit seinen Menschen an, übrigens auch nicht mit anderen Hunden. Er verstellt sich nicht, ist immer er selbst, ungekünstelt, ohne Allüren. Er beschwert sich nicht, teilt aber unumwunden mit, was er gerade will und braucht.

Seine Zuneigung ist grenzenlos und unkonditioniert. Ihm ist es egal, ob ich morgens mit zerzausten Haaren und ungeduscht meinen Kaffee trinke oder ob ich top gestylt und mit schicken Klamotten dasitze. Und ihm ist es auch ganz sicher vollkommen egal, ob ich Abgeordnete des Deutschen Bundstages bin oder nicht. Er hat zu jeder Zeit nichts anderes als Liebe für mich. Wie viel weiter er in dieser Hinsicht doch ist als ich, die sich endlose und sinnlose Gedanken über Äußerlichkeiten, Oberflächliches und Nebensächliches macht. Die sich beleidigt zurückzieht, wenn sie ihren Willen nicht bekommt oder glaubt, schlecht behandelt zu werden. Die auf Rache sinnt und ihren Ärger und Frust an ihrer Umgebung auslässt. In seiner Welt spielt all das keine Rolle. Er lebt im Hier und Jetzt, genießt den Augenblick. Er macht sich keine Gedanken über das Älterwerden, hat keine Angst vor dem Tod.

Natürlich ist so ein Hundeleben von allerlei Lasten befreit, die mein Leben erschweren. Sand lebt bei fürsorgenden Menschen, die ihm ausreichend gutes Futter, Bewegung und Zuneigung zuteilwerden lassen. Er muss sich um all das nicht kümmern.

Vielleicht wäre auch ich dauerentspannt, wenn ich mich nicht darum sorgen müsste, dass genügend Geld auf dem Konto ist, wie ich aussehe und was andere über mich denken. Wenn ich nicht einkaufen, nicht saubermachen, mich nicht um Behördengänge kümmern müsste. Bestimmt. Aber dennoch ist Sand für mich mit seiner Klarheit, die keinen Raum für den alltäglichen Wahnsinn lässt, in gewisser Weise ein Vorbild geworden.

KAPITEL 19

# DIE ENTSCHEIDUNG

In den Tagen und Wochen nach meiner Rückkehr vom Seminar denke ich bewusst nicht oder kaum über eine erneute Kandidatur für den Deutschen Bundestag nach. Die Entscheidung wird bald fallen müssen, und ich bin sicher, dass sie fallen wird, wenn der richtige Zeitpunkt da ist. Ich lasse mir die Zeit, die es dafür braucht. Mir ist klar, dass bei der Entscheidung, ob ich weitermachen möchte oder nicht, keine Pro-und-Contra-Listen helfen. Es ist keine rein rationale Abwägung, die ich zu treffen habe. Aber ich versuche, eine vorläufige Bilanz zu ziehen. Ich weiß, welches Privileg es ist, Abgeordnete im Deutschen Bundestag zu sein. Wie hart ich gearbeitet und gekämpft habe, um dahin zu kommen, wo ich jetzt bin. Ich weiß zu schätzen, welche finanziellen Möglichkeiten und sonstigen Annehmlichkeiten das Bundestagsmandat mit sich bringt. Und es ist noch immer so, dass ich für liberale Politik und Positionen brenne, seit Beginn der Coronapandemie mehr denn je. Wenn ich nur auf diese positiven Aspekte schaue, stellt sich überhaupt keine Frage, dann will ich weitermachen.

Ich weiß auch, was untrennbar mit dem Bundestagsmandat verbunden ist, ich aber für mich zunehmend nicht mehr akzeptieren kann und möchte: die stressigen, mit vielen Arbeitsstunden prall gefüllten Sitzungswochen in Berlin, in denen ich von Familie und Freunden getrennt bin und fast vollständig auf ein Privatleben verzichte. Die endlosen, sich in die Länge ziehenden und immer wiederkehrenden Sitzungen der unterschiedlichsten

Gremien: Präsidium der Bundespartei, Bundesvorstand, Präsidium der Landespartei, Landesvorstand, Fraktionsvorstand, Fraktion, Arbeitsgruppen, Arbeitskreis, Bundestagsausschüsse, Plenarsitzungen und viele mehr. Sitzungen, die aus meiner Sicht zu oft unnötig lange dauern und dabei nicht genügend konkrete Ergebnisse produzieren. Weil endlos und nicht zielgerichtet debattiert wird. Immer öfter und immer stärker empfinde ich es als persönliche Zumutung, in diesen Sitzungen zu sitzen und mir meine Zeit durch zu lange und in meinen Augen überflüssige Debatten und Wortbeiträge stehlen zu lassen. Was könnte ich alles an produktiven Dingen in der Zeit anstellen, die ich dort absitze! Ich darf gar nicht darüber nachdenken.

Zunehmend schwieriger ist es für mich auch, von den Mitgliedern meiner Partei abhängig zu sein, die mit ihrer Stimme über die Vergabe von Funktionen und Listenplätzen entscheiden. Alle zwei Jahre, so schreibt es das Parteiengesetz vor, werden die Vorstände neu gewählt. Vor jeder Parlamentswahl werden die Kandidaten durch Wahl aufgestellt. Ich halte diese Prozesse der innerparteilichen Demokratie für wichtig, richtig und sinnvoll. Aber nach so vielen Jahren möchte ich ihnen nicht länger ausgeliefert sein. Möchte nicht mehr abhängig sein, mehr oder weniger subtil, vom Wohlwollen teilweise wildfremder Menschen, die mich und meine Fähigkeiten und Vorstellungen teilweise gar nicht kennen oder einschätzen können. Denen ich irgendwann einmal wissentlich oder unwissentlich auf die Füße getreten bin und die jetzt eine Chance bekommen, ihre Form der Rache zu üben. Oder die eine Nein-Stimme vergeben, einfach weil sie anderen einen zu großen Erfolg neiden. All das passiert, immer wieder, auch mir selbst. Ich kann mich in dieser Hinsicht nicht einmal beklagen, über viele Jahre wurde ich sehr von meiner Partei unterstützt und bekam meistens gute innerparteiliche Wahlergebnisse. Doch für mich fühlt sich diese Konstellation nicht mehr gut an.

Ich möchte auch nicht mehr abhängig sein von medialer Reichweite, Interaktionen auf meinen Social-Media-Profilen und meinem Bekanntheitsgrad. Als Politikerin werde ich, nicht nur, aber doch maßgeblich daran gemessen. Alles wird gezählt und beobachtet, es ist eine knallharte Währung im politischen Geschäft. In jeder Fraktionssitzung werden die Reichweiten unserer Parlamentsinitiativen und die medial besonders gut gelaufenen Themen vorgestellt – mitsamt den Namen der Abgeordnetenkollegen, die dazu in den Zeitungen zu lesen oder in den Fernsehnachrichten und Talkshows zu sehen sind. Die Themen, für die ich zuständig bin, Bildung und Familie, spielen auf Bundesebene eine untergeordnete Rolle, es sind landespolitische Themen. Doch das spielt bei den Rankings keine Rolle. Ich sehe ein, dass es Sinn ergibt, den Output unserer Arbeit zu messen. Doch es ist nicht der Maßstab, an dem ich länger gemessen werden möchte. Ich fühle mich in dieser Abhängigkeit gefangen und gelähmt. Das Verlangen, daraus auszubrechen, ist riesengroß geworden.

Es hat sich noch etwas verändert in den drei Jahren, die ich nun im Bundestag sitze. In den ersten Jahren meiner politischen Karriere habe ich mehrmals scheinbar ausweglose Situationen durch meinen persönlichen Einsatz zum Guten drehen können. Auch wenn man, wie in anderen Lebensbereichen auch, in der Politik immer ein gutes Team braucht, um erfolgreich zu sein, so kam es dabei doch jeweils ganz entscheidend auf mich an und ich konnte als Person sehr viel bewegen. Mein Einsatz zeigte Wirkung. So war es 2011 bei meiner ersten Spitzenkandidatur für eine Bürgerschaftswahl. Es wiederholte sich 2015 mit meiner zweiten Bürgerschaftswahl, die für die FDP insgesamt sogar noch wichtiger war und ein erster Meilenstein auf dem Weg zurück in den Bundestag. Das gelang 2017. Ich hatte eine direkte Wirksamkeit, die ich jetzt schmerzlich vermisse. Ich fühle mich mehr und mehr wie der Hamster in seinem Rad, der strampelt und strampelt und doch nicht vorwärtskommt.

Die Abläufe in meinem neuen Leben als Bundestagsabgeordnete spielen sich schnell ein. Es wird nicht langweilig, davon kann keine Rede sein. Aber eine gewisse Routine stellt sich ein. Bei mir lässt die Spannung nach. Auch ist die Partei vorerst gerettet, wir befinden uns, relativ gesehen, in ruhigem Fahrwasser. Auch wenn in dieser 20. Legislaturperiode nicht alles nach Plan für uns läuft, wir zwischenzeitlich heftigen Gegenwind bekommen, massive Kritik einstecken müssen und uns die Umfrageinstitute in manchen Wochen gefährlich nahe an der Fünfprozenthürde sehen. Wir sind jetzt dennoch einigermaßen stabil. Ich leiste noch immer meinen Beitrag, als stellvertretende Partei- und Fraktionsvorsitzende. Aber es ist nun nicht mehr so, dass es so sehr darauf ankommt, dass gerade ich den Job mache. Anders als damals gibt es einige Kolleginnen, die meine Rolle in Partei und Fraktion genauso gut ausfüllen könnten, vielleicht sogar besser. Für mich geht ein Kapitel zu Ende. Auftrag erfüllt.

Von außen betrachtet mag es für viele im Sommer 2020 so aussehen, als wenn es jetzt erst so richtig losgeht für mich. Als sei ich auf dem Weg bis ganz an die Spitze der deutschen Politik, kurz vor dem Ziel. Doch für mich ist das nicht so. Zu sehr hadere ich mit den Kehrseiten des politischen Erfolgs, den persönlichen Einschränkungen und mit der nachlassenden unmittelbaren Wirksamkeit meines Handelns. Ich habe viel weniger als in den ersten Jahren das Gefühl, dass sich mein persönlicher Einsatz wirklich auszahlt. Mir kommen immer mehr Zweifel, ob ich meine Energie noch an der richtigen Stelle einsetze, um das zu tun und das zu erreichen, was mir wichtig ist. Mir wird im Laufe der Zeit auch immer klarer, dass Parlamente längst nicht der einzige Ort für mich sind, um Dinge in eine gute Richtung zu bewegen bzw. um die Rahmenbedingungen zu schaffen, damit die Welt ein wenig besser wird.

Ich möchte in einer wahrhaft liberalen und freien Gesellschaft leben. Dazu will ich meinen Beitrag leisten. Und dafür muss ich in die Politik gehen – so war es zum Start meine Überzeugung. Nicht nur auf dem Sofa sitzen, rummäkeln und alles besser wissen, sondern selbst etwas tun, handeln. Es ist also ziemlich genau das, was so viele Politiker vor und nach mir immer wieder als Motivation für ihr Tun angeben.

Obwohl sich, insbesondere aus der Opposition heraus, nur mühsam etwas verändern lässt, füllt mich meine Arbeit lange Jahre aus, ist sinnstiftend und motiviert mich. Ich stoße politische Debatten an und bringe eigene Vorschläge ein, von denen sich auch einige irgendwann im Regierungshandeln wiederfinden. Auch wenn es immer mehr, besser und toller sein kann, damit bin ich eine ganze Zeit lang ziemlich zufrieden.

Doch im Laufe der Jahre verschiebt sich etwas. Mir wird immer klarer, dass eine wirklich freie Gesellschaft zwar geprägt wird durch politische Entscheidungen, die in den Parlamenten getroffen und von einem leistungsfähigen Staat umgesetzt werden. Doch es gehört viel mehr dazu. Wesentliche Stellschrauben, die uns Menschen wirklich frei machen, finde ich weit außerhalb des politischen Einflussbereiches. Eine Gesellschaft, die ultimativ frei ist, braucht Menschen, die in ihrer persönlichen Entwicklung und in ihrem Denken wirklich frei sind. Das aber lässt sich weder verordnen noch befehlen. Nicht von oben durch die Politik und auch nicht von den Mitmenschen. Da sind wir alle selbst gefragt und in Verantwortung. Je mehr ich darüber nachdenke, desto mehr kommen mir Zweifel. Zweifel, ob mein Einsatz in der Politik für mich noch richtig ist. Oder ob ich meine Energie nicht besser an anderer Stelle einsetzen sollte.

Immer wieder stelle ich mir auch die Frage: Brauche ich mein Bundestagsmandat für mein Ego? Wie sehr hängen mein Lebensglück und mein Selbstwertgefühl eigentlich davon ab, dass ich Bundestagsabgeordnete bin? Dass ich es tatsächlich geschafft habe, als einer von 709 Menschen in Deutschland in freien, gleichen und geheimen Wahlen in das nationale Parlament, eines der obersten Verfassungsorgane, gewählt worden zu sein? Was bleibt von mir übrig, wenn das Kürzel MdB hinter meinem Namen wegfällt? Was kommt in einem Leben danach? Werden all die Menschen, die ich in den letzten Jahren getroffen haben, noch irgendein Interesse an mir haben, wenn ich nicht mehr Mitglied des Bundestages bin? Muss ich mir danach ein komplett neues Netzwerk aufbauen? Werden die Menschen in meinem nahen Umfeld, meine Familie, mein Partner, meine engsten Freunde enttäuscht sein, wenn ich nicht mehr den Glanz einer Bundestagsabgeordneten mitbringe? Empfinden sie es überhaupt so? Und reicht das, was ich als Mensch an Qualitäten mitbringe, damit sie mit mir befreundet sein wollen?

Schon die Tatsache, dass ich mir diese Fragen stelle, sagt eine Menge über mich aus. Darüber, welche Unsicherheiten mich quälen. Darüber, welche Antworten ich befürchte. Die fallen nicht schmeichelhaft aus. Daher fällt es mir auch nicht leicht, sie wirklich ehrlich und offen zu beantworten. Sie berühren etwas, das ich auch vor mir selbst zunächst nur schwer zugeben will. Etwas, auf das ich lieber nicht so genau schauen möchte. Denn natürlich weiß ich, wie erbärmlich es ist, mich über das Mandat zu definieren. Wie niederschmetternd die Erkenntnis wäre, dass mein Selbstwertgefühl von meiner Funktion abhängig ist, ich mich nur gesehen und anerkannt fühle, wenn die Menschen um mich herum mir eine gewisse Bedeutung zumessen. Und doch bin ich nicht frei davon.

Es ist nun mal so, dass mir das Bundestagsmandat eine Bedeutung und Aufmerksamkeit verleiht, die ich in meinem vorherigen Job als Kommunikationsberaterin nicht gehabt habe. Natürlich keine reale Bedeutung, es ist nur eine angenommene Bedeutung. Denn sie gilt ja gar nicht mir. Es ist so leicht, Ehrfurcht und Respekt für die Funktion, die ich mit dem Mandat innehabe, mit der Ehrfurcht und dem Respekt für mich als Menschen zu verwechseln. Wie schnell es doch geht, die Rolle, die ich als Politikerin spiele, als Realität anzunehmen. Und damit die Leere und den Mangel zu übertünchen, die sich in mir auftun. Das Nachdenken darüber ist unangenehm, es ist gefährlich für mein Ego, so dass ich es lange Zeit einfach nicht tue. Noch schlimmer aber als sich dieser Wahrheit zu stellen ist, es nicht zu tun. Es hat zu meinem Zusammenbruch im Frühjahr 2020 geführt. Ich will diesen Weg des Selbstbetruges verlassen.

Also versuche ich mir vorzustellen, was es mit mir machen wird, wenn ich das MdB nicht mehr im Namen führe. Wie wird es sein, wenn ich auf die Frage, was ich beruflich mache, nicht mehr diese ehrfurchtsvollen Blicke ernte? Ich stelle mir die Situationen vor, tauche in sie ein. Und komme jedes Mal zu der Gewissheit: Es macht keinen Unterschied, es spielt einfach keine Rolle. Ich muss Glück, Wohlbefinden und Anerkennung nicht mehr im Außen suchen. Sie sind längst da.

Mit diesen Gedanken und Emotionen genieße ich den Sommer 2020, im festen Vertrauen darauf, dass ich beizeiten wissen werde, was für mich der richtige Schritt sein wird. Ich stelle fest, dass der persönliche Veränderungsprozess, der in dem Seminar begonnen hat, auch danach unaufhörlich weitergeht. Es bleibt das Gefühl, stärker für mein Leben verantwortlich zu sein als je zuvor. Es frei von altem Ballast leben und gestalten zu können. Weniger dadurch, dass ich es in von mir erdachte und festgelegte Bahnen lenken will und mein Handeln darauf ausrichte. So habe ich es in den letzten Jahrzehnten getan. Jetzt bin ich frei davon, starr einem Ziel zu folgen, sondern lasse mich treiben, schaue, was das Leben an schönen Dingen zu bieten hat, und greife an den Stellen zu, wo ich ein gutes Gefühl habe.

Es macht mir daher kein mulmiges Gefühl, dass ich womöglich vor einer großen Veränderung stehe und meine nächsten Schritte unklar sind. Dass ich noch keine Entscheidung getroffen habe, wo es hingehen soll. Es ist im Gegenteil gerade die Ungewissheit, die meine Zukunft gedanklich hell erstrahlen, sie wie eine Verheißung erscheinen lässt. Ich freue mich auf das, was kommt, ohne zu wissen, was es sein wird. Denn ich weiß, dass meine wiedergefundene Fähigkeit, dem Lauf der Dinge zu vertrauen, im Fluss zu bleiben, Geduld zu haben und nichts erzwingen zu wollen, mir eine ungeahnte Fülle und Schönheit des Lebens bieten wird.

Deutlich spüre ich auch eine bisher von mir nicht erlebte Gelassenheit. Was ungeheuer entlastend ist. Ohne klare Erwartungen fällt auch das Potenzial für Enttäuschungen weg. Ich freue mich auf jeden Tag, den ich erleben darf. Bin dankbar für alles Schöne, was mir widerfährt, und das ist jede Menge. Ich nehme in Respekt und Demut an, was mir missfällt oder misslingt. Im Vertrauen darauf, dass sich im Laufe der Zeit schon offenbaren wird, welchen Sinn das hat, wenn er sich nicht unmittelbar zeigt. Allerdings gibt es wenig in dieser Hinsicht zu beklagen. Den Lauf der Dinge nicht mehr kontrollieren und beherrschen zu wollen führt nicht nur dazu, dass ich die unangenehmen Seiten des Lebens nun besser annehmen kann. Und sie damit gar nicht mehr als unangenehm empfinde. Das ist nur ein Nebenaspekt. Es führt vor allem dazu, dass viel mehr Schönes in mein Leben kommt als zuvor. Es mag paradox erscheinen, aber die Kontrolle aufzugeben heißt nicht, die Kontrolle zu verlieren. Ganz im Gegenteil, die Kontrolle aufzugeben heißt, die Verbindung zu sich selbst wieder herzustellen, Energie fließen zu lassen und sich dem Fluss des Lebens hinzugeben, der so viel Gutes mit sich bringt.

In diesem Sommer fallen mir verschiedene Bücher über das Tao in die Hände. Ich denke an meine Kindheit und Jugend zurück. Damals hatte ich, wie vermutlich viele sehr junge Menschen, ein intuitives Wissen, dass die Dinge im Leben sich nur sehr begrenzt steuern lassen und dass es eine unsichtbare Kraft gibt, die alles in die richtige Richtung lenkt. Man kann sich dieser Kraft widersetzen oder sie frei fließen lassen. Damals gelang es mir oft ziemlich gut, im Fluss zu sein. Ich verliere dieses Vertrauen im Laufe meines Erwachsenenlebens. Durch Job, Ehe, Kinder, den hektischen und manchmal sorgenvollen Alltag wird die Verbindung gekappt. Ich bin kopfgesteuert und traue meinen Intuitionen weniger. Mein Alltag ist auf Effizienz, Rationalität und Funktionieren ausgerichtet. Oft tut sich eine Leere auf, an der ich zu ersticken drohe. Es führt mich nach fast zwei Jahrzehnten an einen Punkt meines Lebens, an dem ich so nicht weitermachen kann und will. Jetzt mache ich mich auf den Weg zurück zu dieser unerschöpflichen Quelle an Glück, Fülle und Schönheit, die ich in meinen jungen Jahren bereits kennengelernt habe.

Ich erkenne, dass alles Gute, alles, was es braucht, um glücklich zu sein, in mir schon längst da ist. Ich muss nur die Verbindung zu diesem Ursprung alles Guten und Schönen wiederfinden und erneut aufbauen. Ich stelle mir die Frage, ob ich weitermachen will, nun anders: Es geht nicht mehr nur darum, ob ich weiter das tun möchte, was ich jetzt tue. Ob ich Abgeordnete sein will oder einen anderen Job machen will. Meine Welt als Abgeordnete ist eine eher kalte, materielle, auf Sieg oder Niederlage ausgerichtete Welt. Man kann auch darin gut leben und sogar glücklich sein. Aber für mich habe ich die Überzeugung gewonnen, das geht nur, wenn man dabei gleichzeitig bei sich ist, am Ursprung der Lebensenergie, die durch uns und alles fließt. Ich muss also herausfinden, ob mir das gelingen kann, und die Frage beantworten, ob mich meine jetzige Lebensweise, die Umgebung, die ich vorfinde, davon abhält. Findet mich die Antwort, dann weiß ich, wie es weitergehen wird.

Ende August 2020 bin ich mit Stefan beim Thailänder in der Hamburger City zum Mittagessen. Eine knappe Woche vor dem Landesparteitag am 5. September. Ich erzähle ihm, dass ich mir am Vormittag Gedanken zu meiner Rede auf dem Parteitag gemacht habe, die ich dort üblicherweise als Landesvorsitzende halte.

Ich bin unschlüssig, welche Botschaft ich senden will. Der verpasste Wiedereinzug in die Hamburgische Bürgerschaft in Fraktionsstärke vom Februar sollte auf einem Parteitag aufgearbeitet werden, klar. Coronabedingt hatten wir dazu bisher keine

Gelegenheit. Aber nur zurückzublicken, das ist zu wenig, erst recht ein Jahr vor der nächsten Bundestagswahl. In den Umfragen liegen wir bei manchen Instituten weit unter unserem Wahlergebnis von 10,8 Prozent bei der Bundestagswahl 2017. Die Stimmung der Parteifreude würde dementsprechend nicht gerade berauschend sein.

Eine Motivationsrede wäre also eine naheliegende Option. Ich bin mir sehr sicher, dass die FDP in den kommenden Monaten Aufwind bekommen wird, und daher optimistisch, was die Aussichten meiner Partei bei der Wahl in einem Jahr angeht. Unsere Haltung zur Coronapolitik der Bundesregierung nimmt neben den gesundheitlichen Risiken auch die wirtschaftlichen, gesellschaftlichen und sozialen Folgen in den Blick. Das ist in weiten Teilen noch wenig populär. Es würde sich aber ändern, mit zunehmender Dauer der Pandemie und abnehmender Bereitschaft der Menschen zu akzeptieren, dass das Herunterfahren des Landes die einzig wirksame Maßnahme im Kampf gegen Corona sei.

Außerdem will ich etwas zu meinen eigenen Plänen sagen. Die Aufstellung der Kandidaten in den Wahlkreisen und auf der Landesliste steht unmittelbar bevor. Jedenfalls nach dem ursprünglichen Zeitplan, den Corona allerdings gehörig durcheinanderwirbelt. Im Normalfall heißt das, ich kündige meine erneute Kandidatur für den ersten Listenplatz an. Also das, wovon die Allermeisten ganz selbstverständlich ausgehen. Es wäre ganz einfach, niemand könnte mir dabei gefährlich werden. Ich müsste nur zugreifen, was für ein Luxus.

Ich male es mir aus. Die Reaktionen, die kommen, wenn ich meine erneute Bundestagskandidatur ankündige. Den Zuspruch, den ich von den allermeisten dafür bekommen werde. Das Grummeln der anderen, die meine Position gern hätten, doch wissen, dass sie jetzt keine Chance haben. Wie lange habe ich auf einen Moment hingearbeitet, wo es mir in der Partei so leicht gemacht wird, ich quasi unangefochten bin. Ich könnte jetzt die Früchte meiner Arbeit ernten, sie einfach vom Baum pflücken.

Doch es fühlt sich nicht gut an. Da ist ein mächtiges Störgefühl. Ich will das nicht! Es ist falsch. In diesem Augenblick, ganz unvermittelt, während ich mein gelbes Thai-Gemüsecurry esse, ist die Antwort auf meine Frage da. Mir ist auf einmal sonnenklar, was ich möchte. Nachdem ich mir monatelang den Kopf darüber zerbrochen, es verdrängt oder bewusst aufgeschoben habe, weiß ich plötzlich, was passieren wird. Es ist einfach da.

»Ich weiß, was ich sagen werde!«, rufe ich.

»Was denn?«, fragt Stefan.

In meinen Kopf taucht ein Satz auf, den ich nicht mehr loslassen kann. Und der sich für mich vollkommen richtig anfühlt. Ich formuliere den Satz, den ich in meiner Rede auf dem Parteitag sagen werde:

»Ich habe mich entschlossen, bei den Listenaufstellungen für den nächsten Deutschen Bundestag nicht mehr zu kandidieren.«

»Du strahlst dabei«, sagt er.

»Es fühlt sich super an!«

Das ist es, das möchte ich sagen. Ich bin komplett klar und ganz ruhig. Und doch kann ich den Moment kaum erwarten, diesen Satz auf der Bühne des Parteitages auszusprechen. Ich habe keinen Zweifel. Beim Gedanken daran hüpft mein Herz vor Freude. Diese Freude lässt in den kommenden Stunden und Tagen nicht nach, sie nimmt noch zu. Der Knoten ist geplatzt. Mit meiner Entscheidung gegen eine weitere Legislaturperiode im Bundestag verfalle ich in eine Hochstimmung. Sie wird auch den Parteitag überdauern.

# KAPITEL 20
# EXIT

*5. September 2020*

Der Landesparteitag der FDP Hamburg kommt als hybrider Parteitag mit fünfmonatiger Verspätung zusammen. Es sind weniger Parteifreunde als üblich vor Ort, es gibt die Möglichkeit, im Livestream zuzuschauen. Gäste dürfen gar nicht kommen, und auch Pressevertreter werden nur nach vorheriger schriftlicher Anmeldung zugelassen. Die Vorschriften, die während der Coronapandemie erlassen wurden, haben uns fest im Griff.

Ein Schwerpunkt des Parteitages sind die Beratungen über das für uns enttäuschende Ergebnis bei der Bürgerschaftswahl im Februar 2020. Es geht um die Frage, warum es mit einem Ergebnis von 4,9 Prozent ganz knapp nicht gereicht hat. Die Interpretationen sind sehr unterschiedlich und spiegeln meist die persönlichen Präferenzen für oder gegen bestimmte Personen oder auch die eigenen persönlichen Ambitionen wider. Wer schon bei der Listenaufstellung für diese Bürgerschaftswahl nicht zum Zuge kam, wird das Ergebnis an den aus seiner Sicht falschen Kandidaten festmachen. Andere sehen insbesondere die Wahl eines FDP-Mannes zum Kurzzeitministerpräsidenten von Thüringen, die ohne die Stimmen der dortigen AfD-Abgeordneten nicht zustande gekommen wäre, als ausschlaggebend an. Als Wahlkämpferin, die wochenlang im Einsatz vor Ort war und Stimmungen bei den Menschen sehr genau wahrnehmen konnte, halte auch ich die Thüringer Ereignisse klar für ausschlaggebend. Die Demoskopen, die Wahlabsichten für die einzelnen Parteien im Zeitverlauf ganz gut messen können, bestätigen meinen Eindruck.

Und es geht um die Folgen für unseren Landesverband. Es macht einen Riesenunterschied, ob wir mit einer Fraktion oder nur mit einer einzelnen Abgeordneten in der Bürgerschaft vertreten sind. Ohne Fraktion fehlt uns ein Mitarbeiterstab aus Fraktionsgeschäftsführer, Pressesprecher und Referenten. Außerdem fehlen einer Einzelabgeordneten parlamentarische Rechte, die Mitgliedern der Fraktionen zustehen, wie etwa das Stimmrecht in den Ausschüssen oder das Recht, Große Anfragen an den Senat zu stellen.

Außerdem steht ein Leitantrag des Landesvorstandes auf der Tagesordnung, der sich mit den Folgen von Corona und den jetzt notwendigen Maßnahmen beschäftigt. Eigentlich ist es ein Routineparteitag, ich habe unzählige davon erlebt. Für mich jedoch wird es alles andere als Routine, es wird ein ganz besonderer Parteitag sein. Ich kündige meinen Abschied aus der aktiven Politik an. Für die Bundestagswahl im nächsten Herbst werde ich nicht wieder kandidieren.

In der Woche vor dem Landesparteitag trifft sich in Berlin die Bundestagsfraktion zur Klausurtagung. Wie in jedem Jahr, starten wir auf diese Weise wieder nach der Sommerpause. Wir debattieren die aktuelle politische Situation, die stark von der Coronapandemie geprägt ist. Ich nutze die Gelegenheit, um Christian Lindner als Partei- und Fraktionsvorsitzenden persönlich über meinen Entschluss zu informieren. Er soll es als einer der Ersten erfahren. Dass ich im Sommer noch gezögert und keine Entscheidung für eine erneute Kandidatur getroffen habe, weiß er aus unseren Gesprächen. Ich bitte ihn während einer Sitzungspause vor die Tür und komme gleich zur Sache.

»Ich habe mich entschieden. Ich werde nicht wieder für den Bundestag kandidieren. Und auch nicht mehr für den Hamburger Landesvorsitz und den stellvertretenden Bundesvorsitz. Ich werde das am Samstag auf unserem Landesparteitag öffentlich machen.«

Es folgt eine kurze Pause.

»Wow«, und wieder eine Pause. Christian spürt, dass jeder Versuch, mich zum Weitermachen zu überreden, zwecklos ist.

»Warum?«

»Ich möchte mein Leben zurück.«

»Wie schade!« Noch eine Pause.

»Aber ich verstehe dich. Und bewundere den Mut und die Klarheit, deinen Weg zu gehen. Du hattest es ja schon angedeutet«, sagt er dann.

»Danke!« Ich bin erleichtert. Natürlich hängt meine Entscheidung nicht von der Zustimmung des Parteivorsitzenden ab. Aber ich finde es schön, dass ich auf Respekt und Verständnis stoße, es tut mir gut.

»Meine Entscheidung fühlt sich komplett richtig an, ich bin ganz mit mir im Reinen und sehr glücklich«, erwidere ich.

»Das spürt man, ich freue mich für dich«, antwortet er.

Wir sprechen noch ein paar Sätze, dann gehen wir wieder zurück zu den anderen in den Sitzungssaal.

Auch Wolfgang Kubicki, den ich seit meiner politischen Anfangszeit gut kenne und schätze, passe ich für ein vertrauliches Gespräch ab. Er ist entgeistert.

»Das kannst du doch nicht machen, überleg es dir bitte nochmal.«

»Ich habe lange darüber nachgedacht, ich möchte nicht mehr.«

»Aber du warst so wichtig für uns auf dem Weg zurück in den Bundestag, wir brauchen dich doch!«

Ich freue mich, dass er mich nicht einfach gehen lassen will.

»Ohne dich macht es auch gar keinen Spaß hier.«

»Ich werde dich besuchen kommen.«

»Bist jederzeit willkommen!«

In diesen Tagen spreche ich auch mit meiner Parteifreundin Anna und meinem Stellvertreter im Landesverband Gerhold

Hinrichs-Henkensiefken. Beide haben meinen Entscheidungsprozess begleitet. Am Tag vor dem Parteitag informiere ich meine engsten Vertrauten in der Partei und meine Mitarbeiter in Berlin. Einen nach dem anderen rufe ich an. Es ist mir wichtig, dass sie von meiner Entscheidung nicht überrumpelt werden und einen Vorsprung vor der Partei- und Presseöffentlichkeit bekommen. Um sicherzugehen, dass meine Entscheidung nicht durch ein unachtsames Wort vorab an die Medien kommuniziert wird, warte ich den Redaktionsschluss des Tages ab. Ich bin erstaunt, wie wenig überrascht einige der Angerufenen sind. Offenbar habe ich ausgestrahlt, dass etwas in mir seit Langem heftig gearbeitet hatte. Wirklich leid tut es mir um mein Team im Bundestagsbüro. Mit jedem Einzelnen von ihnen arbeite ich sehr gut und sehr gern zusammen. Ihre Jobs sind an mein Mandat als Abgeordnete gebunden. Wenn mein Mandat endet, endet auch ihre Tätigkeit. Doch auch von ihnen kommen ausnahmslos positive Reaktionen. Sie spüren, dass ich eine für mich gute und richtige Entscheidung getroffen habe, und freuen sich für mich. Auch wenn es auch für sie ein Einschnitt sein wird.

Dann ist er da, der Samstagmorgen, der Tag des Parteitages. Ohne einen Wecker stellen zu müssen, wache ich früh in meiner Hamburger Wohnung auf. Ich bin ausgeschlafen, ruhig und voller Vorfreude. Nichts in mir leistet Widerstand gegen mein Vorhaben, ganz im Gegenteil, es fühlt sich alles genau richtig an. Ich meditiere, mache meine Yogaübungen und trinke auf dem Balkon meinen Kaffee, während ich die Nachrichtenlage scanne. Dann gehe ich rein und feile noch ein wenig an der Rede, die ich in wenigen Stunden halten werde. Ich denke an die unzähligen früheren Parteitage. Wie ich diese Stunden kurz vor dem Aufbruch erlebt habe. Ich habe mich meist elend gefühlt, voller Widerstand. Was hätte ich darum gegeben, nicht hingehen zu müssen. Heute ist es vollkommen anders. Ich freue mich richtig.

Es fühlt sich an wie süßer Honig, dass heute mein neues Leben beginnt. Und dass es eine der letzten Parteitagsreden sein wird, die ich halten muss.

Der Parteitag beginnt um zehn Uhr. Es sind von mir aus nur ein paar wenige Kilometer bis ins Elysée-Hotel an der Rothenbaumchaussee. Dort gibt es einen Saal, der groß genug ist, um den Teilnehmern mit dem vorgeschriebenen Corona-Sicherheitsabstand genügend Platz zu bieten. Ich nehme mir ein Taxi, Stefan wird mich später abholen.

Es ist ein seltsames Gefühl, das mich überkommt, als ich meine Parteifreunde begrüße. Die meisten von ihnen habe ich wegen der Coronaeinschränkungen seit Monaten nicht gesehen, außer in Onlinekonferenzen. Ich habe kaum jemanden von ihnen vermisst. Ich frage mich, ob man mir ansieht, was ich gleich zu sagen habe. Ob sie ahnen, dass ich heute meinen Abschied verkünden werde. Bestimmt nicht. Am Check-in hole ich meine Stimmkarte und gehe langsam zu meinem Platz ganz vorn im Saal. Vorbei an Gruppen von Parteifreunden, hier und da bleibe ich stehen und wechsle ein paar Worte.

Es geht los. Wie jeder Parteitag, so beginnt auch dieser mit der Totenehrung. Ich gehe hoch zum Rednerpult und trage die Namen der vier seit dem letzten Parteitag verstorbenen Parteifreunde vor, mitsamt den Kreisverbänden, denen sie angehört haben, und der Anzahl der Jahre, die sie Mitglieder waren. Die Parteitagsteilnehmer erheben sich zum Gedenken an die Verstorbenen, ich danke ihnen dafür.

Als alle wieder auf ihren Stühlen sitzen, beginne ich meine Rede. Ich kann mich nicht erinnern, eine Rede mit so viel Ruhe und Vorfreude begonnen zu haben. Ich blicke in die Runde, sehe in die Gesichter der Parteifreunde. Einige sind erwartungsvoll, andere ausdruckslos. Manche blicken mich freundlich an, andere strahlen Gleichgültigkeit oder sogar Feindseligkeit aus. Mit vielen von ihnen habe ich in den vergangenen Jahren so viel erlebt. Es sind wunderschöne Erinnerungen dabei, andere waren schrecklich. In diesem Moment spielt all das keine Rolle für mich. Ich bin fokussiert.

Ich beginne mit der aktuellen politischen Lage. Sie ist von der Bewältigung der Coronapandemie geprägt. Ich mache mir Sorgen, dass aus einer gesundheitlichen Krise eine noch viel umfassendere Krise wird, weil die Nebenwirkungen der Coronamaßnahmen massive negative soziale und wirtschaftliche Folgen haben.

Dann analysiere ich das Bürgerschaftswahlergebnis und danke allen, die sich im Wahlkampf engagiert haben. Eigentlich könnte ich meine Rede jetzt beenden, mich zurück auf meinen Platz setzen und der Aussprache lauschen. Das ist vermutlich das, was viele erwarten. Aber der wesentliche Teil kommt erst jetzt. Ich kündige an, dass ich ein paar persönliche Worte sagen möchte. Es ist mucksmäuschenstill im Saal. Sosehr doch alle hier an Politik interessiert sind, wenn es persönlich wird, finden das die allermeisten noch spannender.

Ich hole ein wenig aus. Spreche über meine erste Bürgerschaftswahl als Spitzenkandidatin, die turbulente Zeit, die für mich folgte. Über die erneute Spitzenkandidatur 2015, die unter noch schwierigeren Bedingungen stattfand. Über die Bundestagswahl 2017 und meine ersten Jahre als Bundestagsabgeordnete. Bis ich bei den anstehenden Kandidatenaufstellungen für die Bundestagswahl 2021 ankomme:

»Und nun steht in einem Jahr die nächste Bundestagswahl an, bald beginnen die Aufstellungen der Kandidatinnen und Kandidaten für Wahlkreise und Landesliste – auch wenn wir coronabedingt von unserem ursprünglichen Zeitplan abweichen müssen«, rufe ich in den Saal. Ich mache eine Pause und koste den Moment aus. Ich bin sicher, dass nun jeder, der nicht eingeweiht ist, die Ankündigung meiner erneuten Kandidatur erwartet. Aber ich sage etwas ganz anderes:

»Ich habe mich nun entschlossen, bei diesen Aufstellungen nicht mehr zu kandidieren.«

Wieder mache ich eine Pause. Ich blicke in viele überraschte Gesichter. Und schaue hinüber zu Anna. Sie lächelt mich an. Sie freut sich von ganzem Herzen für mich.

Dann fahre ich fort:

»Ich bin damals sehr plötzlich aus meinem aktiven und schönen Berufsleben aus- und in die Politik eingestiegen, habe mich in die Pflicht nehmen lassen. Mit allen Chancen und Risiken, die dazugehört haben. Und ich habe es gern und voller Leidenschaft getan. Ich habe alles gegeben und ziemlich oft noch sehr viel mehr als das. Es waren wunderbare, spannende und bewegende Jahre, die ich niemals missen möchte. Aber nächstes Jahr ist für mich Schluss.

Ich danke allen, die mich auf diesem Weg begleitet haben, die diesen Weg mit mir gegangen sind, ganz oder auch nur ein kleines Stückchen, für die Unterstützung und den Support. Allein hätte ich das nie geschafft. Und es hätte nicht halb so viel Spaß gemacht. Ich danke auch allen, die mich ständig oder auch nur manchmal kritisiert haben und es noch immer tun. Nicht immer, aber oft war die Kritik ja sachlich und oft auch angemessen. Ohne sie wäre ich sicher nicht so gut geworden.

Die Entscheidung, die ich getroffen habe, ist keine gegen die FDP, keine gegen den Landesverband oder auch nur gegen einzelne Parteifreunde. Ich hege keinen Groll. Überhaupt nicht. Es hat mich nichts und niemand vertrieben. Ich laufe vor nichts davon. Ganz im Gegenteil.

Die Freien Demokraten sind meine politische Heimat und ich werde ihnen als Mitglied treu bleiben. Aber ich lasse meine Ämter und Funktionen hinter mir. Ich gehe selbstbestimmt, ich gehe vollkommen im Frieden, im Einklang mit mir selbst und in ganz tiefer Dankbarkeit für alles, was ich erleben durfte.

Mir war immer klar, dass ich mein Berufsleben nicht in der Politik beenden wollte, und alle, die mit mir darüber gesprochen haben, wussten das. Ich habe mein Mandat immer als das verstanden, was es auch ist: als Mandat auf Zeit. Diese Zeit ist für mich nun bald zu Ende. Ich werde mein Mandat als Abgeordnete im Deutschen Bundestag bis zum letzten Tag mit ganzer Kraft ausüben.

Den Landesvorsitz werde ich auf dem Parteitag im nächsten Frühjahr zur Verfügung stellen. Nach 6,5 Jahren als Landesvorsitzende und 12,5 Jahren als Mitglied im Landesvorstand ist dann Schluss. Das Gleiche gilt für mein Amt als stellvertretende Bundesvorsitzende, ich werde auf dem Bundesparteitag im nächsten Frühjahr nicht wieder dafür kandidieren.

Auch diese Ämter aufzugeben, ist für mich konsequent, denn ich möchte den Menschen, die in Zukunft Verantwortung in diesem Landesverband tragen werden, ihren eigenen Gestaltungsspielraum geben. Und das möchte ich Ihnen schon heute, einige Monate vor den Kandidatenaufstellungen, mitteilen. Ich habe diesen Zeitpunkt ganz bewusst gewählt, um unserem Landesverband ausreichend Zeit für eine personelle Neuaufstellung zu geben. Ich bin sicher, das wird gut.

Ab dem nächsten Herbst möchte ich neue Wege gehen. Welche Wege das sein werden, das weiß ich heute noch nicht. Ich habe keinen blassen Schimmer, was es sein wird, um ehrlich zu sein. Aber ich sage Ihnen auch, ich freue mich sehr darauf und ich bin sicher, das wird richtig gut.«

Mit diesen Worten gehe ich von der Bühne und setze mich zurück auf meinem Platz. Ich schaue in die Runde, nehme ganz bewusst wahr, was ich sehe. Meine Parteifreunde applaudieren lange, fast alle erheben sich. In diesem Moment nehme ich innerlich Abschied von ihnen. Unsere gemeinsame Reise ist an dieser Stelle zu Ende. Alles, was jetzt noch kommen wird, bis ich mich in einigen Monaten tatsächlich von ihnen verabschiede, wird von meinem Ausstieg und vor allem von der Suche nach einem Nachfolger oder einer Nachfolgerin bestimmt sein. Meine Rolle ist ab jetzt eine vollkommen andere. Für die einen bin ich nicht länger verfügbar als Garantin für den Erfolg unseres

Landesverbandes und damit unwichtig geworden. Für andere bin ich nicht länger ungeliebte Konkurrentin. Wieder andere werden mich tatsächlich und aufrichtig vermissen. Und ganz wenige erkennen, wie wichtig dieser Schritt für mich ist und wie gut er mir tut.

Wie immer folgt auch heute im Anschluss an meine Rede eine Aussprache, bei der sich die Parteitagsteilnehmer, die das möchten, zu Wort melden und nacheinander ans Podium treten. Es ist bei einigen Hektik zu spüren, denn manche müssen ihre geplanten Wortbeiträge angesichts der neuen Umstände umstellen oder zumindest ergänzen. Themen wie die Analyse des Wahlergebnisses oder die aktuelle politische Situation sind nicht egal geworden. Aber sie treten durch meine überraschende Ankündigung doch etwas in den Hintergrund. Wer jetzt bei den Parteifreunden Sympathiepunkte holen will, sollte meine Arbeit und mich würdigen, egal ob Freund oder Feind, so denken einige. Beim Abschied bloß kein Nachtreten. Zeit für große Worte. Man kann es förmlich spüren. Den allermeisten fällt das leicht und ich freue mich über die vielen aufrichtigen, liebevollen und anerkennenden Worte, die ich zu hören bekomme.

Anderen fällt es etwas schwerer, etwas Freundliches über mich zu formulieren. Ich bin nicht überrascht, kenne meine Leute. Ich weiß, dass manche heute die letzte Gelegenheit vor der Listenaufstellung nutzen wollten, auf sich aufmerksam zu machen, und zwar auf dem Wege der harten Abgrenzung zu mir als Vorsitzende und bisherige Spitzenkandidatin. Das enttäuschende Abschneiden bei der Bürgerschaftswahl bietet dafür eigentlich die perfekte Vorlage. Doch es kommt einem Eigentor gleich, mir jetzt, wo ich gerade meinen Abschied angekündigt habe, harsche Kritik und böse Worte mit auf den Weg zu geben. Ich nehme ihre Worte und Sätze eher belustigt zur Kenntnis. Es ist ja bald vorbei.

Die Aussprache zieht sich, die Teilnehmer debattieren etwa zwei Stunden lang. Ich höre mir die Wortbeiträge aufmerksam an, jedenfalls fast alle, das gebietet der Respekt. Nur zwischendurch gehe ich kurz raus in die Hotellobby und gebe ein paar kurze O-Töne und Interviews. Die ersten Eilmeldungen laufen bereits direkt im Anschluss an meine Rede über die Ticker der Nachrichtenagenturen. Für meine Social-Media-Kanäle habe ich schon am Morgen einen kurzen Text formuliert und ein Foto rausgesucht. Beides poste ich, nachdem ich wieder am Platz sitze. Die Nachricht von meinem Ausstieg verbreitet sich, und nun haben es auch die Journalisten eilig, auch sie wollen möglichst schnell berichten. In den kommenden Tagen erreiche ich mit meinem politischen Exit eine mediale Reichweite, von der ich sonst nur träumen kann. Ich kann mich kaum erinnern, dass jemals über eine meiner politischen Forderungen oder Konzepte so breit berichtet wurde. Verrückt. Die große Aufmerksamkeit bekomme ich jetzt, zum Schluss.

Mein Telefon summt und vibriert permanent, es zeigt eingehende Text- und Sprachnachrichten an. Es sind Hunderte von Reaktionen, die allermeisten von ihnen drücken Bedauern, Respekt und Dank aus. Manche fragen besorgt nach. Ob es mir nicht gut geht. Mit den Kindern etwas nicht in Ordnung ist. Ich werde sie in den nächsten Tagen so gut wie möglich beantworten. Auch erste Jobangebote erreichen mich bereits Stunden nach meiner Ankündigung. Daran kann und will ich jetzt nicht denken. Es fühlt sich gut an, dass es offenbar Menschen gibt, die mich so sehr schätzen, dass sie möchten, dass ich für sie arbeite. Aber es ist für mich viel zu früh, mich auf irgendetwas festzulegen oder mich auch nur gedanklich damit zu beschäftigen. Ich will meine Entscheidung und das, was es in mir auslöst, was es befreit, in vollen Zügen genießen. Und ich will die Zeit genießen, in der ich voller Spannung und Neugier in meine Zukunft blicke, ohne zu wissen, was sie mir beruflich bringt. Für viele mag das eine unangenehme Vorstellung sein, für mich ist sie herrlich. Ich fühle mich frei und leicht. Nicht zu wissen, was kommt, verursacht bei mir kein Gefühl der Ungewissheit und

Unsicherheit, sondern eins von ungeahnten Möglichkeiten, die sich entfalten werden. Ich freue mich auf das, was sich entfalten wird. Und dabei genieße ich den Moment.

Nach der Aussprache beginnt die Antragsberatung. Für mich ist der Zeitpunkt gekommen, den Parteitag zu verlassen. Nichts kann mich mehr motivieren, länger als nötig zu bleiben. Glücklich und erleichtert gehe ich zum Ausgang, mache noch hier und da ein Foto mit Parteifreunden, die sich das wünschen, und steige zu Stefan ins Auto, der vor dem Hoteleingang auf mich wartet. Alle Anspannung fällt von mir ab, ich bin einfach nur glücklich. Ich habe es tatsächlich getan, und es fühlt sich so gut an, wie ich dachte. Ich spüre, dass mein neues Leben jetzt tatsächlich beginnt. Und kann es kaum erwarten.

Dieses neue Leben beginnt mit etwas ganz Alltäglichem. Wir fahren zu einem Supermarkt und kaufen ein paar Lebensmittel für das Wochenende ein. Am Abend sind wir bei Freunden zum Essen eingeladen, wir werden zu sechst sein. Die Verabredung steht schon einige Wochen, ich freue mich darauf. Trotz oder vielleicht auch wegen des für mich so besonderen Tages möchte ich nicht absagen. Es wird ein schöner und entspannter Abend. Innerlich proste ich mir zu, ich feiere meinen bevorstehenden Abschied aus der Politik, den Beginn eines neuen Lebens.

Am nächsten Tag gehen wir mit den Kindern zum Essen. Meine beiden Jungs sind bereits seit Wochen in meine Überlegungen eingeweiht und haben als Erste von meinem Entschluss erfahren. Sie reagieren toll, unterstützen mich.

»Finde ich super, du sollst glücklich sein!«, sagt mir Jacob.

Und Johann findet: »Der richtige Schritt, Mami. Eigentlich wolltest du das doch schon lange.«

Die Sorgen und Gedanken, die ich mir im Vorfeld meiner Entscheidung gemacht habe, treiben die beiden offenbar gar nicht um. Sie fragen nicht danach, ob ich einen Job in Aussicht habe, mit dem ich genug Geld verdiene, um sie in ihren

Ausbildungen weiter zu unterstützen. Ihnen ist es auch egal, ob ihre Mutter in Zukunft einen Job macht, mit dem sie ständig prominent in den Medien ist. Sie wollen einfach nur, dass es mir gut geht. Alles andere ist nicht wichtig für sie. Wie einfach das Leben doch sein kann!

## KAPITEL 21

# SEI MUTIG!

Die Wochen nach dem Landesparteitag sind besonders. Offenbar habe ich mit meiner Rückzugsankündigung einen Nerv getroffen. Eine Politikerin, die aus freien Stücken die politische Bühne verlässt, auf Ansehen, Macht und Geld verzichtet. Und das ohne Druck von außen, in einer Phase ihrer Karriere, wo das Beste noch kommen könnte. Das scheint es nicht so oft zu geben. Bei einigen provoziert es kritische Nachfragen: Ob ich für ein lukratives Angebot aus der Wirtschaft gehe. Ob ich krank bin, einen Burnout habe. Oder aus Frust über die Parteifreunde, vielleicht sogar über den Parteivorsitzenden Christian Lindner das Handtuch werfe. Ob ich aufgebe, weil man als Frau in der FDP einfach nichts werden kann.

Tatsächlich fällt meine Exit-Entscheidung zeitlich eng zusammen mit dem unfreiwilligen Aus für meine Bundestagskollegin Linda Teuteberg als Generalsekretärin. Die Zusammenarbeit mit Christian Lindner verlief nicht reibungslos, am Ende waren die Gräben zu tief für eine Kooperation, wie sie zwischen Parteivorsitzendem und Generalsekretärin unerlässlich ist. Um die Ablösung von Linda war seit Wochen öffentlich spekuliert worden. Da es weder ein Dementi noch eine Bestätigung gegeben hatte, nahmen die Spekulationen kein Ende, mit dem Ergebnis, dass sowohl Linda als auch Christian Blessuren davontrugen.

Für mich ist das ein abschreckendes Beispiel. Ich will, dass es bei mir anders läuft. Ich möchte meinen Abschied zu einem Höhepunkt meiner politischen Karriere machen. Er soll der krönende Abschluss einer ganz besonderen Zeit in meinem Leben sein. So wie ich vor zehn Jahren plötzlich und unvermittelt in der Politik aufgetaucht bin, so selbstbestimmt und souverän möchte ich die Politik auch wieder verlassen. Das habe ich mir immer gewünscht, auch wenn ich lange kein klares Bild über Art und Weise sowie Zeitpunkt dieses Abschiedes hatte. Jetzt hat sich der Vorhang gelichtet und ich bin dankbar, dass es tatsächlich gelingt, wie ich es mir gewünscht habe. Aber es wird noch viel großartiger, als ich es mir ausgemalt habe.

In der Woche nach dem Landesparteitag reise ich für eine Sitzungswoche nach Berlin. Äußerlich ist alles wie immer, Sitzung reiht sich an Sitzung, Termin an Termin. Doch für mich ist alles anders. Ich habe es tatsächlich getan. Habe der Welt erklärt, dass ich diesen Ort nach der nächsten Bundestagswahl in einem Jahr verlassen möchte. Mit Resonanz auf den Schritt, den ich gehen werde, habe ich gerechnet. Doch das Interesse daran ist viel größer, als ich gedacht habe. Die Reaktionen der Kollegen aus meiner eigenen, aber auch aus allen Fraktionen, genauso wie die von früheren Wegbegleitern und auch von völlig Fremden sind überwältigend.

Die Woche startet am Montag mit der Sitzung des Präsidiums, gefolgt vom Bundesvorstand. Am Nachmittag tagt der Fraktionsvorstand. Am nächsten Tag trifft sich die Bundestagsfraktion. In jeder dieser Sitzungen macht Christian Lindner, der sie als Partei- oder Fraktionsvorsitzender leitet und mit seinem Lagevortrag eröffnet, meinen bevorstehenden Abschied zum Thema. Auch wenn ich noch mehr als ein ganzes Jahr bis zum endgültigen Weggang weitermachen werde, würdigt er mich und meine Arbeit bereits jetzt. Er findet schöne und anerkennende Worte. Meine Kollegen aus der Partei und Fraktion bekräftigen sie mit ihrem Applaus. Im Plenarsaal, auf den Fluren, in den Reichstagskantinen, überall werde ich angesprochen. Von Menschen, mit denen ich in den letzten vier Jahren viel zu tun hatte und die ich gut kenne. Aber auch von Abgeordnetenkollegen, die ich auf der Straße kaum erkannt hätte.

»Genau richtig. Politik ist nicht alles«, ruft mir ein Fraktionskollege mit langjähriger Erfahrung in großen Unternehmen zu.

»Was für ein Verlust für die FDP, aber auch für den Bundestag, dass Sie gehen. Alles Gute«, sagt mir eine Kollegin, die ich nur aus der Entfernung kenne.

»Deine Entscheidung hat nicht nur mich sehr traurig und nachdenklich gemacht«, schreibt ein Parteifreund, der kommunalpolitisch engagiert ist.

»Selbstbestimmt in allen Lebenslagen – auch beim Abgang von der großen Bühne. Die Partei wird dich vermissen«, steht in der Nachricht eines langjährigen Weggefährten.

»Ich bedaure deinen Abschied aus der Politik, aber ich kann dich auch verstehen«, sagt ein anderer.

»Nicht am Mandat kleben, bis man abgewählt wird. Sie sind ein Vorbild«, schreibt eine mir unbekannte Bürgerin.

So oder ähnlich ist der Tenor von Hunderten von Nachrichten, die ich per Textnachricht, Mail, Brief, Anruf oder im direkten Gespräch erhalte.

Ich freue mich von ganzem Herzen über die liebevollen und anerkennenden Worte. Entsetzt bin allerdings, als ich feststelle, dass einige meiner Kollegen sehr unter ihrem Bundestagsmandat leiden. Das war mir in diesem Ausmaß nicht bewusst. An einem Mittag dieser Plenarwoche sitze ich mit meinem Sohn Johann, der gerade ein Praktikum im Bundestag absolviert, beim Mittagessen. Viele meiner Abgeordnetenkollegen sind ebenfalls hier, es herrscht ein munteres Treiben, ein Kommen und Gehen. Ein Kollege aus einer der regierungstragenden Fraktionen kommt zu uns an den Tisch.

»Deine Mama ist eine mutige Frau«, wendet er sich an Johann, nachdem ich die beiden einander vorgestellt habe.

»Ich wünschte, ich hätte deinen Mut, einfach etwas Neues zu beginnen«, sagt er dann an mich gerichtet.

»Ich will auch hier raus, schon lange. Aber ich weiß nicht, was danach kommt. Weiß nicht, wo ich landen werde, ob ich total abstürze. Und ich habe noch nicht den Mut, das herauszufinden. Also mache ich einfach weiter«, gibt er unumwunden zu.

»Bei dir wirkt es so leicht. Wie hast du das geschafft?«, will er wissen.

»Ich habe lange gebraucht, bis ich so weit war. Und ich musste sehr tief graben, um zu dem durchzudringen, was ich eigentlich will«, setze ich an. Zwischen Tür und Angel kann ich das nicht erklären.

»Wenn du willst, erzähle ich dir mehr bei einem Kaffee«, biete ich an.

»Gern«, sagt er, und weg ist er.

Er ist nicht irgendwer, kein sogenannter Hinterbänkler. Sein Name steht oft in der Zeitung, immer wieder wird er für höhere Aufgaben gehandelt. Er hat trotzdem keine Probleme, so offen mit mir zu sprechen, auch nicht vor Johann. Über eine Angelegenheit, die, wenn sie öffentlich würde, ihm einen Strich durch weitere Karrierepläne machen könnte. Wie sehr muss das Thema an ihm nagen, wie sehr muss es in ihm arbeiten.

Solche oder ähnliche Dialoge wie mit ihm führe ich einige in diesen Tagen mit Kollegen meiner und anderer Fraktionen, viel häufiger, als ich es je vermutet hätte. Ich hätte nie gedacht, dass die Gedanken über einen Ausstieg nicht nur mich umgetrieben haben, sondern auch so viele andere. Dass ihre Bedenken und Sorgen meinen so ähnlich sind. Bevor ich diesen Schritt gegangen bin, habe ich nie intensiver mit jemandem von ihnen darüber gesprochen. Es schockiert mich und dennoch verstehe ich, dass die Angst vor dem Verlust des Mandats so groß ist. Jedenfalls so viel größer als ihre Hoffnung auf ein schöneres Leben außerhalb der Politik. Mir ging es ja lange sehr ähnlich.

Einen besonderen Moment habe ich mit einem Kollegen der AfD. Seine Fraktion ist die einzige, zu deren Mitgliedern ich keine

Kanäle habe. Mit Ausnahme eines Kollegen, den ich bereits aus meiner Zeit in der Bürgerschaft kenne. Treffen wir uns im Fahrstuhl oder in den Gängen des Bundestags, wechseln wir meist ein paar freundliche Worte. Den Abgeordneten, der mich jetzt anspricht, habe ich ein paar Mal am Rednerpult gesehen, ich bin nicht mal sicher, wie er heißt. Ich habe gerade einige Debatten im Plenum zugehört, muss jetzt zurück in mein Büro, wo noch einiges an Arbeit auf mich wartet. Als ich aufstehe und den Saal verlassen will, kommt dieser AfD-Abgeordnete auf mich zu und bittet darum, mich kurz sprechen zu dürfen. Ich möchte nicht unhöflich sein, und außerdem bin ich neugierig. Was will denn ein AfD-Abgeordneter von mir? Wir gehen in den hinteren Teil des Plenarsaals. Dorthin, wo wir die Debatten nicht stören, uns aber die Abgeordnetenkollegen, die sich ebenfalls für eine kurze Unterredung oder ein Telefonat zurückgezogen haben, oder diejenigen, die in den Saal kommen oder ihn verlassen, im Blick haben. Wir stehen also mittendrin im Geschehen. Ich ertappe mich dabei, wie ich mich verstohlen umblicke. Wer sieht mich hier mit diesem AfD-Abgeordneten? Wer beobachtet uns? Mein Verhältnis zur AfD-Fraktion ist durch die vielen fremdenfeindlichen Äußerungen ihrer Mitglieder, die verachtenden Bemerkungen in Richtung aller anderen Fraktionen und das respektlose Verhalten gegenüber den demokratischen Institutionen mehr als gestört. Meine Fraktion sitzt im Plenum direkt neben der AfD. Bei manchen besonders emotional aufgeladenen Debatten geht es zwischen den Abgeordneten beider Fraktionen so hoch her, dass ich Handgreiflichkeiten befürchte. Ich kann einfach nicht nachvollziehen, wie man so voller Hass und Wut sein kann, um sich in dieser Fraktion zu Hause zu fühlen.

»Ich habe gelesen, dass Sie hier nicht weitermachen wollen«, beginnt er etwas schüchtern. Ich nicke.

»So eine Entscheidung macht man sich sicher nicht leicht«, fährt er fort. Ich nicke wieder. Was will er von mir, frage ich mich wieder.

»Ich habe mich gefragt, was Sie zu der Entscheidung bewogen hat. Und war es schwierig, sie zu treffen«? Er klingt ehrlich interessiert. Und nachdenklich.

»Es hat Monate gedauert vom ersten Gedanken ans Aufhören bis zur Entscheidung, ich mache es jetzt«, erzähle ich. »Aber als es dann so weit war, war es ganz einfach, ungeheuer befreiend.«

»Warum fragen Sie?«, möchte ich wissen.

»Na ja, auch ich mache mir meine Gedanken über all das hier.«

»Ziehen Sie es durch, wenn Sie raus wollen«, bestärke ich ihn.

»Danke.«

Wir verabschieden uns. Der menschliche Zug, den ich gerade ziemlich überraschend erfahre, wenngleich auch nur sehr flüchtig, rührt mich fast ein wenig an.

In dieser Sitzungswoche und in vielen, die noch folgen, bekomme ich Besuch von den Journalisten der Hauptstadtpresse. Sie wollen herausfinden, was es mit meinem überraschenden Ausstieg auf sich hat. Ob es ein Zerwürfnis gegeben hat und ich entnervt aufgebe. Oder ob es irgendeinen Skandal gibt, den ich mit meinem Weggang vertuschen will. Die meisten von ihnen bitten mich um ein Hintergrundgespräch. Ein vertraulich geführtes Gespräch zwischen Journalist und Politiker, aus dem nicht ohne Rücksprache zitiert wird, so der Konsens. Eine Möglichkeit für Journalisten, Dinge zu erfahren, die man ihnen sonst nicht anvertrauen würde. Allerdings passiert es manchmal doch, dass Gesagtes nicht vertraulich bleibt. Nicht nur deshalb spreche ich auch im Hintergrund nicht über etwas, was nicht auch öffentlich thematisiert werden könnte. In diesen Gesprächen geht es den Pressevertretern darum, Dinge besser zu verstehen und einordnen zu können. Das finde ich richtig und nachvollziehbar. Oft aber wollen sie auch herauszufinden, wer über wen was wirklich denkt. Feindschaft, Animositäten und Streits, die es in der Politik an allen Ecken und Enden gibt, offenzulegen.

Es sind meist gute und tiefgehende Gespräche. Ich berichte meinen Gesprächspartnern, was mich zu meinem Schritt bewogen hat. Es gibt da nichts, was ich verbergen wollte und müsste. Ich spüre das Interesse, das im Laufe unserer Unterhaltung meist noch wächst. In der Folge erscheinen zahlreiche Interviews, Reportagen, Porträts, die sich mit meinem Ausstieg und meinen Motiven befassen. Wie sehr hätte ich mir diese mediale Aufmerksamkeit gewünscht, wenn ich über die überfällige Reform des Bildungsföderalismus oder die ungleich verteilten Bildungschancen gesprochen habe.

Kurz nach dem Landesparteitag ruft auch die *Spiegel*-Redaktion in meinem Bundestagsbüro an. Zwei Redakteurinnen schlagen vor, um die Bundestagswahl herum ein längeres Interview mit mir zu veröffentlichen. Darin hätte ich die Möglichkeit, Bilanz meiner Zeit in der Politik zu ziehen, ausgewählte Themen zu beleuchten, die mir besonders am Herzen liegen, oder aber auch über die politischen und persönlichen Hintergründe meines Ausstiegs zu erzählen. Ich bin interessiert. Und frage mich gleichzeitig: Warum denn erst nach meinem Ausstieg? Ich bin doch jetzt politisch aktiv. Bin jetzt gewählte Abgeordnete. Nach der Bundestagwahl wird sich das ändern. Warum sollte dann noch jemanden interessieren, was ich zu sagen habe, wenn das offenbar in genau diesem Moment nicht spannend genug ist, um mir den Platz für ein großes Interview einzuräumen?

Ich starte eine kleine Recherche. Auf *Spiegel Online* liefert der Suchbegriff »Katja Suding« 173 Treffer. Darunter sind bloße Erwähnungen meines Namens im Zusammenhang mit politischer Berichterstattung, meistens über die FDP. Aber auch über Themen wie »Frauen in der Politik«. Es finden sich einzelne Sätze von mir, die zitiert werden. Zweimal durfte ich ein längeres Streitgespräch im *Spiegel* führen, einmal streite ich mit Berlins Regierendem Bürgermeister Michael Müller über die richtige Sozialpolitik, ein anderes Mal mit meinem Bundestagskollegen Karl Lauterbach über Grundrechte, die in der Coronakrise eingeschränkt sind. Auch ein einseitiges Interview über Sexismus in der Politik ist dabei. Wir haben es Anfang 2021, also nach meiner Ausstiegsankündigung geführt.

Die mit Abstand größte Aufmerksamkeit widmet mir der *Spiegel* also zum Abschied meiner politischen Karriere. Zu einem Zeitpunkt, an dem meine Nachfolger schon in den Startlöchern stehen und ich mich bereits zurücklehnen kann. Als die Arbeit getan ist. Auf vier Seiten sprechen wir über meinen Rückzug aus der Politik, wie sie mich verändert hat, was ich danach vorhabe. Das Interview erscheint eine Woche vor der Bundestagswahl, zu der ich gar nicht mehr antrete.

Was passiert hier gerade? Mir dämmert: Die größte Wirkkraft in meiner politischen Karriere hatte ich nicht, als ich 2011 die FDP Hamburg zurück ins Landesparlament gebracht habe. Auch nicht 2015, als man mich als »Eisbrecherin« feierte, oder 2017, als ich Teil des Teams war, das das Bundestagscomeback der Freien Demokraten organisierte. Ich habe sie jetzt. Erst jetzt, wo ich ankündige, nach elf Jahren als Berufspolitikerin in einen neuen Lebensabschnitt zu gehen. Eigentlich kurios.

Ein Grund dafür ist sicherlich, dass sich das, was ich gerade erlebe, längst nicht nur in der Politik finden lässt. In meinem Leben bin ich die Hauptperson, aber in dieser Geschichte bin ich auch ein Beispiel für ganz viele. Auch außerhalb des politischen Kosmos passiert es, dass Menschen sich schwertun, den richtigen Ausstieg zu finden. Egal in welcher Branche, egal in welchem beruflichen Umfeld, überall gibt es Menschen, die sich mit Haut und Haaren fressen lassen. Das, was ich jetzt erlebe, was ich über mich gelernt habe, der Schritt, den ich gegangen bin, ist nicht mir als Politikerin vorbehalten. Ich erlebe das stellvertretend für den Krankenpfleger, die Topmanagerin, die Spitzensportlerin. Und einige mögen darin einen Appell wahrnehmen, der sich an sie selbst richtet: Warte nicht, bis sie dich vom Hof jagen. Sei mutig, vertraue auf dich selbst und verzichte nicht auf dein wahres Leben, nur damit dir nicht ein möglicher nächster

Karriere- oder Gehaltsschritt entgeht. Oder weil du Angst hast vor dem Liebesentzug oder ein Neuanfang noch nicht klar erkennbar ist.

Aber da muss noch etwas anderes sein. Denn ich mache jetzt nichts anders als vorher. Bin kein anderer Mensch geworden. Vielleicht ist meine Laune insgesamt besser, weil ich so zufrieden mit meiner Entscheidung bin. Und vielleicht bin ich entspannter, weil eine Last von mir abgefallen ist. Aber charakterlich habe ich mich wohl kaum verändert. Und trotzdem ist alles anders. Ich glaube, dass ich deshalb anders wirke, weil ich die Verbindung zu mir selbst wiedergefunden habe. Weil ich aufgehört habe, wie eine Maschine zu funktionieren. Weil ich Blockaden aufgelöst und Licht auf die dunklen Seiten in mir gerichtet habe. Mein inneres Wesen freigelegt habe. Und damit offenbar eine neue und nicht gekannte Anziehungs- und Wirkkraft entfalte.

Die Bestätigung, die ich von meinem politischen und nichtpolitischen Umfeld bekomme, dass ich offenbar alles richtig gemacht habe, ist eine schöne und berührende Erfahrung. Ich brauche ich sie jedoch nicht, um mich sicher zu fühlen. Ich habe eine sehr persönliche Entscheidung getroffen, die nur ich selbst allein treffen konnte. Denn es geht um mein Leben.

Und dieses Leben habe ich in den letzten zehn Jahren zu großen Teilen der Politik gewidmet. Es waren wunderbare, spannende, bewegende Jahre, die ich niemals missen möchte. Unzählige Abende und Wochenenden habe ich nicht mit Familie, Freunden oder einfach allein mit mir selbst verbracht, sondern mich in Ausschüssen, Sitzungen, Versammlungen, bei Feierstunden und Veranstaltungen aufgehalten. Es waren großartige Abende und Tage dabei. Und viel Frust, Ärger, Enttäuschung und Erschöpfung, auch das gehört zur Wahrheit.

Für mich waren die letzten Jahre ein mit mir selbst immer härter ausgetragener Kampf um die richtige Balance zwischen In- und Output, zwischen Ärger und Freude, zwischen Sinn- und Unsinn meiner Arbeit. Lange Jahre habe ich keinen ernsthaften Gedanken ans Aufhören verschwendet. Es stand nicht an. Doch irgendwann war der Zeitpunkt da, als ich unterbewusst realisierte, dass ich ein anderes Leben, eines ohne den Politikbetrieb möchte. Monatelang habe ich dagegen rebelliert, die Gefühlregungen ignoriert, bis mein Körper mir klar gemacht hat, dass Wegrennen vor einer Entscheidung nicht mehr geht. Es vergingen weitere Monate, in denen ich mit mir und dieser Entscheidung gerungen habe. Nun ist sie gefallen und kommuniziert. Es fühlt sich großartig an. Ich fühle mich befreit, voller Kraft und Tatendrang, spüre, wie Energie in mir freigesetzt wird. Ich genieße den Moment in vollen Zügen und freue ich auf die kommenden Wochen und Monate.

## KAPITEL 22

# ENTFALTUNG

*Herbst 2020*

Die Hochstimmung, die ich mit dem Augenblick meiner Entscheidung, aus der Politik auszusteigen, empfunden habe, hält an. Mir erscheint mein Entschluss so klar und natürlich, dass ich mich manchmal frage, warum ich eigentlich so lange dafür gebraucht habe. Auch wenn ich gar nicht weiß, was ich ab nächsten Herbst machen werde, womit ich meinen Lebensunterhalt verdienen werde, so spüre ich, dass alles gut sein wird. Ich gebe meine Wünsche an das Universum ab und bin bereit, anzunehmen, was es mir zu bieten hat. Ich freue mich riesig auf alles, was kommt. Ich habe die Gewissheit, dass das Leben es gut mit mir meint. Dass es Schönheit und Fülle für mich bereithält. Habe das Vertrauen, dass ich auch mit den Dingen, die nicht so gut laufen, gut klarkommen werde. Das macht meinen Alltag angenehm und spielerisch.

Die Berliner Sitzungswochen, die in den letzten Jahren oft wie ein mühsam zu erklimmender Berg vor mir lagen, nehme ich jetzt leicht und locker. Ich freue mich nun sogar darauf und nehme noch einmal ganz bewusst wahr, warum ich damals dieses Mandat wollte und warum ich es trotz allem und noch immer als große Ehre und großes Privileg empfinde. Zuerst fällt es mir noch schwer. Aber nach und nach lasse ich zu, diese neue Leichtigkeit im Leben erst anzunehmen und dann auch zu genießen.

Ich fange an, mich gut dabei zu fühlen, dass ich mich nicht bis zum Umfallen quälen muss, um meinen Job gut zu machen. Ich lerne, dass ich nicht nur dann am Ende des Tages verdient in den Feierabend gehen darf, wenn ich massiv gegen innere Widerstände angekämpft habe und dadurch völlig ausgelaugt bin. Wenn sich der Tag mal wieder wie ein großer langer Kampf angefühlt hat. Ich lasse zu, dass die Dinge mir zufallen, ohne ein schlechtes Gewissen, mich dafür nicht genug angestrengt zu haben. Das ist nicht selbstverständlich für mich. Zu tief in mir sind solche Glaubenssätze verwurzelt:

»Von nichts kommt nichts.«

»Erst die Arbeit, dann das Vergnügen.«

So sind die meisten von uns in der westlich geprägten Welt erzogen worden. Diese Glaubenssätze lösen sich jetzt auf. Hin zur Gewissheit, dass es diesen konstruierten Gegensatz zwischen Arbeit und Vergnügen gar nicht geben sollte und auch nicht geben muss. Mein Leben ist dann gut und richtig, wenn die Dinge im Fluss sind, wenn sie sich scheinbar mühelos und wie von unsichtbarer Hand geführt entfalten. Dazu gehören Zeiten, in denen ich aktiv bin, genauso wie Zeiten der Entspannung und inneren Einkehr. Ich merke, dass in dem Moment, wo ich die Verbindung zu mir selbst habe, meine Wirkkraft, im positiven Sinn, am größten ist. Dann, wenn ich nicht gegen innere Widerstände ankämpfe, sondern im Einklang bin mit dem, was ich erlebe, fühle und tue. Ich werde immer besser darin.

Natürlich stelle ich mir auch einige Male die Frage, ob ich unter diesen Umständen nicht einfach weitermachen will. Jetzt, wo ich einen Modus gefunden habe, in dem mir die Arbeit leicht von der Hand geht und der innere Widerstand weg ist. Bis jetzt ist mein Abschied nur eine Ankündigung, die ich jederzeit zurücknehmen kann. Die Listenaufstellungen sind in das nächste Frühjahr verschoben, und auch die Vorstandswahlen sind noch weit weg. Ich könnte also erneut kandidieren, und alles würde so weitergehen.

Doch ich muss nicht darüber grübeln, meine Antwort ist und bleibt glasklar: Ich möchte aufhören. Mein Entschluss fühlt sich noch immer gut und richtig an. Natürlich wäre es schön gewesen, wenn ich diese Leichtigkeit schon all die Jahre zuvor gehabt hätte. Doch dazu war ich nicht in der Lage, und mir ist klar, dass sie auch ganz wesentlich mit dem Wissen auf das bevorstehende Ende meiner Tätigkeit im Deutschen Bundestag zusammenhängt. Dennoch empfinde ich kein Bedauern. Meine Jahre in der Politik gehören zu meinem Leben. Und sie waren gut, sehr gut sogar, auf ihre Art und Weise. Mein Abschied aus der Politik ist ein wichtiger Meilenstein auf der Reise zu mir selbst.

Und das strahle ich offenbar aus. Nie zuvor in meinem Leben kommen so viele Menschen auf mich zu, Freunde, Kollegen, Bekannte und rufen mir zu:

»Du strahlst ja so!«

»Wenn du den Raum betrittst, geht die Sonne auf.«

»Du siehst so glücklich aus.«

Es sind im Prinzip immer dieselben Aussagen.

Ich strahle nach außen sichtbar aus, dass sich fundamentale Veränderungen tief in mir vollziehen, die mich glücklich machen und mir Frieden bringen.

Auf meiner Reise zu mir schaffe ich es ganz allmählich, die Verbindung zu meinem Inneren wieder aufzunehmen. Ich schöpfe neue Energie und gewinne Stabilität, Freude und Frieden. Die Tage, an denen ich mit schlechter Laune und lustlos in den Tag starte, gibt es nicht mehr. Natürlich ist nicht auf einmal alles perfekt in meinem Leben. Auch jetzt noch gibt es Termine, die ich lieber nicht machen möchte. Gibt es Menschen, die ich treffen soll, auf die ich aber überhaupt keine Lust habe. Öffentliche Auftritte mag ich immer noch nicht. Sorgen und schwere Gedanken treiben mich weiterhin um. Es ist nicht so, dass ich dem plötzlich völlig entrückt wäre. Aber mein Umgang mit diesen unangenehmen Dingen hat sich verändert. Ich verdränge sie nicht, ganz und gar nicht. Ich lasse die damit verbundenen negativen Emotionen ganz bewusst zu. Nehme sie aufmerksam, mit einer gewissen Demut und Dankbarkeit wahr und an. Ich mache mir klar, dass all diese Dinge mir überhaupt nichts anhaben können. Sie spielen sich in meinem Leben ab, aber sie sind nicht mein Leben. Und das reicht meist schon aus, um die Sorgen, Ängste und unguten Gefühle zu verscheuchen. Um damit Platz zu machen für positive Emotionen wie Dankbarkeit, Mut und Liebe. Das passiert dann ganz automatisch. Wie viel schöner es das Leben macht!

Ich stelle fest, dass ich selbst entscheiden kann, wie ich mein Leben annehme, und dass ich damit mein Wohlbefinden beeinflussen kann. Es macht einen riesigen Unterschied, wie ich auf die Dinge reagiere. Bin ich frustriert, werde ich wütend oder sauer, bin ich stolz oder trotzig, nehme ich Dinge persönlich, oder versinke ich in Scham und Schuld, dann erzeugt das negative Energie. Dann beherrschen mich negative Emotionen wie Hass, Wut, Trauer und Angst. Und die lassen keinen Platz für die positiven Emotionen und Energien: Mut, Liebe, Akzeptanz und Frieden.

Diese aktive Rolle einzunehmen ist jedoch etwas ganz anderes als einfach nur die Erwartungen an mein Leben herunterzuschrauben, nach dem Motto: »Wenn ich mich auf das Schlimmste einstelle, dann bin ich schon froh, wenn das Zweitschlimmste eintritt.« Diese Form des Erwartungsmanagements muss ich gar nicht betreiben. Es ist vielmehr so, dass ich Raum für die positiven Energien und Schwingungen schaffe, indem ich die negativen Emotionen bewusst loslasse.

Dass ich so zufrieden bin mit meinem Leben, heißt nicht, dass mir alles egal geworden ist. Aber es gelingt mir viel besser, gelassen zu sein und die Dinge so zu nehmen, wie sie sind. Ein kleines und ganz alltägliches Beispiel: Wenn am Freitagnachmittag der ICE von Berlin nach Hamburg ausfällt, den ich hätte bekommen müssen, um rechtzeitig bei einem Abendessen zu sein, auf das ich mich schon die ganze Woche gefreut habe, bleibe ich innerlich ganz ruhig. »Was macht es schon, wenn ich eine Stunde später da bin?«, sage ich mir. Ich freue mich stattdessen über die »gewonnene« Stunde und lese ein gutes Buch. Und als ich in den nächsten ICE steige, spricht mich von hinten eine wohlbekannte Stimme an:

»Hey Katja, das gibt es doch nicht! Wir haben uns Jahre nicht gesehen.« Die Stimme gehört einem Freund aus Studientagen, den ich sicher zehn oder 15 Jahre nicht gesehen habe. Wie ich mich über diese zufällige, schöne Begegnung freue! Es hätte sie nicht gegeben, wenn der vorherige ICE nicht ausgefallen wäre. So ergeben die Dinge einen Sinn, auch wenn er sich nicht immer sofort erschließt.

Dass ich die Dinge so annehme, wie sie sind, heißt aber auch nicht, dass ich passiv geworden bin. Es mag für manchen Leser seltsam klingen, aber ich habe einen Weg gefunden, meine Entschlüsse, Wünsche, Ziele und Vorstellungen zu formulieren und an das Universum zu senden. Ich stelle mir vor, dass ich gesund bleiben werde, Jobs haben werde, die mir Spaß machen und mich gut ernähren. Ich sehe mich in einer glücklichen Partnerschaft, in guter Beziehung zu meinen Kindern, die zufrieden und selbstbestimmt ihren Weg gehen. Und ich bedanke mich dafür, als sei das alles bereits erfüllt oder realisiert. Ich muss mich dann nicht weiter damit beschäftigen, sondern gebe alles ab und vertraue darauf, dass alles gut sein wird. Das passiert in meinen Meditationen, die ich zur (fast) täglichen Routine gemacht habe.

Natürlich kommt es vor, dass ich mich ärgere, dass ich enttäuscht bin oder traurig. Dass Dinge nicht so laufen, wie ich es will oder sie geplant habe. Dann atme ich tief durch und versuche, ruhig und gelassen zu bleiben. Verscheuche die Zweifel, die mich bloß lähmen und von mir selbst abkoppeln. Lasse Sorgen, Ängste und Stress einfach los. Akzeptiere, dass nicht alles nach dem Plan läuft, den ich mir selbst ausgedacht habe. Sondern stelle mir vor, dass dahinter eine größere Weisheit steckt, die alles wieder einrenken wird. Und es am Ende besser macht, als ich es mir hätte ausdenken können. Ich entscheide mich also dafür, auch in dieser Situation einfach glücklich zu sein. Im Vertrauen darauf, dass alles nach einem Plan verläuft. Ein verdammt guter Plan.

Auch hier ein kleines Beispiel. Mein Sohn Jacob hatte in der neunten und zehnten Klasse einen Mathematiklehrer, der mit Sicherheit sehr qualifiziert und sehr erfahren ist. Ein netter und umgänglicher Mensch, den ich bereits aus den Elterngesprächen kannte, die ich für meinen älteren Sohn Johann geführt habe. Das Problem war nur, dass Jacob den Erklärungen dieses Lehrers nicht folgen konnte. Sie ergaben einfach keinen Sinn für ihn. Er verstand nicht, welche mathematischen Lösungswege ihm aufgezeigt wurden. Dementsprechend schwer tat er sich. Er konnte sich immer weniger motivieren. Er bekam Nachhilfe, die brachte ein wenig Licht ins Dunkel für ihn. Dennoch sanken seinen Leistungen im Fach Mathematik ab. Mit Blick auf die herannahende Oberstufe und letztlich das Abitur, das er machen wollte, war das gar nicht gut. Wir haben uns zusammen viele Gedanken gemacht. Überlegt, wie es im Unterricht besser laufen könnte. Wer ihm helfen könnte. In den Sommerferien nach der zehnten Klasse schoben wir das Thema erst mal beiseite. Wir freuten uns über einen ersten Coronasommer, der nur von wenigen Einschränkungen betroffen war. Eine kurze Verschnaufpause, wie sich herausstellen sollte. Und dann wechselte Jacob in die elfte Klasse. Und bekam eine neue Mathelehrerin. Ihr Unterrichtsstil war ein ganz anderer. Jacob konnte ihr folgen. Seine Leistungen wurden viel besser, er hatte sogar wieder Spaß am Lernen. Nachhilfe brauchte er nicht mehr. Am Ende waren unsere Sorgen umsonst. Manchmal renken sich die Dinge ganz von allein ein. Zur rechten Zeit.

Und so kommt es, dass wir trotz aller Vorausschau, trotz aller Anstrengungen und Vorbereitungen viele Dinge im Leben nun mal nicht planen können. Die meisten von uns kennen das zu gut. Ich habe damals im Leben nicht damit rechnen können, dass die Hamburger schwarz-grüne Koalition platzt, es vorgezogene Neuwahlen gibt. Davon wurden wohl alle überrascht. Für mich war es der Startschuss zu meiner Politikkarriere. Ich habe die Situation erkannt und gehandelt. So unvorbereitet ich auf den Wahlkampf war und das meiste, was danach kam, so vorbereitet war ich darauf, unsere Chance mit aller Kraft zu nutzen und in die Bürgerschaft zurückzukehren. Und auch wenn ich jetzt aussteigen werde, auch wenn so vieles gar nicht gut für mich war, in der Gesamtschau gehört meine Zeit in der Politik zu dem Besten, was mir im Leben passiert ist.

Ich glaube auch nicht an Zufälle. Es ist kein Zufall, dass Stefan sich nach 20 Jahren ausgerechnet in der Woche bei mir meldet, in der ich das Seminar mache. Er hätte in über 1000 anderen Wochen die Gelegenheit dazu gehabt. Er kontaktiert mich exakt zur richtigen Zeit. In einer Zeit, in der ich mich wieder vorsichtig öffne für eine neue Beziehung, ohne sie zu suchen. Zu einem Zeitpunkt, an dem ich bei mir überhaupt erst die Grundlagen für ein funktionierendes Miteinander gelegt habe. Indem ich nicht nur auf intellektueller Ebene verstanden habe, dass ich mir selbst genug bin und nicht mehr zu meinem Glück brauche als mich selbst. Das weiß ich natürlich längst, jedenfalls in der Theorie. Jetzt spüre und erlebe ich es zum ersten Mal im Leben tatsächlich. Das alles kann Stefan nicht gewusst haben. Er wird es nicht einmal geahnt haben. Und trotzdem hat er genau den richtigen Zeitpunkt erwischt.

Bereits als Teenager habe ich regelmäßig meditiert, im Erwachsenenalter jedoch nur noch äußerst selten. Yoga praktizierte ich seit Jahren, doch eher unregelmäßig und vor allem als körperliches Fitnessprogramm. Ich vertiefe beides, sie werden zu festen

Bestandteilen meines alltäglichen Lebens. Was ich dabei finde und entdecke: die tiefe Stille in mir, die ich vor lauter Lärm in mir und außerhalb meines Körpers nicht mehr bemerkt habe. Die ich wahrnehme, wenn ich es schaffe, die Gedanken in meinem Kopf endlich einmal zum Schweigen zu bringen. Was nicht leicht ist. Die Verbindung von Körper, Geist und Seele mit der Energie des Universums und die Stärke und Kraft, die mir das gibt. Es macht mich zu einem neuen Menschen. Lässt mich bei meinen täglichen Aufgaben ruhiger und stabiler werden.

Ich beschäftige mich intensiv mit Fragen, die sich sicher sehr viele von uns so oder so ähnlich stellen:

»Was macht das Leben wirklich aus?«

»Was verbirgt sich hinter den Etiketten, die mir zugeschrieben werden, und den Rollen, die ich spiele, der FDP-Politikerin, Mutter, Tochter, Freundin, Staatsbürgerin?«

»Ist Leben nicht etwas völlig anderes als das?«

»Und muss ich dieses Andere überhaupt suchen? Lässt es sich finden? Ist es nicht schon die ganze Zeit hier?«

Ich spüre, da ist etwas ganz Offensichtliches, vor dem ich bisher meine Augen verschlossen habe. Ich beschließe, die Augen endlich zu öffnen und zu leben, wirklich zu leben.

Ich sehe die Dinge vor mir und lasse sie zu. Ich erlaube mir, dass sie eintreten und stattfinden. Und genauso kommt es. Weil die Blockaden und Ängste weg sind, die das bisher verhindert haben.

Auch dieses Buch ist ein Beispiel dafür, wie die Dinge sich entfalten und gut werden, wenn man ihnen Raum gibt. Die ersten Kapitel des Buches habe ich bereits im Sommer 2018 verfasst. Lange bevor ich konkrete Gedanken über einen Ausstieg aus der Politik hatte. Damals habe ich einfach ein paar Szenen beschrieben, die mir besonders im Gedächtnis geblieben waren, und ein paar Gedanken formuliert. Es war ein bisschen wie Tagebuch schreiben. Ohne meinen Abschied und den Beginn eines neuen Lebens war es allerdings noch keine Geschichte, die irgendwen wirklich interessiert hätte. Irgendwann habe ich das Projekt wieder beiseitegelegt, aber es nicht vergessen. Im Winter nachdem ich meine Entscheidung getroffen habe aufzuhören, als sich mein neues Leben bereits voll entfaltet und sich die schönsten Dinge ereignen, sitze ich mit einem Freund zusammen auf einer Parkbank am Elbufer. Er hat selbst vor ein paar Jahren ein Buch geschrieben, über seinen beruflichen Ausstieg. Ich hatte ihm damals von meinen ersten Anfängen erzählt.

»Wie geht es denn nun weiter mit deinem Buch? Jetzt hast du doch eine echt spannende Geschichte zu erzählen«, beginnt er.

»Ja, schon. Aber ich weiß nicht, wie und ob ich weitermachen will«, gebe ich unschlüssig zurück.

»Lass uns doch mal zusammensetzen und überlegen, wo du ansetzen kannst. Ich glaube, das lohnt sich.«

»Okay, machen wir.«

In diesen Wochen bekomme noch einen weiteren wichtigen Impuls für mein Buch. Ich treffe auf einen Mann, den Freund eines Freundes, der seit vielen Jahren im Buchgeschäft tätig ist und den ich um Rat frage, wie man es anstellt, ein Buch nicht nur zu schreiben, sondern auch einen Verlag zu finden, der es veröffentlichen möchte. Er empfiehlt mir, einen Agenten einzuschalten, der mich beim Schreibprozess unterstützt und die Verhandlungen mit den Verlagen führt. Es dauert noch ein paar Monate, bis ich den Kopf freihabe, mich ganz auf die Idee einzulassen, ein Buch zu schreiben. Aber dann geht es schnell. Ich entscheide mich für einen Agenten, wenige Wochen später nehme ich das für mich attraktivste Verlagsangebot an. Ab da wird das Schreiben zu einem wesentlichen Teil meines Lebens. Es macht mir viel Spaß und geht gut voran. Wir beschließen, dass das Buch im März 2022 erscheinen soll. Ich freue mich sehr darauf und bin gespannt, was am Ende in meinem Buch zu lesen sein wird. Ich habe zwar eine gute Vorstellung davon, aber so richtig entwickeln sich die einzelnen Kapitel immer erst beim Schreiben. Und genau das ist es, was ich so mag. Mich morgens vor eine leere Seite zu setzen, mit einer Idee im Kopf, was ich erzählen möchte. Und dann die Gedanken zum Fließen zu bringen. Oft purzeln die Worte und Sätze dann fast automatisch aus mir heraus. Mir werden Zusammenhänge klar, ich durchlebe vergangene Zeiten erneut und begreife oft erst jetzt, welche Bedeutung die Geschehnisse hatten und haben. Meist setze ich mich draußen an den Tisch auf der Terrasse, mit dem Blick auf Wiesen und Felder. Hier bin ich sogar vor Regen geschützt. Diese Momente, in denen ich dort sitze, mit dem wunderbaren Blick in die Ferne, ganz friedlich und ungestört, Sand immer in meiner Nähe, empfinde ich als magisch.

In diesen Wochen und Monaten, in denen ich zwar noch komplett in meinem »alten« Leben als Politikerin stecke, das neue sich aber schon deutlich zeigt, realisiere ich: Das Leben ist wunderschön. Und diese Schönheit des Lebens war die ganze Zeit da. Ich habe sie nur oft nicht bemerkt. Habe sie wohl gesucht, aber nicht gefunden. Ich muss an die sogenannte Türhüterlegende von Franz Kafka denken. Der Mann, der sein Leben lang vor einer Tür sitzt und um Einlass bittet, was ihm von dem Wärter vor dieser Tür immer verwehrt wird. Bis der Wärter ihm kurz vor Tod des Mannes eröffnet, dass die Tür die ganze Zeit offen war und nur für ihn bestimmt. Ich denke bei der Lektüre immer, dass der Mann es doch besser hätte versuchen und einfach hindurchgehen sollen. Dass er sich nicht durch die Worte des Wärters und von seiner Obrigkeitshörigkeit hätte abhalten lassen sollen. Mein Leben entfaltet sich wie ein wunderschöner Raum, zu dem die Tür die ganze Zeit offenstand. Ich hatte bisher nur aus so vielen Gründen einfach nicht erwogen, hineinzugehen. Obwohl ich mich nach einem anderen Leben gesehnt hatte. Jetzt gehe ich durch die Tür. In dem Raum dahinter fügen sich die Puzzleteile perfekt und wie von selbst ineinander. Nach einem Plan, der besser ist als jeder, den ich mir hätte selbst ausdenken können. Ich betrete einen Raum, in dem ich innere Widerstände, unbedingtes Habenwollen und konkrete Wünsche zu großen Teilen loslassen kann. In gleichen Maßen kommen Freude, Glückseligkeit, Liebe und Akzeptanz zum Vorschein. Auch sie waren schon immer da. Aber von den negativen Emotionen in den Hintergrund gedrängt. Jetzt liegen sie frei.

## KAPITEL 23

# EINE NEUE AUFGABE?

»Meine neue Aufgabe wird mich finden«, sage ich immer wieder, wenn ich auf meine Jobpläne für die Zukunft angesprochen werde. Als ich meinen Ausstieg verkünde, habe ich keine Ahnung, was danach kommen wird. Anders als noch vor ein paar Monaten, als ich Angst hatte und Zweifel, ob und wie es nach dem Mandat weitergehen würde, begegne ich meiner unbekannten Zukunft nun mit einer zuvor nicht da gewesenen Leichtigkeit. Die inneren Widerstände sind fast ganz verschwunden. Ängste, Zweifel, Sorgen belasten mich nicht mehr. Ich weiß intuitiv, dass ich meine neue Aufgabe nicht finden werde, indem ich aktiv auf die Suche nach ihr gehe. Es muss genau andersherum sein: Meine neue Aufgabe wird mich finden. Statt auf die Suche zu gehen, bemühe ich mich also, alles loszulassen, was diesem Gefundenwerden im Weg stehen könnte: negative Konditionierungen und Denkmuster, Vorurteile, schlechte Gedanken. All das blockiert positive Energien und versperrt den Weg zu mir selbst. Also weg damit.

»Es ist gut, dass Sie Ihren Fähigkeiten vertrauen. Aber bei der Jobsuche sollten Sie sich nicht zu sehr darauf verlassen, dass man Sie schon finden wird. Werden Sie auch selbst aktiv.« »Man muss seine Zukunft aktiv steuern, sich Ziele setzen und sie konsequent verfolgen. Sonst macht das Leben mit Ihnen, was es will. Und nicht das, was Sie wollen.« Das schreiben oder sagen mir Menschen, die meine Aussage, dass mich meine neue Aufgabe finden werde, in den Medien lesen. Ihre Ratschläge sind sicher gut gemeint, und ich schlage sie nicht einfach in den Wind. Manchmal wecken sie auch Zweifel in mir, ob ich auf dem richtigen Weg bin. Ein Leben lang wurde mir eingetrichtert, im Elternhaus, in der Schule, an der Uni, im Freundeskreis, dass man sich anstrengen muss, wenn man etwas erreichen will. Dass man aktiv werden muss. Rausgehen soll, Menschen ansprechen, zeigen, dass man da ist und etwas will und kann. Und für manche mag das der richtige Weg sein.

Für mich aber nicht. Ich will mich finden lassen. Ich darf jetzt nicht nach außen gehen, nicht im Außen suchen. Ich muss nach innen gehen, da finde ich, was ich brauche. Bin ich im Außen, orientiere ich mich an der Welt um mich herum. Das ist die Welt der materiellen Dinge, dessen, was wir besitzen, oder auch nicht, und unserer Leistungen. Wenn ich mich damit identifiziere, verliere ich die Verbindung zu mir. Bin ich in ständiger Kommunikation mit dem Außen, bricht die Welle ab, auf der ich vorwärtsgleite. Es ist dann so viel Lärm da, dass ich meine innere Stimme nicht hören kann. Ich verliere meinen Kompass. Und damit die große Kraft, die ich immer anzapfen kann, wenn ich in mir ruhe. Ich habe aber erst gerade die Erfahrung gemacht, in diese Kraft zu kommen. Und da will ich nicht schon wieder raus, da will ich bleiben.

Diese Art von Ratschlägen fühlt sich daher für mich nicht richtig an, ich befolge sie nicht. Zwar werde ich aktiv, aber ganz anders. Meine Aktivität besteht nicht in der Suche nach einem Job oder im Setzen und Verfolgen selbst gesteckter Ziele. Mein Fokus und meine Bemühungen liegen weiterhin im Loslassen aller inneren Widerstände, die mich davon abhalten, ganz in den Fluss des Lebens einzutauchen und mein Boot angepasst an die Wasser-, Wind- und Wettergegebenheiten zu steuern.

Ich steige in diesen Fluss und bekomme spannendste Jobangebote. Aus unterschiedlichen Branchen und für verschiedene Tätigkeiten. Headhunter kontaktieren mich, Agenturchefs und Unternehmensgründer wollen mit mir über eine Zusammenarbeit sprechen. Ich freue mich riesig und ja, ich fühle mich geschmeichelt. Dass mir so tolle Jobs zugetraut werden, habe ich vielleicht insgeheim gehofft. Erwartet habe ich es nicht. Ich weiß zwar, dass ich inzwischen einiges an beruflicher Erfahrung mitbringe, man mich über die Jahre beobachten und feststellen konnte, dass ich meinen Job gut mache. Aber das trifft auf andere auch zu. Manche Angebote entpuppen sich am Ende als doch nicht so ernsthaft, andere lehne ich ab, weil ich mir ein festes Anstellungsverhältnis überhaupt nicht vorstellen kann. Nicht vorstellen kann ich mir auch, als Lobbyistin für ein Unternehmen zu arbeiten. Zur Aufgabe zu haben, mit Abgeordneten und Regierungsvertretern in Kontakt zu treten und zu bleiben. Sie davon zu überzeugen, sich für die Interessen des Unternehmens einzusetzen. Daran ist nichts verwerflich, wenn mit offenen Karten gespielt wird. Es ist nur so, dass ich meine Aufgabe als Bundestagsabgeordnete nicht aufgegeben habe, um fortan andere Bundestagsabgeordnete zu beeinflussen. Und ich spüre, dass der Zeitpunkt noch nicht da ist, mich für etwas zu entscheiden.

Also warte ich ab. Beobachte, was an mich herangetragen wird, und schaue, wie es auf mich wirkt. Und stelle fest, dass ich dazu neige, eine Schönwetterkapitänin zu sein. Es ist ganz leicht, positiv und gelassen in die Zukunft zu schauen, wenn mir die Umwelt klar signalisiert, dass ich gesehen werde und dass sie sich für mich interessiert. Dass ich im Prinzip die freie Auswahl habe, welchen Job ich künftig machen möchte. Dann fühle ich mich stark, frei und unabhängig. Und das strahle ich offenbar aus. Was bewirkt, dass weitere Angebote kommen. Dann läuft es einfach.

Umgekehrt lässt diese Kraft nach, wenn es mal für ein paar Wochen ruhiger wird, was natürlich vorkommt. Dann kann es passieren, dass ich unruhig werde, meine Gedanken kreisen und mich aus meinem Frieden holen. Was, wenn das Interesse an mir nur ein kurzes Strohfeuer war? Wenn das Fenster der Aufmerksamkeit und Sichtbarkeit schon wieder zu ist? Dann merke ich, mein Weg verläuft nicht immer geradlinig. Und er ist viel mehr durch äußere Einflüsse und Ereignisse bestimmt, als ich es wahrhaben will und als gut für mich ist. Noch immer bin ich nicht wirklich frei davon, wie der Korken auf dem Wasser hin und her geworfen zu werden. Auch wenn es viel besser ist als vor einigen Jahren. Ich bin jetzt viel mehr bei mir, ruhe viel mehr in mir. Aus dieser Ruhe bin ich dennoch auch schnell wieder herausgerissen, wenn ich nicht achtgebe.

Der große Unterschied zu früher ist aber, dass mir bewusst wird, was gerade passiert. Und ich jetzt die Instrumente in der Hand habe, um gegenzusteuern. Wenn ich merke, dass ich meine Mitte verlasse, dann nehme ich mir Zeit. Zeit zu meditieren. Zeit für Yoga. Zeit für Stille und Ruhe. Für lange Spaziergänge. Zum Lesen. Meine Gedanken und Eindrücke, die Handlungen der Menschen und die Ereignisse in meinem Leben versuche ich wie einen Film auf einer Leinwand an mir vorüberziehen zu lassen. Je aufgewühlter ich bin, je mehr Sorgen und Ängste ich habe, desto schwerer ist das. Aber dann brauche ich es besonders. Wenn die Gedanken in meinem Kopf unablässig herumschwirren, sie laut und wild sind, dann muss ich mich darauf besinnen, dass mein Leben nicht dieser Film ist. Dass ich den Dingen im Außen nicht die Macht darüber geben darf und will, wie es mir geht und was ich fühle. Dafür bin nur ich selbst verantwortlich, und das entscheide ich allein. Damit gewinne ich eine Stärke und eine Kontrolle über mich, die mich wieder in Kontakt mit mir selbst treten lassen und zurück in den Lebensfluss bringen.

Auch Monate später weiß ich nicht, wie genau meine berufliche Zukunft aussehen soll. Noch bin ich zu sehr mit meiner politischen Arbeit beschäftigt. Die möchte ich mit voller Kraft und vollem Einsatz bis zum Schluss weitermachen. Zu sehr genieße ich auch diesen Zustand, in dem ich zwar weiß, dass etwas zu Ende geht, aber danach noch nichts konkretes Neues auf mich wartet. Was ja bedeutet, dass alle Möglichkeiten potenziell vor mir ausgebreitet liegen und mich nichts einengt. Ich empfinde die Chancen, die sich auftun könnten, als Reichtum und Fülle, die Ungewissheit, ob ich am Ende nicht doch mit leeren Händen dastehen könnte, dagegen nicht als Bedrohung. Ich habe das Vertrauen, dass das Richtige für mich kommen wird und ich es in dem Moment erkennen werde.

Denn bei aller Offenheit, die ich gegenüber meinem zukünftigen Job habe, habe ich eine Vorstellung, welche Rahmenbedingungen mir guttun werden. Ich weiß nach 20 Jahren im Berufsleben, was mich einengt und lähmt und was Energie freisetzt.

Als Jugendliche und junge Erwachsene hatte ich einen bunten Strauß an Neben- und Ferienjobs. Den ersten habe ich mit 14 oder 15 Jahren ergattert, in einem Blumenladen. Samstags nach der Schule (die fand damals manchmal noch auch an Samstagen statt) räumte ich die Pflanzen, die vor dem Laden standen, hinten ins Lager, fegte und wischte den Boden und wusch das benutzte Geschirr ab. Vier Mark bekam ich dafür. Genug, um abends den Eintritt für die Party im Jugendtreff zu bezahlen, und eine halbe Cola obendrein.

Mit 16 habe ich mich für ein Auslandsjahr in den USA entschieden. Meine Eltern haben mir die Programmkosten bezahlt, aber verlangt, dass ich mein Taschengeld, das ich während des Jahres brauchte, selbst verdienen muss. Das war nicht wenig. Also nahm ich alles an Jobs an, was ich bekommen konnte. In den Sommerferien ging ich in eine Hähnchenschlachterei. Meine Aufgabe war es, am Fließband zu stehen und kleine Säckchen mit Innereien in das geschlachtete und gerupfte Huhn zu stopfen, das aufgehängt an einem Fuß etwa in Augenhöhe an einem Band an mir vorbeifuhr. Acht Stunden am Tag, wöchentlich abwechselnd in Früh- und Spätschicht, insgesamt vier Wochen lang. Heute lebe ich vegetarisch. Vielleicht gibt es da einen Zusammenhang. Meine Osterferien vor der Abreise in die USA habe ich auf der ostfriesischen Insel Juist verbracht, als Zimmermädchen in einer kleinen Pension. Betten machen, Klos putzen, Frühstücksgeschirr abräumen, das gehörte zu meinen Aufgaben. Abends hatte ich frei und ging mit den anderen jungen Frauen, die haufenweise ähnliche Jobs machten, feiern.

Zwischendrin und unter der Woche gab ich Nachhilfe in Mathe, Latein und Englisch. Das war anspruchsvoller als die anderen Aufgaben, wurde aber mit 15 Mark auch viel besser bezahlt. Zweimal die Woche habe ich die Tiefkühltruhe im Supermarkt mit neuer Ware aufgefüllt, die damals noch mit einem Klebeetikett preislich ausgezeichnet werden musste. Mir hat es damals nichts ausgemacht, einen großen Teil meiner Freizeit neben der Schule in diese Jobs zu investieren. Ich freute mich über den steigenden Kontostand und mein bald beginnendes Auslandsjahr.

Ich kann also die Ärmel hochkrempeln und jeden Job machen, wenn ich meine Familie und mich anders nicht ernähren könnte. Heute habe ich den großen Luxus, mir meine Jobsituation nach meinen Wünschen und Vorstellungen zu gestalten. Und dafür bin ich dankbar. Meine Arbeit soll einen Sinn für mich und am besten auch für die Gesellschaft haben. Ich möchte Kontakt zu Menschen haben, mit ihnen Ideen entwickeln, andere inspirieren und inspiriert werden. Öffentliche Auftritte sollten selten sein. Ich möchte frei und selbstbestimmt sein. Einen festen Arbeitsvertrag mit einer 40-Stunden-Woche, festem Arbeitsplatz und vorgegebener Anzahl an Urlaubstagen, die ich womöglich noch jeweils beantragen muss, möchte ich nicht. Schon beim Gedanken daran weicht alle Energie aus mir. Ich möchte grundsätzlich selbst festlegen können, wann ich arbeite, wo, wie und was ich arbeite, mit wem und wie viel. Das wird nicht in jeder Stunde und an jedem Tag so sein, das ist klar. Aber es sollte meinen Arbeitsalltag charakterisieren. Die Projekte, an denen ich arbeite, dürfen gern komplex sein, aber ich will die Übersicht über sie behalten und nicht nur ein kleines Rädchen sein, das irgendwo einsam und losgelöst seine Runden dreht.

Ich bin nicht vermögend und eine Millionenerbschaft ist auch nicht in Sicht. Ich muss und will mit meinem Job also Geld verdienen. Aber die Motivation, einen Job anzunehmen, soll nicht das Geld sein, sondern der Job selbst. Ich möchte nicht die Jobs annehmen, die am besten bezahlt werden, sondern die, auf die ich wirklich Lust habe. Meine Aufgabe soll Spaß machen, sie ist leicht und erfüllend, im Idealfall kommt sie mir gar nicht wie Arbeit vor. Dann werde ich sie gut machen und dann werde ich auch mit der Bezahlung zufrieden sein und prima davon leben können.

Neben solchen Aufgaben, die mir zwar Spaß machen, die ich aber letzten Endes nicht aus purem Idealismus mache, sondern um meinen Lebensunterhalt zu sichern, gibt es andere Tätigkeiten, an denen ich Interesse habe. Von denen ich aber weiß, dass ich damit wenig oder kein Geld verdienen werde. Ich möchte tatsächlich auch an Projekten arbeiten, die einen echten Mehrwert für eine bessere Gesellschaft haben. Während meiner Jahre im Bundestag habe ich mich intensiv mit dem Thema Bildung und Chancengerechtigkeit beschäftigt. Außerdem mit der Gleichberechtigung von Männern und Frauen. Ich kann mir vorstellen, daran auch außerhalb der Politik weiterzuarbeiten. So ganz lässt es mich auch jetzt nicht los, was mich in all den Jahren angetrieben hat.

Mich hat es immer schon fasziniert, wie Menschen außerhalb der Politik durch ihr beherztes Handeln und ihren Einsatz ganz konkret und unmittelbar das verwirklichen, was ich als politisches Ziel oft nur formulieren konnte. Ich habe immer bewundert, was alles möglich ist, wenn man gute Ideen hat und den richtigen Weg findet, sie umzusetzen. In der Politik sprechen wir ständig darüber, wie wichtig es ist, zugewanderten Menschen die Integration in unsere Gesellschaft zu ermöglichen und ihnen eine Perspektive zu geben. Wir schreiben Konzepte und legen Programme auf. Das ist nicht falsch. Aber andere machen einfach.

Sie gründen beispielsweise Unternehmen, die speziell zugewanderten Frauen aus Kulturkreisen, in denen sie traditionell eine dem Mann untergeordnete Position innehaben, eine eigene Einkommensquelle geben. Und setzen damit gleich mehrere Hebel an: Die Frauen unterstützen mit ihrem Einkommen ihre ganze Familie, sie bieten sich und ihren Kindern bessere Bildungschancen, steigern ihr Selbstbewusstsein und verschaffen durch ihren Beitrag zur Sicherung des Unterhalts der Familie eine Chance auf Anerkennung und Gleichberechtigung gegenüber Ehemännern, Vätern und Söhnen.

Ich werde vermutlich nicht selbst eine solche Geschäftsidee verwirklichen. Aber Frauen und Männer bei der Gründung und dem Aufbau dieser Unternehmen zu unterstützen, das finde ich reizvoll. Unternehmen, die Frauen in die Lage versetzen, sich selbst zu ermächtigen, Stichwort »Female Empowerment«. Ich bin sicher, dass unsere ganze Gesellschaft, Männer und Frauen davon profitieren. Es geht nicht um das Gegeneinander der Geschlechter, es geht um das Miteinander.

Noch sind es bloß erste Überlegungen. Aber auf meinen Weg treffe ich wie durch eine unsichtbare Hand gesteuert immer wieder auf Menschen, von denen ich lernen kann, Inspirationen erhalte und die mich ermutigen, diesen Weg zu gehen. Ich suche auch hier nicht gezielt danach. Ich lasse zu, dass es sich ergibt.

## KAPITEL 24

# KEIN ZURÜCK MEHR

*April–Oktober 2021*

Die Zeit fliegt dahin und jetzt sind es nur noch wenige Monate, dann werde ich frei sein. Raus aus dem Parlament, raus aus der Politik. Zurück in mein altes Leben werde ich nicht gehen, das gibt es nicht mehr. Es wird ein anderes sein. Bis dahin heißt es Abschied nehmen. Und damit beginne ich schon kurz nach Ostern. Ich bereite mich wieder einmal auf eine Parteitagsrede vor. Wieder ist das keine alltägliche Aufgabe, es wird meine letzte Rede als Landesvorsitzende sein. Die Neuwahlen zum Landesvorstand stehen an, ich trete nach fast sieben Jahren nicht mehr an. Vielleicht wird es sogar meine letzte Parteitagsrede überhaupt.

Es ist ein wunderschöner Tag am Wochenende vor diesem Parteitag. Noch ziemlich kalt, aber die Sonnenstrahlen haben schon ein wenig Kraft. In dicke Jacken gepackt frühstücken wir im Garten. Ich stelle mir vor, was ich sagen werde. Frage mich, wie es mir dabei gehen wird und was ich fühlen werde. Werde ich den Auftritt lässig runterspulen oder wird es mir emotional nahegehen? Plötzlich kullern mir die Tränen über die Wangen. Auf einmal ist alles so konkret und endgültig. Ich werde mein Amt als Landesvorsitzende aufgeben. Die Erinnerungen an die letzten Jahre mit ihren Höhen und Tiefen, mit all dem Schönen und auch all dem Schrecklichen, was ich erlebt habe, sind auf einmal ganz präsent. Ich durchlebe sie wie im Zeitraffer. Und werde sentimental. Habe ich tatsächlich die richtige Entscheidung getroffen? Will ich wirklich alles hinschmeißen? Ich habe diesen Landesverband doch so mühsam aus einer schwierigen Lage heraus wieder aufgebaut. Auf so vieles verzichtet deswegen. Ich habe so vieles ausgehalten, zugelassen, dass ich mich veränderte. Und jetzt soll das alles vorbei sein? Sand spürt sofort, dass etwas nicht stimmt. Er kommt zu mir, stellt seine Vorderpfoten auf meine Oberschenkel und leckt mir die Tränen aus dem Gesicht. Es ist berührend, wie feinfühlig er ist und wie er die Dinge einfach in die Hand nimmt. Ich wundere mich über meinen emotionalen Ausbruch, hatte ihn nicht erwartet. Bislang war ich mit Blick auf meinen Abschied innerlich fast regungslos geblieben.

»Gut, dass es jetzt aus mir herausbricht, dann werde ich auf dem Parteitag nicht losheulen«, sage ich zu Stefan.

»Na ja, da bin ich mir nicht so sicher«, gibt er zurück.

Es ist vorgesehen, dass diejenigen, die sich bei den Neuwahlen zum Landesvorstand bewerben wollen, beim Parteitag vor Ort sein können. Außerdem diejenigen, denen eine virtuelle Teilnahme aus technischen Gründen nicht möglich ist. Der weitaus größere Teil der Teilnehmer wird jedoch online zugeschaltet sein. Die Coronarestriktionen sind nochmal verschärft worden. Es herrschen strenge Abstands- und Hygieneregeln. Es wäre aufgrund des vermuteten Infektionsrisikos nicht einmal gestattet, dass mir irgendjemand einen Strauß Blumen zum Abschied überreicht. Der Abschiedsapplaus fiele spärlich aus, es ist ja kaum jemand da. Mein letzter Auftritt wäre schmucklos, beinahe würdelos. Ich entscheide mich daher, nicht in Präsenz teilzunehmen, dann fällt es nicht so auf.

In meiner Rede spreche ich zuerst über die Tagespolitik, die natürlich von den Auswirkungen und der Bekämpfung der Coronapandemie geprägt ist. Ich werbe wieder einmal eindringlich dafür, dass die Schulen zum Präsenzbetrieb zurückkehren, die negativen Folgen geschlossener Schulen für unsere Kinder sind dramatisch. Und ich zeige auf, welche Konzepte und Maßnahmen diesen Schritt aus meiner Sicht verantwortbar und ohne zu hohe gesundheitliche Risiken möglich machen.

Dann nehme ich mir etwas Zeit, um mich zu verabschieden. Gleich zu Beginn werfe ich einen Blick zurück und fasse die Jahre für mich zusammen:

»Ich habe in den letzten 14 Jahren so viel in der FDP erlebt, tiefste menschliche Abgründe und größte Enttäuschungen. Aber auch grandiose Erfolgserlebnisse, tiefe Freundschaft und große Menschlichkeit. Ich gehe im Reinen. Mit mir und der Partei.«

Ich bedanke mich bei meinen Mitstreitern für die Zusammenarbeit und ihre Unterstützung. Dann geht meine letzte Rede zu Ende:

»Und damit verabschiede ich mich bei Ihnen als Landesvorsitzende, ich verabschiede mich aus dem Landesvorstand. Es war mir eine große Ehre! Machen Sie es gut und bleiben Sie gesund!«

Bei diesen letzten Worten zerreißt es mich dann, ich kann nicht verhindern, dass ein paar Tränen fließen. Also doch.

Ich höre mir die kurze Aussprache im Anschluss an meine Rede an. Nur wenige Parteifreunde melden sich zu Wort. Es fallen ein paar freundliche Dankesworte, aber es wird auch gemeckert und gemosert. Ich kann kaum fassen, dass manche sich ihre schlechte Laune nicht einmal jetzt verkneifen können. Meine Rührung ist zu diesem Zeitpunkt längst der absoluten Gewissheit gewichen, dass mein Schritt auf jeden Fall richtig ist. Danach klinke ich mich aus. Dieser Moment ist eine Zäsur für mich, ich will jetzt nicht einfach weitermachen, als wäre nichts geschehen, kann an den Wahlen, die jetzt folgen, nicht mehr vollständig teilnehmen, auch wenn sie wichtig sind. Ich muss an die Luft. Ich hole den Traktor aus der Garage und mähe den Rasen.

Nur wenige Wochen später folgt der nächste Teil des Abschiedes. Es ist der FDP-Bundesparteitag in Berlin. Auch hier stehen Neuwahlen auf der Tagesordnung. Zehn Jahre lang war ich gewähltes

Mitglied des Bundesvorstandes, die letzten sechs als stellvertretende Bundesvorsitzende. Ich werde meine Amtszeit nicht verlängern. Der Bundesparteitag findet gänzlich ohne Delegierte und Gäste statt, nur die wenigen Mitglieder des Präsidiums sind vor Ort zugelassen. Ich möchte unbedingt ein letztes Mal dabei sein, vor Ort. Frühmorgens steige ich in den ICE. Ich will pünktlich da sein, um den vorgeschriebenen Coronatest zu machen, bevor ich den Veranstaltungsort betrete. Doch der Zug fährt nicht los. Nicht nach zehn Minuten, nicht nach 30 und auch nicht nach einer Stunde. Es gibt eine Stellwerkstörung auf dem Weg nach Berlin. Laut Auskunft des Zugpersonals ist unklar, wann und ob es überhaupt losgehen wird. Ich warte noch eine Zeit lang ab. Dann steige ich ein wenig frustriert aus. Ich fahre zurück nach Hause, klappe meinen Rechner auf und verfolge auch diesen Parteitag online. Es soll nicht anders sein. Aber auch aus der Ferne freue ich mich über die liebevollen Abschiedsworte von Wolfgang Kubicki und Christian Lindner für mich.

In der letzten regulären Sitzungswoche der Legislaturperiode, die Ende Juni stattfindet, halte ich meine letzte Parlamentsrede. Ich spreche zum Abschlussbericht der Enquete-Kommission »Berufliche Bildung in der digitalen Arbeitswelt«. Zwar habe ich in dieser Kommission nicht mitgearbeitet und hätte deshalb unter normalen Umständen auch nicht dazu gesprochen. Aber mein Kollege überlässt mir den Redeslot, der eigentlich für ihn als Kommissionsmitglied reserviert ist, für meine Abschiedsworte. Es sind nur drei Minuten, aber ich bin ihm sehr dankbar dafür. Ich sage ein paar Worte zum Abschlussbericht, nutze aber den größten Teil meiner kurzen Redezeit, um ein letztes Mal herauszustellen, wie zentral Bildung als Fundament für ein selbstbestimmtes Leben und wie dringend notwendig die Modernisierung unseres Bildungssystems ist. Und ich äußere meinen großen Wunsch für die Zukunft:

»Unser Bildungssystem muss digitaler werden, es muss jede und jeden Einzelnen unterstützen und fördern, einen individuellen Weg gehen zu können. Der Bildungserfolg muss unabhängiger werden vom Elternhaus. Im Kern muss unser Bildungssystem aber vor allem eins: Es muss in seiner gesamten Breite – von der Kita über Schulen, Ausbildungsbetriebe und Hochschulen – Menschen dafür begeistern, Neues zu lernen.«

Dann verabschiede ich mich auch an dieser Stelle:

»Dies ist meine letzte Rede im Deutschen Bundestag.

Ihnen allen wünsche ich von ganzem Herzen, dass Sie die zentralen Herausforderungen, die für die Zukunftsfähigkeit unseres Landes entscheidend sind, auch in der nächsten Legislaturperiode mit voller Tatkraft angehen. Es war mir eine große Freude und Ehre zugleich, an dieser Stelle in den vergangenen vier Jahren mit Ihnen über unsere liberalen Konzepte zu debattieren, zu beraten und manchmal auch zu streiten. Ich wünsche Ihnen allen alles Gute, mögen Neugier, Gesundheit und Glück Sie auch in Zukunft begleiten.«

Mit den Fachkollegen habe ich immer sehr gern zusammengearbeitet und freue mich über den Beifall aus allen Fraktionen des Hauses.

Der Sommer ist wie in fast jedem Jahr etwas ruhiger als der Rest des Jahres. Hätte ich erneut kandidiert, wäre die Ruhe dieses Jahr allerdings ausgefallen, ich wäre im Wahlkampf. Von dem halte ich mich jetzt fern. Es fühlt sich nicht richtig an, irgendwo aufzutreten, für unser Programm zu werben, aber dann zu sagen, dass ich dafür nicht mehr antreten werde. Noch jedoch habe ich mein Mandat, und da gebe ich mit meinem MdB-Team bis zum Schluss Vollgas. Wir schreiben Anfragen an die Bundesregierung, kommentieren das politische Geschehen und melden uns mit Vorschlägen und Forderungen zu Wort. Ich nutze die letzten Wochen, in denen ich als Abgeordnete Gehör finde.

Schwer fällt mir der Abschied von meinem Team. Ich liebe die Zusammenarbeit mit ihm. Im hektischen Parlamentsalltag ist mein Büro mit den Mitarbeitern so etwas wie eine ruhige

Oase, in die ich immer gern zurückkomme. Natürlich wird dort hart und oft lange gearbeitet, aber für mich ist es auch der Ort, an dem ich die Batterien kurz aufladen und mich einen Moment lang sicher fühlen kann. Ich vertraue meinen Mitarbeitern blind, anders ist der oft unübersichtliche Tagesablauf auch nicht zu bewältigen.

Wenige Wochen vor der Wahl lade ich das ganze Team zum Abendessen ein. Nicht nur die Mitarbeiter, die jetzt für mich arbeiten, sondern alle, die in den letzten vier Jahren dabei waren: Praktikantinnen, studentische Mitarbeiter, meinen Büroleiter, der sich selbständig gemacht hat, Referentinnen, die inzwischen in anderen Jobs sind. Viele von ihnen sind gekommen, wir sind eine große Gruppe. Es ist so schön, sie alle wiederzusehen. Ganz besonders freue ich mich darüber, dass offenbar nicht nur ich die Zusammenarbeit sehr genossen habe. In den Unterhaltungen, die ich führe, und den Reden, die an diesem Abend gehalten werden, wird deutlich, dass auch sie eine tolle, lehrreiche und insgesamt gute Zeit hatten. Mir bedeutet das sehr viel.

Die letzte Sitzung des Bundestages, an der ich teilnehme, ist die Sondersitzung am 7. September 2021. Ich habe Sitzungsdienst, bin also für die Meldung der Redner aus meiner Fraktion beim Sitzungspräsidium zuständig, achte darauf, dass wir gemäß den Beschlüssen der Fraktion abstimmen, und stelle sicher, dass unsere Präsenz im Plenum ausreichend ist. Unzählige Male habe ich diese Dienste in den letzten vier Jahren gemacht. Ich bleibe bis ganz zum Schluss, höre die Abschiedsworte der Vizepräsidentin zum Ende der Legislaturperiode. Dann wird die Sitzung am Nachmittag geschlossen. Ich blicke mich nochmal um und verlasse dann langsam den Plenarsaal, in dem ich so viele Stunden verbracht habe. Ich werde ihn nicht mehr betreten, nur Abgeordnete dürfen hinein. Und das bin ich bald nicht mehr.

Mit Spannung verfolge ich die Wochen bis zum Wahltag. Die Umfragen sagen auf den letzten Metern massive Verschiebungen vorher. Nicht für uns, die Freien Demokraten sind stabil, wir dürfen sogar auf ein im Vergleich zu 2017 leicht verbessertes Ergebnis hoffen. Die Grünen aber können ihren Höhenflug nicht halten, stürzen auf Platz drei ab. Die CDU bricht ebenfalls stark ein, die SPD erlebt ein kaum für möglich gehaltenes Comeback.

Wegen der Pandemie ist die Zahl der Briefwähler in diesem Jahr besonders hoch. Ich habe bewusst darauf verzichtet, ich möchte den Gang zur Wahlurne zelebrieren. Ich mag die Stimmung in den Wahllokalen, es liegt immer der Hauch von etwas Besonderem in der Luft. Es erinnert mich und hoffentlich auch viele andere daran, dass freie und geheime Wahlen keine Selbstverständlichkeit sind und dass Menschen in anderen Teilen der Welt mit ihrem Leben dafür bezahlen, an solchen Wahlen teilnehmen zu dürfen. Das Wetter ist großartig, es ist ungewöhnlich warm für Ende September, die Sonne scheint. Nach der Stimmabgabe machen wir einen Ausflug ans Wasser, an die Ostsee. Sitzen im Strandkorb, essen Kuchen und trinken schon mittags ein Glas Wein. So entspannt habe ich seit Langem keinen Wahltag mehr verbracht. Ich bin glücklich. Spüre ganz deutlich die Freiheit, die ich von nun an haben werde. Zwar werde ich am nächsten Tag an der Fraktionssitzung in Berlin teilnehmen, aber heute kann ich entspannen. Kein Kofferpacken, keine Zugfahrt, kein Abend mit Parteifreunden, Kameras und Aufregung. Den Wahlabend verfolge ich vom Sofa aus, es ist herrlich.

Im Oktober räume ich mit dem Team mein Büro. Packe alles zusammen, was ich mit nach Hause nehmen möchte. Es ist nicht viel. Das große Bild an der Wand mit dem thailändischen Opferbaum, das als Leihgabe in einer Art Dauerausstellung in meinem Büro hing, habe ich gekauft. Es ist eine wunderschöne Erinnerung an diese letzten Jahre. Eine Spedition wird es mir nach Hause liefern. Als Team treffen wir uns ein letztes Mal zum Mittagessen. Meine Mitarbeiter haben neue Jobs gefunden, sie bleiben sogar alle im Bundestag. Ich freue mich riesig.

Eine letzte Fraktionssitzung kommt noch für mich, am Tag vor der Konstituierung des neuen Deutschen Bundestages am 26. Oktober. Die Fraktion aus der 19. Legislaturperiode tagt zusammen mit den neu für die 20. Wahlperiode gewählten Abgeordneten. Ich bin noch immer stellvertretende Fraktionsvorsitzende, die Amtszeit des Vorstandes ist verlängert worden, Neuwahlen werden erst in den nächsten Wochen stattfinden, wenn klar ist, wie wir uns in einer zukünftigen Regierung aufstellen werden. Nach erfolgreichen Sondierungsgesprächen zwischen SPD, Grünen und FDP starten in dieser Woche die Koalitionsverhandlungen. Nach der Fraktionssitzung gibt es einen Empfang auf der Reichstagskuppel. Ich verabschiede mich von meinen alten Kollegen und habe die Chance, einige der neuen Gesichter kennenzulernen. Am nächsten Morgen wache ich zum letzten Mal als Abgeordnete auf. Ich gebe meinen Abgeordnetenausweis zurück. Außerdem BahnCard 100 und Senatorkarte, Diplomatenpass und Kopierkarte. Mein Portemonnaie ist ganz leicht geworden.

In diesen Monaten, in denen ich mich Schritt für Schritt aus dem Leben verabschiede, das mich jahrelang bestimmt hat, beobachte ich mich sehr genau. Immer darauf gefasst, dass der Moment kommt, in dem ich aufwache, mir an den Kopf fasse und nicht glauben kann, dass ich so dumm sein konnte, alles einfach so hinzuschmeißen. Dieser Moment kommt.

# KAPITEL 25
# ZWEIFEL

*Herbst 2021*

Es erwischt mich wenige Tage später, in einem Moment, in dem ich nicht damit rechne. Ich bin zur Trauerfeier des Vaters meiner Freundin gefahren. Es beginnt mit einer katholischen Messe, es ist eine schöne und würdevolle Feier. Ich schaue in das Heft, in dem auch die Lieder stehen, die gesungen werden. Sowohl »Von guten Mächten« als auch »Großer Gott, wir loben Dich« sind vorgesehen, wie schön. Trotz der Maske, die wir tragen müssen, singe ich laut mit. Und werde plötzlich von einer Welle der Traurigkeit und Wehmut erfasst. Mir strömen die Tränen übers Gesicht. Unter meiner Maske schluchze ich lautlos. Das ist nicht ungewöhnlich auf einer Beerdigung. Aber ich spüre, dass mehr dahintersteckt. Es ist nicht allein die Trauer um den Verstorbenen, ich kannte ihn nicht besonders gut. Es ist auch mehr als das große Mitgefühl, das ich für meine Freundin habe, die ihren Vater verloren hat. Es bricht eine Melancholie aus mir heraus, die ich bis zu diesem Zeitpunkt nicht wahrgenommen hatte. Es ist das tiefe Gefühl, dass mein Leben schwer und verfahren ist. Die Leichtigkeit, die ich seit vielen Monaten fast durchgehend gespürt habe, ist jetzt wie weggeblasen. Ich bin aufgewühlt und fühle mich abseits der Spur. Irgendetwas beschäftigt mich, weit unter der Oberfläche dessen, was ich täglich erlebe und mir bewusst machen kann. Ich weiß nicht, was es ist. Es wirft mich nicht um, aber es ist stark und kommt aus der Tiefe. Ich kenne das. Es sagt mir, dass ich genauer hinfühlen sollte, was in meinem Inneren vor sich geht. Dass ich mich nicht so stark von außen ablenken lassen sollte, von Ereignissen, Begegnungen und Gedanken, und dabei nicht bemerken, was eigentlich vor sich geht.

Nach der Messe findet die Beisetzung statt, dann hat die Familie zu einem Mittagessen in ein Restaurant eingeladen. Die Stimmung ist friedlich und tröstlich, so wie man es oft auf Beerdigungen erlebt. Familie und Freunde, die sich teilweise seit Jahren nicht gesehen haben, kommen zusammen. Der Anlass ist ein trauriger, aber das Wiedersehen, die liebevollen Gespräche, die einfühlsamen Worte tun gut. Auch ich freue mich über Menschen, die ich teilweise seit Jahren nicht gesehen habe, und unterhalte mich angeregt. Doch meine trübe Stimmung hat mich noch im Griff. Ich bleibe innerlich distanziert und mit mir selbst beschäftigt. Schließlich machen wir uns auf den Rückweg, einige Stunden Zugfahrt liegen vor uns. Zu Hause falle ich in einen tiefen Schlaf.

Am nächsten Morgen stehe ich früh auf, es stehen einige Termine im Kalender, die meisten davon finden coronabedingt online statt. Vorher mache ich eine lange Meditation. Ich schaffe es kaum, zur Ruhe zu kommen und meine Gedanken auch nur für ein paar Minuten zum Schweigen zu bringen. Nach meinem Erlebnis in der Kirche gestern will ich nicht einfach weitermachen, als sei nichts geschehen. Was auch nicht möglich ist. Die Niedergeschlagenheit hält an. Einige Tage lang bleibe ich in mich gekehrt, verschlossen und nachdenklich. Ich brauche Zeit für mich. Zeit zum Nachdenken, Nichtstun, Alleinsein. Allmählich nimmt dieses Bedürfnis ab und ich gehe wieder unter Leute. Ich finde nicht heraus, was genau eigentlich los ist. Was mich unter der Oberfläche so beschäftigt. Ich bleibe wachsam und beobachte mich.

Kurz darauf nutzen wir die erste Gelegenheit, um in die USA zu reisen. Als Europäer hatten wir wegen Corona fast zwei Jahre lang keinen Zutritt. Und hätte ich weiter Politik gemacht, wäre jetzt auch überhaupt keine Zeit zum Reisen. Nun aber bin ich frei. Also nichts wie weg. Die ersten Tage verbringen wir in New York, dann fliegen wir weiter nach Denver. Von da ist es nicht mehr weit bis zur Ranch. Es dämmert bereits, der Himmel leuchtet in rot-gelben Streifen, als wir über die endlos langen, staubigen Straßen in dem Haus im Nichts eintreffen, in dem wir wohnen werden. Zu diesem Zeitpunkt sind wir die einzigen Gäste auf der Ranch, die aber auch nur Kapazitäten für maximal sechs Gäste hat. Außergewöhnliche Wochen liegen vor uns. Weite, Stille, Prärie. Pferde, Rinder, Kojoten. Obwohl es bereits Ende November ist, steigen die Temperaturen am Tage auf über 20 Grad, bestes T-Shirt-Wetter. Nachts ist es bei Minusgraden empfindlich kalt.

Das Thanksgiving-Wochenende steht bevor, das feiern die US-Amerikaner oft groß und ausgiebig. Auch auf der Ranch. Die Großfamilie der Ranchbetreiber versammelt sich zur Thanksgiving-Party, außerdem die Mitglieder der Crew sowie einige Familienmitglieder und enge Freunde, die von außerhalb anreisen. Drei Generationen sind vertreten. Auch wir sind eingeladen. Für mich gibt es kaum etwas Schöneres, als in einem fremden Land die Chance zu haben, den Status einer Touristin zu verlassen und als Freundin empfangen zu werden. Mich hat immer schon fasziniert, wie Menschen in anderen Ländern ihr Familienleben leben, wie sie ihren Alltag gestalten. Ich habe mir in meinen Urlauben im Ausland immer vorgestellt, was sich hinter den Türen und Fenstern der andersartigen Häuser und Wohnungen abspielt. Wie es dort aussieht, wer dort lebt, wie die Menschen miteinander umgehen. Zu gern wäre ich einfach hineingegangen und hätte mich mit an den Esstisch gesetzt. Genau das machen wir nun. Ich treffe zum ersten Mal auf diese Menschen, aber es fühlt sich an, als wenn wir uns schon lange kennen, so herzlich werde ich in ihrer Mitte aufgenommen.

»Was machst du in Deutschland?«, werde ich am Tisch beim Essen gefragt.

»Ich schreibe gerade ein Buch. Über meine Zeit in der Politik und meinen Ausstieg. Bis vor wenigen Wochen war ich Abgeordnete, einige Jahre lang«, versuche ich den Umbruch zu beschreiben, der gerade in meinem Leben stattfindet.

»Ich habe noch nie eine amerikanische Kongressabgeordnete getroffen, und jetzt feiere ich Thanksgiving mit einer ehemaligen Bundestagsabgeordneten, wie cool!«, freut sich die Schwester einer Crew-Mitarbeiterin, die Politikwissenschaften in New York studiert.

Sie weiß, dass in Deutschland vor wenigen Wochen gewählt wurde und es bald eine neue Regierung geben wird, die nicht mehr von Angela Merkel angeführt werden wird.

»Ich lerne gerade Deutsch und möchte ein paar Semester in Berlin studieren. Eine tolle Stadt«, schwärmt sie.

»Ja, eine der tollsten Städte Europas«, finde ich. Ich habe gern dort gelebt. Wenn du da bist, lass es mich wissen. Ich helfe dir, wenn du ein Praktikum im Bundestag machen möchtest«, biete ich an.

»Das würdest du tun? Großartig, danke!«

Ich freue mich, dass sie sich freut. Und dass ich ihr vielleicht helfen kann, eine Tür aufzumachen, die sonst verschlossen geblieben wäre. Das ist etwas, was mir fehlen wird. Ich fand es in den Jahren immer schön, wenn ich junge Männer und Frauen unterstützen konnte, die sich für Politik interessierten und mich nach einer Möglichkeit gefragt haben, den Parlamentsbetrieb kennenzulernen. Fast durchgehend habe ich in meinem MdB-Büro Praktikanten beschäftigt. Es war schön, von ihnen zu hören, welche Erfahrungen sie im Praktikum gemacht hatten, welche Zukunftspläne sie haben und nachzufragen, ob und wie ich sie weiter unterstützen kann. Doch das ist jetzt vorbei.

Ich genieße den weiteren Tag und den Abend. Die Gespräche drehen sich um das Leben auf der Ranch, um Kinder, um die Tiere – Hunde, Rinder, einen Berglöwen, der gesichtet wurde, die Eule im Baum im hinteren Teil des Gartens. Später spielen wir alle zusammen ein Spiel. Ein einfaches Würfelspiel, bei dem man je nach Würfelglück die drei Dollarscheine, die jeder zu Spielbeginn bekommen hat, entweder an seinen rechten oder linken Nachbarn weitergibt, sie auf den Stapel in der Mitte des Tisches legt oder einfach behalten darf. Wir haben Spaß. Ich habe Spaß. Ich genieße es, keine Erwartungen erfüllen zu müssen, keine Rolle spielen zu müssen, niemanden beeindrucken zu müssen, nichts beweisen zu müssen. Keine Meinung zu diesem oder jenem politischen Thema haben zu müssen. In diesem Augenblick einfach hier zu sein. Und doch schwirrt im Hinterkopf ein Gedanke, der mich beschäftigt. Und der mir ganz und gar nicht gefällt. Was wird sein, wenn ich in einem Jahr wiederkomme? Oder in den nächsten Monaten irgendwo anders auf Menschen treffe, die ich neu kennenlerne? Heute bin ich noch halb die Bundestagsabgeordnete, die ganz nah dran ist am Geschehen und erzählen kann, wie es so ist in der deutschen Politik. Die bei der Vermittlung eines Praktikums helfen kann. Wer oder was werde ich sein, wenn das nicht mehr der Fall ist? Da steigt sie wieder auf, meine Angst, ich könnte dann niemand mehr sein. Nicht mehr spannend genug, damit sich jemand für mich interessiert. Nicht mehr toll genug, dass mich jemand mag. Ich kenne dieses Gefühl gut. Aus meiner Zeit vor dem Entschluss, das alles hinter mir zu lassen. Und hatte gehofft, dass es nicht mehr wiederkommt.

Wegen des freien Wochenendes wird auf der Ranch weniger gearbeitet als sonst. Dennoch habe ich die Chance, der Crew bei ihrer Arbeit über die Schulter zu schauen. Rinder müssen von einer Weide auf die andere getrieben werden, die Wasserstellen und Pipelines müssen auf undichte Stellen überprüft, kaputte Zäune repariert werden. Ich probiere eine Motocross-Maschine aus und versuche auf den sandigen Wegen mit den tiefen Löchern nicht hinzufallen. Besonders viel Spaß habe ich im Leather-Shop, in dem wunderschöne Lederprodukte von Hand gefertigt werden. Ich produziere Gürtel und Armbänder, die ich später zu Weihnachten verschenken werde. Die handwerkliche Arbeit hat etwas Meditatives für mich. Es ist ungeheuer befriedigend, in so kurzer Zeit die Resultate meines Tuns sichtbar und schön vor mir liegen zu sehen. Die Stimmung ist heiter und entspannt, ich fühle mich wohl in der warmen und behaglichen Werkstatt. Es ist viel zu tun, zu erleben und zu genießen auf der 350 Quadratkilometer großen Ranch mit ihren 3000 Rindern. Der Blick auf mein Leben von hier aus ist ein anderer. Die Dinge erscheinen in einem anderen Licht, weniger bedeutend als zu Hause. Es ist perfekt für die Zeit des Übergangs von der Berufspolitik in ein neues Leben, denke ich.

Doch auch die große Distanz kann nicht verhindern, dass mich die Ereignisse zu Hause einholen. Ich wache morgens auf und lese die Nachrichten aus Deutschland, die wegen der Zeitverschiebung schon ein paar Stunden alt sind. SPD, Grüne und FDP haben ihren frisch ausgehandelten Koalitionsvertrag in einer Pressekonferenz vorgestellt. Das ist natürlich keine Überraschung, die Zeichen standen ganz danach. Ein Schwerpunkt ist eine neue Bildungspolitik, die Aufstiegschancen für jeden ermöglichen soll. Es ist das Thema, um das ich mich in den letzten Jahren intensiv gekümmert habe. Einige der Konzepte, die ich maßgeblich erarbeitet habe, finden sich darin wieder. Es fühlt sich richtig gut an, dass sich die Arbeit nun auszahlt, indem sie Regierungshandeln werden soll. Die Chancen auf erfolgreiche Umsetzung stehen gut, denn das Bundesministerium für Bildung und Forschung wird an die FDP gehen. Meine geschätzte Kollegin Bettina Stark-Watzinger wird es besetzen. Ich freue mich sehr für sie. Und bin sicher, sie wird den Job sehr gut machen.

Und doch ist es ein schwerer Tag für mich. Mich beherrschen Gedanken darüber, was gewesen wäre, wenn ich weitergemacht hätte. Wenn ich noch dabei wäre und nun die Möglichkeit da wäre, das, was ich aus der Opposition heraus immer nur fordern konnte, endlich umzusetzen. Wie wäre mein Leben, mein Alltag weitergegangen? Klar ist, ich könnte jetzt nicht hier in dieser unglaublichen Umgebung sein und diese sensationellen Erfahrungen machen. Ich wäre in Berlin, bei Nieselregen, verhangenem Himmel und harten Coronamaßnahmen. Hinter mir lägen anstrengende Monate des Wahlkampfes und Wochen der Koalitionsverhandlungen. An freie Abende oder Wochenenden wäre nicht zu denken, an Urlaub schon gar nicht. Ich würde mich unter Druck und eingeengt fühlen. Vermutlich wäre ich aber gleichzeitig auch wie im Rausch, voller Tatendrang und Vorfreude auf die Regierungsbeteiligung und die anstehenden Aufgaben. Wie weit weg davon ist das, was ich stattdessen hier auf der Ranch im Niemandsland erlebe. Das Niemandsland, das mit den vielen Tieren und den wunderbaren Menschen, auf die ich treffe, doch voller Leben und Lebendigkeit ist.

Die ersten Nachrichten aus Deutschland trudeln ein. Freunde und Bekannte fragen mich, ob ich meinen Entschluss bereue.

»Wow, ihr seid in der Regierung. Wärst du jetzt nicht lieber dabei?«

»Die FDP ist endlich am Ziel. Es muss komisch sein, dass es ohne dich stattfindet, oder?«

Ich werde solche Fragen auch nach meiner Rückkehr nach Deutschland noch oft hören.

Einigen ist bewusst, welche Tragweite mein Entschluss aufzuhören hat.

»Dieser Tag hätte für dich aus meiner Sicht ganz anders laufen sollen ...«, schreibt mir jemand.

Ja, es stimmt. Der Kontrast könnte in diesen Tagen kaum größer sein. Seit damals wurde mir nie so plastisch vor Augen geführt, welch krassen Unterschied diese eine Entscheidung für mein Leben ausmacht. Zwischen dem Leben auf der Ranch und dem Treiben des Politikbetriebs liegen Welten, sie könnten genauso gut auf unterschiedlichen Planeten stattfinden.

Es ist gut, an diesem Tag so weit weg vom Berliner Geschehen zu sein. Aber ich kann den Gedanken daran auch hier nicht entfliehen. Es gelingt nicht. Die Hochstimmung der vergangenen Monate ist weg. Zum ersten Mal in der ganzen Zeit, die seit meinem Entschluss vergangen ist, bin ich erschrocken über das, was ich getan habe. Es fühlt sich an, als begreife ich die ganze Tragweite meines Handelns erst jetzt. Es ist verrückt, aber etwas in mir sehnt sich danach, etwas zu haben, was ich überhaupt nicht haben will. In mir wütet und arbeitet es. Ich weiß nicht, wie ich damit umgehen soll.

Ich beschließe, einen langen Spaziergang zu machen. Zeit ganz für mich allein zu verbringen. Ich laufe über die rissige Erde, weiche den stacheligen Kakteen aus, klettere durch ausgetrocknete Flussbetten. Ich stelle mir vor, dass genau hier jahrtausendelang die Ureinwohner Nordamerikas wohnten. Wie sie dort lebten, jagten, Familien gründeten und ihre Kinder großzogen. Sich vor wilden Tieren schützen mussten. Vor allem aber vor den Ankömmlingen aus Europa, die ihnen am Ende ihr Land genommen haben. Ihre Spuren sind noch da, wenn man genau hinschaut und etwas Glück hat. Die Familie der Ranchbetreiber hat eine Sammlung von Gegenständen, die sie auf den Spaziergängen und bei der Arbeit auf der Ranch gefunden hat und die aus der Zeit weit vor ihrer auf diesem Stück Land stammen. Pfeilspitzen, geschliffene Steinwerkzeuge, Schmuckstücke.

Auf einem umgeknickten Baumstamm mache ich eine Pause, atme tief die warme Luft mit dem einzigartigen Präriegeruch ein, starre in die Weite und denke nach. Ich merke, dass es mir immer noch schwerfällt, zu erspüren, wie es mir geht. In den Jahren in der Politik habe ich Emotionen und Empfindungen oft einfach beiseitegeschoben, habe mir so das Fühlen abtrainiert. Es war im Weg, ich musste schließlich funktionieren. Da war kein Raum für Befindlichkeiten. Meine Abneigung vor öffentlichen Auftritten habe ich auf diese Weise unterdrückt. Meine große Unlust, schon wieder ein Wochenende mit der Partei statt mit der Familie zu verbringen, ebenfalls. Ich habe mir nicht gestattet, mein innerliches Rebellieren dagegen zuzulassen. Ich hätte dann nicht die Kraft gehabt weiterzumachen. Nach all den Jahren bin ich so gut darin geworden, das, was sich für mich nicht gut anfühlt, einfach wegzudrücken. Es hat mir meinen Job sehr viel leichter gemacht. Ich konnte auch dann einfach weitermachen, wenn ich nicht mehr wollte und nicht mehr konnte.

Das brauche ich jetzt aber nicht mehr. Jetzt ist es im Weg und ich will es loswerden. Will wieder in einen Modus kommen, in dem ich Gefühle hochkommen lasse, damit ich sie überhaupt wahrnehmen kann. Ich stelle fest, dass es viel schwerer ist, als ich dachte, diesen gelernten Mechanismus zu verändern. Ich habe ihn zu tief verinnerlicht. Es wird viel Zeit brauchen. Hier draußen nehme ich mir Zeit. Sitze einfach da und lasse die immer noch erstaunlich warme Novembersonne auf mein Gesicht scheinen. Versuche mich zu sortieren.

Kann es sein, dass ich einen großen Fehler gemacht habe und mir das jetzt klar wird? Wäre ich jetzt lieber in Berlin mitten im Trubel und nicht hier in der Prärie? Und wenn ja, welchem Teil von mir würde das gefallen? Ich ahne, dass es das innere Kind ist. Das mit dem Schritt in eine Bundesregierung definitiv einen weiteren Schritt aus dem Nicht-gesehen-Werden heraus getan hätte. Dieses innere Kind meldet sich jetzt lautstark zu Wort, es gewinnt zeitweilig die Oberhand. Es stampft mit den Füßen auf den Boden auf, es will Aufmerksamkeit. Und eine Regierungsbeteiligung wäre die beste Gelegenheit dafür. Es könnte dann allen zeigen, was es draufhat. Dass es stark und leistungsfähig ist, klug und weitsichtig. Niemand könnte ihm das dann noch absprechen.

Ich führe mir wieder vor Augen, welchen Preis ich dafür bezahlen müsste: noch mehr Öffentlichkeit, noch mehr Termine, noch weniger zu Hause sein, noch mehr Druck. Noch mehr also von dem, was ich hinter mir lassen wollte. Aber wäre das nicht ein angemessener Preis, um endlich die Chance zu bekommen, Dinge umzusetzen und Politik aktiv zu gestalten, nach langen Jahren in der Opposition? Hätte ich dafür nicht noch ein paar wenige Jahre länger auf das Leben verzichten können, das ich jetzt im Begriff bin zu leben?

Ich habe mir all diese Fragen schon zig Mal gestellt. Immer wieder und wieder. Bevor ich mich entschlossen habe zu gehen. Da hatten diese Fragen eine praktische Relevanz. Jetzt nicht mehr. Selbst wenn ich heute zu der Überzeugung gelänge, dass alles ein schrecklicher Irrtum war, dass ich zwar eine große Krise hatte, aber eigentlich immer weitermachen wollte in der Politik, es wäre zu spät. Es wird mich niemand anrufen und mir einen tollen Posten anbieten. Ich kann nicht mehr zurück. Der neue Bundestag ist gewählt, und ich stand nicht mal auf der Kandidatenliste. Es ist vorbei. Ich weiß nicht, was nun in meinem Leben passieren wird. Ich weiß nur, was ich nicht mehr tun werde. Das ist eigentlich schon eine ganze Menge. Mehr, als ich zu manch anderen Zeiten meines Lebens über die Zukunft wusste.

Zwei Stunden vergehen, vielleicht drei. Noch immer sitze ich fast regungslos da. Die Gedanken in meinem Kopf kommen allmählich zur Ruhe. Und lassen langsam wieder zum Vorschein kommen, was mich in den letzten Monaten getragen hat. Ich bin glücklich mit meiner Entscheidung. Ich will ein neues Leben. Das andere, das ich hinter mir gelassen habe, ist nicht das Leben, das für mich gut ist. Ich kann an diesem Tag bedauern, dass ich nicht für das Leben einer Spitzenpolitikerin gemacht bin, aber ändern kann ich es nicht. Und ich will es auch nicht. Es ist alles gut so, wie es ist. Meine Zuversicht kommt ein kleines bisschen zurück. Ich bin auf dem richtigen Weg. Ich gehe zurück zum Haus. Die Eindrücke des Tages mit den Geschehnissen in Deutschland hallen stark nach.

In dieser Nacht habe ich einen Traum, an den ich mich nach dem Aufwachen gut erinnere. Die Bilder habe ich klar und eindrücklich vor Augen. Im Traum rutsche ich eine steile und lange Wasserrutsche mit vielen Kurven herunter. Zuerst macht es großen Spaß. Doch ich kann mich nirgendwo festhalten, werde immer schneller. Ich werde herumgewirbelt, stoße an die Begrenzungen der Rutschbahn, tue mir weh. Es wird mir zu schnell, ich bekomme Panik, rufe um Hilfe. Doch niemand hört mich, es ist keiner zu sehen oder zu hören. Plötzlich endet die Rutsche im Nichts, ganz abrupt. Ich schieße weit über die Kante hinaus. Ich falle. Immer weiter. Schließlich pralle ich auf und lande im offenen Meer. Trotz der großen Höhe ist der Aufprall weich und sanft. Ich sinke tief ein, komme dann wieder an die Oberfläche zurück. Das Wasser ist ruhig, warm und klar, man kann bis auf den Meeresboden sehen. Die Sonne scheint, wunderschöne Vögel sind am Himmel. Ich bin in einer kleinen Bucht gelandet, Strand und Palmen sind in Sichtweite. Ich bin vollkommen allein. Auch wenn ich keinen Boden unter den Füßen habe, fühle ich mich sicher und geborgen, denn das Wasser trägt mich. Es ist schön hier, hier will ich bleiben. Die Stimmung aus diesem Traum begleitet mich in den Tag.

Ich überlege, ob dieser Traum etwas für mich bedeutet und was. Und warum ich ihn gerade jetzt geträumt habe. Ich recherchiere im Internet. Fallträume haben oft etwas mit Kontrollverlust, Ängsten und mit mangelndem Selbstvertrauen zu tun, lese ich auf mehreren Seiten. Menschen mit Fallträumen zweifeln an den eigenen Fähigkeiten, haben Angst davor, zu versagen oder zu scheitern. Ich lese auch etwas über die Art des Aufpralls, der im Traum stattfindet. In meinem Traum tauche ich ins Wasser ein, ich überlebe. Das lässt sich laut Aussage von Psychologen so deuten, dass sich der Träumende zwar in einer sehr schwierigen, nahezu unlösbar erscheinenden Situation befindet. Dass er sie aber meistern kann. Und sogar neu und gestärkt aus ihr hervorgeht. Er ist in der Lage und willens, Lösungen zu finden, die ihn aus der schwierigen Situation befreien. Ich habe keine Ahnung, ob das auf mich und meinen Traum zutrifft und welche Botschaften uns unsere Träume senden. Aber es klingt stimmig. Ich hatte in den letzten Jahren das Gefühl, die Kontrolle über mein Leben zu verlieren. Keinen Halt mehr zu finden, so wie auf der Rutsche. Dann auszusteigen und zunächst noch weniger Kontrolle über das Leben zu haben. In eine ungewisse Zukunft zu gehen. Aber schließlich da zu landen, wo es gut für mich ist und wo ich sein möchte. Das ist ein schöner und tröstlicher Gedanke. Ich bleibe noch eine Weile liegen und lasse den Traum auf mich wirken. In diesem Moment habe ich die Gewissheit, dass ich klarkommen werde. Dass ich mir ein gutes Leben nach meinem Ausstieg aus der Politik aufbauen werde. Dass es nicht immer leicht sein, aber am Ende gelingen wird. Mit einem Lächeln auf den Lippen gehe ich zum Frühstück.

Der Urlaub geht weiter. Wir verbringen noch einige Zeit auf der Ranch, schauen uns die Umgebung an. Die Tage beginnen ineinander zu verschwimmen. Ich mag die Ruhe, entspanne mich. Und dennoch fahren meine Gedanken und Emotionen weiter Achterbahn. In manchen Stunden bin ich unbekümmert und sorgenfrei. Dann fühlt sich alles leicht an. Doch dann verkehrt sich diese Stimmung von einer Minute auf die andere ins Gegenteil. Ein Gedanke an eine Kollegin, die ich besonders schätze, oder eine Begegnung, die mich sehr beeindruckt hat, reichen aus. Dann vermisse ich auf einmal das Leben, das ich in den letzten elf Jahren kannte. Das hält nie lange an. Jedes Mal gewinnt die Gewissheit, den richtigen Schritt gegangen zu sein, sehr schnell wieder die Oberhand.

Hier in der Abgeschiedenheit der Prärie kann ich mir sogar einen noch radikaleren Wandel vorstellen und denke darüber nach, wie es wäre, einfach hierzubleiben. Ein kleines Haus zu errichten und ein Leben ganz nah an der Natur, an Wind und Wetter, mit den vielen Tieren und wenigen Menschen zu führen. Vielleicht könnte ich einige Monate im Jahr hier verbringen. Es ist ein schöner Gedanke, er behagt mir.

Aber ich weiß auch, dass eine Flucht aus meiner gewohnten Umgebung mich nicht weiterbringen würde. Das, was ich suche, werde ich nicht finden, indem ich mich hierher in eine ganz andere Welt zurückziehe. Das Schöne ist längst da, es ist in mir. Ich kann und muss es nicht suchen. Der Neuanfang, der vor mir liegt, muss deshalb nicht woanders stattfinden. Es sind meine Gedanken, die ihn zulassen oder auch verhindern können. Meine Einstellungen und Ansichten. Auch wenn mir diese Erkenntnis hier immer wieder für einige Stunden entgleitet und ich wieder ins Grübeln komme. Ich versuche, nicht dagegen anzukämpfen. Dieses Grübeln stattdessen zur Kenntnis zu nehmen, es da sein zu lassen. Meine Zweifel reißen mich in diesem Urlaub immer wieder aus meinem Frieden, sie wühlen mich auf, verunsichern mich. Aber von Tag zu Tag wird es besser.

Und so genieße ich die restlichen Urlaubstage. Ich denke an den Weg zurück, den ich seit 2010 bis hierher zurückgelegt habe. Ein weiter Weg. Mein Weg. Und es stimmt, wenn Menschen sagen, der Weg sei das Ziel. Ich bin dem Leben, das ich führen möchte, dadurch ein Stück nähergekommen. Ich habe die Angst bekämpft, etwas Entscheidendes in meinem Leben zu verlieren. Etwas zu verpassen. Und habe damit etwas viel Schöneres gefunden. Manchmal muss man wohl etwas aufgeben, um etwas Größeres zu gewinnen. Manchmal gewinnt man vielleicht auch etwas Kleineres – aber wenn es besser ist, ist es das wert. Alles das musste ich in einem langen Prozess lernen, und ich bin dankbar, dass mich am Ende nicht der Mut verlassen hat.

KAPITEL 26

# DIE REISE BEGINNT

*Januar 2022*

Ich klappe den Laptop zu. Geschafft. Die letzten Kapitel sind überarbeitet, das Manuskript für das vorliegende Buch ist fertig. Die Idee dazu ist schon ein paar Jahre alt, seit dem Sommer des letzten Jahres habe ich fast jeden Tag daran gearbeitet. In wenigen Wochen geht es in den Druck. Dann erscheint mein erstes Buch. Lange habe ich darauf hingearbeitet. Ich bin aufgeregt und freue mich.

Sehr gemischte Gefühle habe ich, was die Buch-Promotion angeht. Ich werde TV-Auftritte absolvieren und im Radio sprechen. So ist es mit dem Verlag vereinbart, so ist es üblich, wenn man ein Buch veröffentlicht. Und natürlich liegt es in meinem eigenen Interesse. Ich möchte ja, dass Menschen davon erfahren, dass sie Lust bekommen, es zu lesen. Je stärker ich mit meinem Buch in den Medien präsent bin, umso größer ist die Chance, dass es sich gut verkauft. Und umso mehr Menschen werde ich teilhaben lassen an der Reise, die ich in den letzten gut zehn Jahren unternommen habe. Erst immer weiter weg von mir und dann wieder zurück.

Doch so einfach, wie es klingt, ist es nicht. Einige Wochen lang werde ich öffentlich wieder präsent sein. Nur wenige Monate nach der Bundestagswahl, bei der ich freiwillig und bewusst nicht mehr kandidiert habe. Und somit aufgehört habe, eine »Person des öffentlichen Lebens« zu sein. So wollte ich es. Und nun das. Warum mache ich es? Braucht mein Ego doch die Bestätigung durch den öffentlichen Auftritt? Kann ich mich ohne Sichtbarkeit und Bestätigung von außen nicht gut fühlen? Ich dachte, genau das hätte ich mit meinem Abschied aus der Politik hinter mir gelassen. Oder bin ich auch einer dieser Menschen, die behaupten, etwas ganz und gar nicht zu brauchen, dann aber doch nicht davon lassen können? Es sind unangenehme Fragen.

In der Zeit zwischen Weihnachten und dem Dreikönigstag komme ich zur Ruhe. So richtig zur Ruhe. Nicht wie man im Urlaub zur Ruhe kommen kann. Den schon fix und fertig geplanten Skiurlaub sage ich ab, die Kinder fahren allein. Sie, die inzwischen ja erwachsen sind, werden auch so ihren Spaß haben. Die sechs Tage vor dem Jahreswechsel und die sechs Tage danach sind die sogenannten Rauhnächte. Im Brauchtum wurden sie als ganz besondere Nächte gesehen, weil in dieser Zeit die Tür zur Welt unserer Ahnen, zu den Engeln, Göttern und anderen Lichtwesen weit offenstehen soll. Es sei eine Zeit des Innehaltens, des Auflösens von Vergangenem und des Neubeginns. Man glaubte, dass in dieser Zeit die Weichen für das gestellt werden, was im kommenden Jahr passieren wird. Viele glauben das auch heute noch und praktizieren entsprechende Rituale. Ich habe ein wenig darüber gelesen, aber weiß eigentlich nicht viel darüber und kann auch nicht behaupten, in dieser Zeit selbst jemals außergewöhnliche oder übernatürliche Erlebnisse gehabt zu haben. Was ich aber in jedem Jahr spüre, ist das starke Bedürfnis nach Rückzug und innerer Einkehr. Wenn ich in früheren Jahren zwischen Weihnachten und Neujahr oder direkt danach arbeiten musste, kam mir das falsch vor. Ich konnte mich kaum überwinden, alles sträubte sich dagegen. Es ist nicht die Unlust, die man an sonnigen Sommertagen hat, die danach verlangen, mit schönen Unternehmungen draußen in der Natur gefüllt zu werden und keinesfalls mit Schreibtischarbeit. Es ist auch nicht die Unlust an Montagen nach einem schönen freien Wochenende, von dem man nicht will, dass es zu Ende geht. In diesen Tagen um den

Jahreswechsel habe ich die Gewissheit, dass jetzt etwas anderes dran sein sollte als Alltag und Arbeit. Ich weiß, dass es vielen Menschen ähnlich geht.

Bereits vor Weihnachten hatte ich begonnen, das Buch der Öffentlichkeit vorzustellen, gab Interviews, machte Podcasts. Natürlich freue ich mich über das Interesse. Ich bin froh über die Möglichkeit, über mein Buch zu erzählen. Und doch bin ich heilfroh über die Pause. Ich will jetzt nicht die immer gleichen Geschichten erzählen. Warum ich aus der Politik ausgestiegen bin, was ich nicht mehr ertragen und warum ich es nicht ändern konnte. Ich will jetzt nicht auf dem Präsentierteller sitzen, sondern das Gegenteil. Ich möchte still sein, mich verstecken und unsichtbar sein. Wenigstens eine Zeit lang.

Und das mache ich. Ich bin froh, dass ich mir jetzt die Zeit dafür nehmen kann. Ohne Verabredungen, Termine und Verpflichtungen. Ich muss nicht ins Büro, nicht mal ins Homeoffice. Kein Wahlkampf steht an. Kein Dreikönigstreffen, für das ich bereits am 5. Januar nach Stuttgart reisen müsste. Das würde dieses Mal sowieso ausfallen. Coronabedingt findet es digital statt, so wie schon im letzten Jahr. Ich lebe einfach in den Tag hinein. Schlafe viel, treibe Sport, gehe spazieren, lese ein Buch nach dem anderen. Telefoniere und kommuniziere aber wenig. Ich lasse das letzte Jahr noch einmal vor meinem geistigen Auge ablaufen. Wie so oft, kann ich auch jetzt kaum glauben, was sich in dem einen Jahr seit dem letzten Silvester ereignet hat. Es war ein prall gefülltes Jahr.

Ich versuche mir vorzustellen, was das nächste Jahr bringen wird. Denke über das Buch nach. Denke darüber nach, was ich von mir preisgebe. Welche Einblicke ich in mein Leben gewähren werde. Wie überrascht mancher sein wird, der glaubte, mich ganz gut zu kennen. Was wird es mit mir machen, mich so offen und ungeschützt zu zeigen? In diesen Tagen kommt es mir absurd vor, es überhaupt geschrieben zu haben, geschweige denn es veröffentlichen zu wollen. Ich bin glücklich und zufrieden in diesen Tagen, in denen ich allein zu Hause bin und mit kaum einem Menschen spreche. Sand ist bei mir, das reicht. Ich will niemanden teilhaben lassen an dem, was mich im Innersten bewegt. Will nicht dazu befragt werden, nicht darüber sprechen. Das alles erscheint mir auf einmal so banal. Andere Menschen haben ihre eigenen Sorgen und Probleme. Warum soll ich noch über meine berichten? Mir kommt der Gedanke, das Buchprojekt abzusagen. Noch wäre es vielleicht nicht zu spät.

Ich beschließe, es bei dem Gedanken zu belassen. Denke stattdessen an die vergangenen Monate zurück. Mit voller Begeisterung habe ich mich ins Schreiben gestürzt. Es gab Tage und Wochen, da wollte ich nichts anderes als schreiben. Bin morgens aufgewacht und habe mich gleich an den Rechner gesetzt. Oft habe ich erst am späten Abend aufgehört. Die Aufgaben, die ich zwischendurch erledigen musste, erschienen mir wie lästige Pflichten. Die Sätze zu formulieren, meine Gedanken zu sortieren, Erinnerungen und Emotionen greifbar zu machen und in Worte zu fassen, das fühlt sich an, wie ein Bild zu malen. Eins, das ich schön finde. Es macht mir unglaubliche Freude, wie Zeile für Zeile auf der zunächst leeren Seite entsteht. Es gefällt mir, die aufgeschriebenen Zeilen nochmal und nochmal zu lesen, hier etwas zu ergänzen, da präziser zu formulieren, anderes einfach wieder zu löschen. Wie daraus Kapitel wurden, am Ende ein ganzes Buch. Ein Ergebnis vor mir zu haben, mit dem ich zufrieden bin. Ich habe einen Agenten gesucht, wir haben einen Verlag gefunden. Die ganze Zeit über war ich mir meiner Sache sicher und voll motiviert. Ich wollte dieses Buch schreiben, ich wollte das Projekt zum Erfolg führen.

Aber auch mir selbst tut das Schreiben gut. Es hat etwas Therapeutisches. Es ist heilsam, mich in bestimmte Situationen, die zum Teil schon Jahre zurückliegen, so intensiv zurückzuversetzen, dass ich sie detailliert beschreiben kann. Zusammenhänge und Ursachen zu finden. Ereignisse zu reflektieren und zu differenzierteren Bewertungen zu kommen, als es mir beim damaligen Erleben möglich war. Ich freue mich noch einmal über Erfolge, die wir erzielt haben. Durchlebe erneut die dunklen Zeiten und erfahre Linderung des Schmerzes von damals. Sehe manches heute kritischer, gestehe mir ein, Fehler gemacht zu haben. Mit anderen Dingen schließe ich im Nachhinein Frieden, habe jetzt mehr Nachsicht mit mir, als ich es damals haben konnte. Befreie mich ein Stück weit von meinem Panzer.

Ich habe noch andere Gedanken. Vielleicht ist es vermessen, vielleicht überschätze ich mich maßlos. Aber ich möchte mit meinem Buch Menschen erreichen, deren Leben, wie meines auch, an einem Punkt angekommen ist, wo ein radikaler Neuanfang das Beste ist, was ihnen passieren kann. Dass es sehr viele von ihnen gibt, stelle ich fest in den zahllosen Reaktionen auf meinen Abschied, den ich vor mittlerweile fast anderthalb Jahren angekündigt habe, und den vielen Nachfragen zu den Gründen, die mich dazu bewogen haben. Ich möchte Menschen inspirieren, sie ermutigen, ihnen einen Anstoß geben.

Mit all den Erfahrungen, guten wie schlechten, die ich machen durfte, und den Lehren, die ich daraus gezogen habe, hoffe ich eine Wirkung auf die Menschen und damit unsere Gesellschaft zu entfalten. Der Gedanke dahinter ist klar: Menschen, die ihrer Bestimmung folgen, sind glücklicher als diejenigen, die permanent gegen innere Widerstände leben. Eine Gesellschaft aus glücklichen Menschen ist eine bessere als eine, deren Mitglieder frustriert, unglücklich und ausgebrannt sind. Und wenn es nur eine Handvoll Menschen sind, bei denen sich etwas zum Guten verändert, wenn sie mein Buch lesen oder mich darüber sprechen hören, es wäre es wert. Es wäre sehr schön, wenn ich durch das Schreiben zwei Dinge gleichzeitig schaffe: selbst an meinem Buch zu wachsen und mich zu heilen. Und Menschen zu erreichen, für die die Lektüre des Buches wertvoll und hilfreich ist.

Noch nicht ganz beantwortet ist die Frage, warum ich mich erneut in die Öffentlichkeit begeben werde, obwohl ich das künftig möglichst meiden will. Ich könnte es mir leicht machen und sagen: »Mir ist mein Anliegen so wichtig, dass ich es in Kauf nehme. Ich würde gerne darauf verzichten, weiß aber, dass ich dann niemanden erreiche.« Diese Antwort ist nicht falsch. Aber sie ist nur ein Teil der Wahrheit. Wenn ich tiefer bohre, wenn ich bereit bin, genau hinzuschauen, dann weiß ich, dass noch mehr dahintersteckt.

Es hat mit meinem inneren Kind zu tun, das sich hier wieder zu Wort meldet. Es will gesehen werden. Auch nach der politischen Karriere. Es will weiter Beachtung finden und nicht vergessen werden. Mein inneres Kind und ich, wir müssen einen Weg finden, miteinander klarzukommen. Ich muss erkennen, was es mir sagen will und was es braucht. Muss einen Weg finden, ihm liebevoll und mit Verständnis zu begegnen, ohne ihm die Regie über mein Leben zu geben. Meine Muster aus der Kindheit sind eben doch nicht ganz verschwunden. Sie fahren nicht mehr so sehr Schlitten mit mir, aber sind sie da. Manchmal übernimmt das innere Kind mit seinen alten Verletzungen wieder die Kontrolle, dann bin ich dünnhäutig, ängstlich oder aggressiv. Ich tue mir und meinem Umfeld dann nicht gut. Oder ich mache Dinge, mit denen ich abgeschlossen haben wollte. Weil sie mir nicht guttun. Mich in die Öffentlichkeit zu begeben zum Beispiel. Wenn ich es aber schaffe, mein inneres Kind tröstend in die Arme zu nehmen, dann kommen wir gut miteinander aus. Dann sehe ich seine Bedürfnisse, bin nachsichtig, verliere aber auch die Bedürfnisse der erwachsenen Katja nicht aus den Augen. Dann sind wir im Frieden. So versuche ich es auch bei diesem Buch zu machen. Ich weiß um die unterschiedlichen Motive, die es mich schreiben lassen. Manche führen mich zu mir selbst. Andere führen mich von mir weg. Beides darf sein. Ich lasse beides zu, beobachte so offen wie möglich, aber trotzdem verständnis- und liebevoll.

Ich mache mir einen Tee, setze mich aufs Sofa und lasse meine Gedanken kommen und gehen. Ich versuche mich von außen zu betrachten. Wie ich da sitze, auf der Erde, in diesem Körper. Niemand weiß, wie lange. Die Dinge werden ihren Lauf nehmen. Ich weiß nicht, was mir noch in diesem Leben passieren wird. Wohin es mich treiben wird. Mit wem. Wann. Aber alles, was passieren wird, ist schon im Werden. Alles ist angelegt. Wartet auf den richtigen Moment. Die Menschen, auf die ich treffen werde. Wege, die sich kreuzen. Mit manchen werde ich ein Stück zusammen gehen. Andere Wege trennen sich schnell wieder. Mit einigen wenigen werde ich bis zum Schluss zusammenbleiben. Ich vertraue darauf, dass sich alles genau richtig entfalten wird.

In den nächsten Wochen werde ich auch beruflich meinen Neuanfang machen. Nach fast elf Jahren, die ich als Abgeordnete in Parlamenten gearbeitet habe, werde ich jetzt wieder ein ganz anderes Berufsleben haben. So wie früher. Und doch ganz anders. Es haben mich in den letzten Monaten weitere Jobangebote erreicht. Mit einigen potenziellen Auftraggebern habe ich bereits Gespräche geführt und für mich eine Auswahl getroffen. Ich werde an Projekten arbeiten, auf die ich richtig Lust habe. Die Sorge, ob es zum Leben reichen wird und ob ich das neue Leben wirklich schön finden werde, blitzt hier und da auf. Aber Zuversicht und Vorfreude überwiegen. Mein Leben ist nicht perfekt in diesem Augenblick. Aber es ist gut. Sehr gut sogar. Es fühlt sich stimmig an.

Die Reise hat gerade erst begonnen.

# DANK

Mein erstes Buch ist fertig. Sehr viele Menschen haben mich dabei unterstützt, jede und jeder auf ihre oder seine Weise. Ganz herzlichen Dank dafür! Einige von ihnen möchte ich hier nennen und bitte gleichzeitig um Nachsicht – die Liste ist nicht vollständig.

Stefan Mucha für die Vermittlung wertvoller Kontakte, die ständige Reflexion während des Schreibens in unseren intensiven Gesprächen, die vielen Impulse und den Spiegel, den er mir immer wieder vorgehalten hat.

Meine Söhne Johann und Jacob, die mich so oft bestärkt haben und von jedem Kapitel, das sie gelesen haben, begeistert waren.

Mein Agent Thomas Montasser für seine Unterstützung beim gesamten Entstehungsprozess und die wichtigen Hinweise, wie man eine gute Geschichte schreibt.

Das Team, das mich bei meinem Verlag Herder bestens um- und versorgt hat, allen voran mein Lektor Dr. Patrick Oelze und Isabelle Püttmann bei der Presse- und Öffentlichkeitsarbeit.

Marc Sieper von Audio-To-Go für den entscheidenden Tipp.

Anna von Treuenfels-Frowein, ohne die ich die Jahre in der Politik kaum durchgehalten hätte, für das gemeinsame Erinnern.

Gerhold Hinrichs-Henkensiefken für das Stopfen mancher Erinnerungslücke bei Chronologie und Details der damaligen Ereignisse.

Matthias Onken, der von Anfang an im Boot war.

Elke Menzel vom Hoffman Institut für die intensiven Erläuterungen, wie Muster wirken und was es mit dem inneren Kind auf sich hat.

Baby Sand dafür, dass er mir über so viele Stunden und Tage beim Schreiben treu Gesellschaft geleistet hat. Und mir zwischendurch immer wieder geholfen hat, den Kopf freizubekommen, indem er rigoros seine zahllosen Spaziergänge eingefordert hat.

Auch bedanke ich mich bei meinen Freundinnen und Freunden, die mein Buch während des Entstehungsprozesses im Ganzen oder in Teilen gelesen haben und mir wertvolles Feedback gegeben haben.

Zuletzt danke ich den Weggefährtinnen und Weggefährten, die mich in den letzten Jahren begleitet haben, politisch und privat. Viele von ihnen kommen in meinem Buch vor, manche tauchen namentlich auf, andere sind anonym geblieben.